重庆广播电视大学
Chongqing Radio & TV University

特色学院建设教材

U0657142

社会工作实务概论

主　编◎ 刘生亮

副主编◎ 吴小梅　胡志强

西南师范大学出版社

国家一级出版社 全国百佳图书出版单位

图书在版编目(CIP)数据

社会工作实务概论 / 刘生亮主编 . — 重庆 : 西南
师范大学出版社, 2021.8
ISBN 978-7-5697-0836-3

Ⅰ. ①社… Ⅱ. ①刘… Ⅲ. ①社会工作—概论 Ⅳ.
①C916

中国版本图书馆CIP数据核字(2021)第160210号

社会工作实务概论

SHEHUI GONGZUO SHIWU GAILUN

主　编　刘生亮
副主编　吴小梅　胡志强

责任编辑 : 赖晓玥　郑持军
责任校对 : 黄丽玉
装帧设计 : 闽江文化
排　版 : 李　燕
出版发行 : 西南师范大学出版社
　　　　　地址 : 重庆市北碚区天生路2号
　　　　　邮编 : 400715
　　　　　网址 : www.xscbs.com
经　销 : 全国新华书店
印　刷 : 重庆长虹印务有限公司
幅面尺寸 : 170 mm×240 mm
印　张 : 15
字　数 : 320千
版　次 : 2021年8月　第1版
印　次 : 2021年8月　第1次印刷
书　号 : ISBN 978-7-5697-0836-3

定　价 : 45.00元

　　2018年9月，为面向新时代，推进本校特色发展，探索办学系统转型发展的新路径、新模式，创新管理体制和运行机制，激发学校办学活力，重庆开放大学启动了特色学院建设工作。2020年9月，经批准，重庆开放大学社会管理学院以九龙坡分校为基础建立，旨在为重庆市区域经济社会发展，尤其是为九龙坡区的高水平建设和高质量发展，提供智力支撑和人才保障。

　　九龙坡区位于重庆主城都市区的中心城区，面积432平方千米，辖8个街道、11个镇，常住人口逾123万人，其中有6个镇、近200平方千米被纳入重庆高新区直管园。2019年实现地区生产总值1462.88亿元，同比增长6.3%，工业增加值374.46亿元，社会消费品零售总额749.28亿元，地方财政收入61.24亿元，城乡居民人均可支配收入4.16万元。在新时代，九龙坡区在中共重庆市委、重庆市人民政府的领导下，抢抓机遇，勇立潮头，在努力唱好成渝双城经济圈"双城记"、建好"经济圈"中勇打头阵，奋力铸就新的辉煌，呈现出蓬勃发展的势头。

　　党的十九大以来，我国的政治、经济、法治、社会、民生等方面都发生了很大的变化，社会工作方面的理论创新和实践创新层出不穷，有关社会建设和社会治理的政策法规陆续修订，社会工作无论是作为高等学校人才培养的专业，还是作为社会工作者的职业，都发生了深刻的变化。为适应重庆开放大学社会管理学院办学特色，服务九龙坡区经济社会发展和建设的需要，加快推进社会工作者人才队伍建设，重庆开放大学社会管理学院决定开发建设《社会工作实务概论》教材,通过本教材的建设和使用,推动重庆开放大学社会管理学院特色发展,培育社会工作专业特色,同时使本区域远程教育的学生和社会工作者,通过本课程的学习,全面了解社会工作实务的规律和特点,掌握社会工作实务的基础理论、基本知识,以及开展社会工作服务的流程、模式、方法和技巧,展望社会工作在专业、职业、技术、方法等方面的进步和美好前景,在提升学习者社会工作实践能力的同时,确立中国特色社会主义核心价值观,增强职业发展自信,服务区域经济发展与和谐社会建设。

《社会工作实务概论》一书由社会工作概述、社会工作基本理论、社会工作实务通用过程、社会工作实务具体方法、社会工作实务常用模式、社会工作实务基本技能、社会工作实务主要领域、社会工作实务发展展望八个部分组成。本教材以习近平新时代中国特色社会主义思想和社会学、管理学、教育学理论为指导,对社会工作的基础理论、职业界定、专业发展、实践技巧等进行了深入的分析,对社会工作实务的通用过程、具体方法、常用模式、基本技能、主要领域进行了全面的介绍,并结合社会工作开展的需要,做了一定的案例分析,对社会工作人才队伍建设和实践能力的提升,进行了全方位、多角度的分析,提出了独特的解决方案,同时还对社会工作的发展前景进行了展望。

"社会工作实务概论"作为重庆开放大学社会工作专业的特色课程,进入社会管理学院"社会工作专业"教学计划,按照重庆开放大学的教学、考核要求进行管理,学生学完本课程内容经考核合格,即可取得该门课程的学分。

在本书的编写过程中,编者参阅了大量相关图书及文献,因篇幅有限,没能一一列出那些为编者提供了写作思路的文献作者,在此向相关作者致歉并表示感谢。

对于本书中把握不当与错漏之处,肯盼读者及专家批评指正。

编者

2020 年 10 月

目 录 c o n t e n t s

目　录

　　2006年10月,中共中央十六届六中全会做出的《中共中央关于构建社会主义和谐社会若干重大问题的决定》指出,要"建设宏大的社会工作人才队伍。造就一支结构合理、素质优良的社会工作人才队伍,是构建社会主义和谐社会的迫切需要"。要"制定人才培养规划,加快高等院校社会工作人才培养体系建设,抓紧培养大批社会工作急需的各类专门人才。充实公共服务和社会管理部门,配备社会工作专门人员,完善社会工作岗位设置,通过多种渠道吸纳社会工作人才,提高专业化社会服务水平"。

　　2020年2月23日,习近平总书记在《统筹推进新冠肺炎疫情防控和经济社会发展工作部署会议上的讲话》指出:要发挥社会工作的专业优势,支持广大社工、义工和志愿者开展心理疏导、情绪支持、保障支持等服务,这是对社会工作实务对社会作用的充分肯定。

　　截至2019年,我国开设社会工作专业的高等院校已达到255所,全国社会工作者已超过145万人,但无论是社会工作的专业发展还是职业空间的拓展,都还不能适应我国社会工作事业快速发展的需要,尤其还不能切合社会工作者实践技能训练需要,有区域特色的专业课程和教材更是凤毛麟角,特别需要从现实出发,加快建设具有区域特色的实践性课程的教材。

一 课程特点

1.多学科支撑

　　本课程的学科归属为社会学学科,二级学科为社会工作,其知识体系的整体建构,以习近平新时代中国特色社会主义思想和社会学、管理学理论、人与环境相互关系理论、生态发展理论、行动理论等为支撑,具有知识综合性、理论支撑多学科的特点。

2.国际化视野

社会工作是伴随着工业化引发的社会问题而产生的,起源于英国的贫民救济或慈善事业,目前在世界各国呈蓬勃发展之势,具有世界性、历史性、实践性等特征。本课程力求用国际化的视野,来探索社会工作实务的规律与特点。

3.板块化设计

本课程涉及的内容十分丰富,为了让学习者能够系统掌握社会工作实务的基本理论、基本知识和实践技能,我们在课程知识体系的建构上进行了板块化设计,即把课程内容分为三大板块:第一章和第二章为第一板块,着重阐述社会工作和社会工作实务的基本理论和基本知识,以夯实课程的理论基础;第三章至第七章为第二板块,全面展现社会工作实务实践的流程、方法、模式、技巧、领域,其基本特点就是实践性,这些内容既可作为一个实践训练的整体板块,又可以单独作为课程单元,用于社会工作者的技能培训;第八章为第三个板块,从社会工作实务的专业、职业、技术、方法四个方面进行展望。三个板块构成了本课程从理论到实践,以实践技能提升为主的知识结构体系。

4.突出实践技能训练

本课程既有丰富的理论支撑,又主要以实践为着力点,较好地实现了理论与实践的统一,能够满足各类教育,包括高等职业教育、成人高等教育、远程开放教育和非学历培训等不同类别学习者学习的需要。

5.便于学习者自学

课程以方便学习者自主学习为主要目的,理论阐释深入浅出,知识陈述言简意赅,知识结构脉络清晰,语言简洁流畅,同时还十分注重学习者学习成果的转化,力求兼顾不同类型学习者的特点和学习需求,强调知识性和实践性结合。

二 课程学习的意义

(一)学习者通过本课程的学习,可全面了解社会工作的专业、职业、制度、艺术的多重属性,掌握社会工作实务实践的流程、方法、模式、技巧以及社会工作的服务领域,了解社会工作专业、职业、技术、方法发展的广阔前景,牢固树立"助人自助"、利他主义的社会工作核心价值理念,坚定职业发展的理想信念,以及投身中华民族伟大复兴事业的决心和信心。

(二)社会工作是我国一项十分重要的社会事业,具有广阔的发展空间和光明的发展前景,也是我国亿万人民群众在中国特色社会主义新时代所进行的伟大实践活动。学习者通过本课程的学习,可全面了解社会工作实践的规律和特点,掌握社会工作实务的理论、知识、方法、技巧等,可有效提高自身参与实践的能力和自觉性。

(三)本课程知识较为丰富,综合性极强,学习者通过本课程的学习和参与相关的实践训练活动,可有效拓展知识领域,提高综合学习能力和实践能力,开阔视野,有助于增强自身适应社会的能力。

三 课程学习总目标

根据教学大纲,要求社会学、社会工作、管理学等各专业的本科学生,通过本课程的学习,掌握社会工作实务的基础理论、基本知识,以及开展社会工作服务的流程、模式、方法和技巧,把握社会工作在专业、职业、技术、方法等方面的进步和美好前景,在提升社会工作实践能力的同时,增强职业发展自信,服务区域经济发展与和谐社会建设。要求专科学生(高职教育、成人教育、远程教育)通过本课程的学习,了解社会工作实务的基础理论和知识、开展社会工作实务的基本方法;具备一定的社会工作技能和社会工作实践的能力。

(1)了解社会工作的基础理论、基本概念、基本知识。了解社会工作实务的基础理论和基本知识。

(2)了解我国社会工作事业发展的趋势和前景,牢固树立"助人自助"的社会工作核心价值理念,坚定职业发展理想信念,坚定投身中华民族伟大复兴事业的决心和信心。

(3)认识社会工作在专业、职业、制度、艺术方面的多重属性,夯实社会工作实务的专业基础。

(4)掌握社会工作实务的实践流程、方法、模式、技巧及社会工作服务领域的技术和方法,具备社会工作实践能力。

(5)具备初步的分析能力,对国家发展社会工作事业的方针政策有一定程度的认知,对课程内容感兴趣,并勇于在我国推进社会工作事业发展的伟大实践中创新。

四 课程学习内容

《社会工作实务概论》坚持以习近平新时代中国特色社会主义思想为指导,以共识性观点为基础、最新研究成果为补充,尽可能地提升理论与实践的结合度,突出课程教学的实践性。具体内容如下:

第一章对社会工作的概念、性质、特点进行了界定,对社会工作的起源与发展进行了分析,对社会工作的价值理念与功能作用进行了阐述,从职业特征、职业素养、职业等级、职业晋升的角度,对社会工作者的职业发展进行了分析。

第二章对社会工作实务的内涵、特征、目标、价值进行了分析,对社会工作与社会学的联系和区别进行了分析,对社会工作实务的本土化(区域特征)问题进行了讨论。

第三章对社会工作实务的通用过程进行了建构。陈述了接案的流程,对预估的过程进行了描述,从计划结构、协议签订等方面对计划进行了梳理,提出了社会工作实务的实施步骤,对社会工作实务的评估、结案进行了流程分析,提出了相关问题的处理办法。

第四章对社会工作实务的主要方法,包括个案工作、小组工作、社区工作、社会工作行政、社会工作的督导、咨询与研究进行了整体描述、特征介绍以及具体方法的陈述。

第五章对社会工作实务模式的内涵、特征、框架、评价进行了概述,分析了心理社会治疗模式、行为治疗模式、家庭治疗模式、自助小组模式、社区服务模式的内涵特征和各自不同的框架流程。

第六章对社会工作实务基本技能进行分析,从策略、技巧、方法、路径、案例等不同侧面对社会工作实务的自我探索、沟通技巧、活动策划等基本技能进行了分析。

第七章对儿童与青少年社会工作、老年社会工作、残疾人社会工作、家庭社会工作、矫治社会工作等社会工作实务的领域进行了内涵描述,分别介绍了不同方法的特点,对典型案例进行了分析。

第八章从社会工作的专业角度、职业角度,互联网、大数据、智能化、融媒体等新技术的运用和社会工作方法的改进等方面,对社会工作实务的发展趋势和前景进行了展望。

五 课程教学设计

在教学设计上,除学习内容外,还在每章增加了"引言""学习目标""实践建议""小结""自测题"五个部分的内容,力求为教和学,尤其是为学习者的个别化自主学习提供帮助。

1."引言"概括浓缩了本章学习的核心内容,可以使教师和学习者看了之后,对本章"教"什么、"学"什么有一个比较清楚的了解,引导授课教师、课程辅导教师和学习者对本章教学的主要内容进行把握。

2."学习目标"对学习者对本章内容的学习提出了明确的要求,需要了解什么、把握什么、掌握什么,都非常清晰明了,以帮助学习者增强课程知识学习的针对性和有效性。

3."实践建议"结合本章学习内容,提出了实践训练的要求,有助于促进学习者将理论知识向实践能力转化。对高等职业教育的学生而言,则是实训教学的基本要求,教师可以根据课程教学的实际情况酌情进行安排。

4."小结"是对本章主要内容的归纳。其目的是让学习者再次回顾本章学习的内容,加深理解,并在此基础上进一步提升所学知识的有效性。

5."自测题"是指在每章内容之后,安排的一些思考题和测试题。思考题不但列出了需要学习者掌握的重要知识,而且有的思考题还具有一定深度,可以帮助学习者深入思考,拓展知识,增强学习效果。测试题分为填空题和判断题两种类型,几乎覆盖了每章学习内容中需要学习者掌握的知识点,学习者可用来进行自我训练、复习、测试,巩固所学知识。

6.板块化的知识架构和适应学习者自主学习的教学设计,可实现教学模式的多样化,有利于推进远程教育人才培养模式改革,适应非学历教育培训的需要。

(1)有利于远程教育与职业教育融合。在本课程的教学中,高等职业教育可借鉴远程教育的开放学习理念和信息技术在教学中应用的经验,推动人才培养模式改革;远程教育可吸纳高等职业教育在实践教学中的特色,加强学习者实践技能训练,提高人才培养的质量。课程教学资源的共享,还可以进一步促进教师教学思想的融合与发展。

(2)促进教育与信息技术的深度融合。本课程的教学,可采取课堂教学、网上学习和远程辅导等多种方式进行,尤其是在教学和考核环节,组织者应充分发挥信息技术的作用,帮助学习者实现碎片化学习、移动学习,促进教育与技术的深度融合。

六 多形式考核评价

本课程的学业考核,可采取综合考核(如提交社会工作实务的个案介入报告)、网上边学边考、终结性考试等多种方式进行。具体方式由院校教务管理部门决定。

七 教学方法建议

对本课程的教学,可综合采取集中授课、个别化自主学习、小组协作学习、教师集中辅导讲解的方式进行。学习者按照课程教学要求,设计个别化自主学习、小组实践学习活动,教师跟进开展教学辅导、实践指导和对课程知识学习的全面系统复习等。学习者在学习过程中,还可按照"阅读、理解、记忆、实践、思考、测试"的"六步学习法"进行个别化自主学习。

1.阅读

由于这是一门全新的课程,目前国内的相关文献资料还很少,因此在学习本课程时,学习者应重点阅读教材内容,从而了解课程的知识体系,把握教材内容的重点,对难点进行思考,为全面系统的学习做准备。同时,学习者还可结合时事,查阅与社会工作实务有关联的文献资料,以拓宽知识面。

2.理解

理解是掌握知识的钥匙,是在阅读基础上对知识的内化。只要具备了中等教育水平的人,都能够经过学习,理解本课程的教学内容。学习者在对课程内容进行理解时,应结合身边相关联的事物进行思考,以深化理解,帮助记忆。对不能理解的知识,应及时向教师寻求帮助。

3.记忆

学习任何知识都需要记忆。在本课程的学习过程中,学习者需要记忆基本知识、基本概念、重要的时间节点等内容。除特别重要的知识点需要牢记外,对主要的学习内容应进行理解性记忆。理解性记忆的关键在于把握住知识点的核心内容,由此引发对相关知识的联想,进而加深对课程知识的记忆。

4.实践

本课程涉及的许多内容,都是发生在我们身边的事,甚至与学习者自身的工作紧密相关,学习者应紧密结合社会工作实践和职业实际,加强课程知识向实践的转化,尤其要加强实践技能训练,主动获得社会工作实务案例,应用所需知识和技能,解决社会工作实践中的有关问题,提升社会工作实务的技能和服务水平。

5.思考

古人云,"学而不思则罔"。学习本课程,尤其要注意思考。每章内容之后,我们列出了部分思考题,目的是让学习者通过思考,进一步加深对课程重要知识的理解。学习者将课程教学内容与自己的实践、所见所闻结合起来进行思考,对掌握所学知识大有助益。

6.测试

测试是检测学习效果的重要环节,我们在每章末都提供了大量的测试题,学习者在学完各章内容后进行自我测试,以判断学习的效果。在教材的最后,还给出了相关答案,供学习者对照参考,以帮助学习者个别化自主学习。

参考文献

[1]中共中央关于构建社会主义和谐社会若干重大问题的决定[N].国务院公报,2006年第33号.

[2]李迎生.发挥社会工作在疫情防控中的专业优势[N].光明日报,2020(3).

了解社会工作产生和发展的历史过程、主要功能和服务领域，以及社会工作者的职业角色与职业素养要求。掌握社会工作的价值理念、多重属性和促进社会发展的重要作用。

试对社会工作者的职业发展路径进行规划。

第一章

社会工作概述

◇◇◇◇◇◇◇◇

　　社会工作是一种不以营利为目的助人自助的专业性社会服务工作，也是一门独立的学科和专门的职业，具有专业、职业、制度、艺术等多重属性。了解社会工作，需要从认识社会入手，了解社会的出现和人类社会的演变及其特征与功能。社会工作是伴随着工业化引发的社会问题而产生的，起源于英国的贫民救济或慈善事业，并在欧美逐步发展起来，这种多半由教会或私人举办的、无组织的个人施舍或慈善，成了此后有组织的社会救济和社会服务乃至全国性社会保障制度的基础。专业社会工作在我国起步较晚，经历了逐渐发展的过程。社会工作尊重个人价值与尊严，强调"助人自助"，由此形成了独特的核心价值理念。社会工作要求从事这一职业的专业人员具备较高的综合素质，一名成熟的社会工作者应该是一个发现社会问题、综合系统资源、解决实际问题的复合式全能好手。

社会工作是一种不以营利为目的助人自助的专业性社会服务工作,也是一门独立的学科和专门的职业。社会工作以多种方式帮助人类与环境进行多样化的、复杂的交流。它的宗旨是挖掘人类发展的全部潜能,丰富人类的生活并防止人类功能失调。职业社会工作专注于问题的解决和变化。随着时代的发展,社会工作作为一门社会科学,其价值理念、艺术特质、专业文化、制度属性、职业属性越来越得到社会的认同。

第 一 节
社会与社会工作

社会工作是一个融合学科、专业、制度、价值观、理论与实践的多维系统。要了解社会工作,首要的就是认识社会,了解社会工作的起源,明确社会工作发展的历程与趋势,为进一步认识社会工作的内涵和特征夯实理论和实践基础。

一、社会的出现与演变

1.社会的出现

就一般而言,社会是指在特定环境下共同生活的生物,能够长久维持的一种不容易改变的结构,包括个体与个体、个体与集体、个体与国家等关系。社会的基本功能有交流、整合、导向、继承、制约,其类型有原始社会、奴隶社会、封建社会、资本主义社会、社会主义社会等,其本质是人和组织的形式。

现代通常意义上的"社会"一词来自日本,对于西文"society"一词,近代学者严复曾译为"群",日本人则译为"社会",因双音节词比单音节词更适合于口语,故而并不太严谨的"社会"一词,反而击败了更为准确的"群",使之牢牢地扎根于汉语中,并流传至今。

在远古时代,一些单细胞逐渐形成细胞群落,随着群落内部的发展,分工渐渐明确,逐渐产生了多细胞生物,多细胞生物本身就是一个细胞社会。

在这之后,这些多细胞的生物逐步进化为许多界门纲目科属种(生物分类单位)生物,其中有些进化为强大的掠食者,有些则进化为小型的容易被掠食的生物,比如人类的祖先——云南虫。这些生物为了躲避掠食者,从而形成一个集体,它们会采取一些手段迷惑掠食者,比如一些原始虾类首尾相连成锁链状。

人类出现以后,为了躲避掠食者,寻求更好的生存环境,得到更多的食物和水源,便逐渐形成集体,随着这些集体内部等级和分工的明确,逐渐形成了家庭、部落,乃至国家。

2.人类社会的演变

人类从一万年前就已开始群体生活,后渐渐形成了原始部落,受环境影响,他们会迁居或定居,并慢慢地养成了共同生活的方式,进而演变成独特的文化。当他们的文化变得比邻近的部落较为先进或强大,并互相影响时,便形成了文化圈。当这个部族变得壮大或人数众多时,他们就会在某个地方定居下来并建立起一个一个的聚居区,再形成文明社会和城市文明。社会一词并没有太明确的定义,一般是指由人类自我繁殖的个体构建而成的群体,其占据一定的空间,具有独特的文化和风俗习惯。

"社会"被默认为人类所特有,所以"社会"和"人类社会"具有相同的含义。在科学研究和科幻小说等领域,有时亦将社会称之为"生物社会"和"外星人社会"等。其实,这是一个十分狭义的说法。

狭义的人类社会,也叫"社群",指人类活动和聚居的范围,例如聚居点、村、镇、城市等。广义的人类社会,则指一个国家、一个大范围地区或一个文化圈,例如英国社会、东方社会、东南亚或西方世界等,也可以引申为其文化习俗。其实,最广义的社会,不仅包括人类社会,也包括其他生物的社会,甚至就连人体本身也是一个社会。

二、社会工作的起源与发展

社会工作是伴随工业化引发的社会问题而产生的,工业化先行国家解决社会问题的理念和方法为社会工作的产生奠定了实践基础。社会工作起源于贫民救济或慈善事业,这种多半由教会或私人举办的、无组织的个人施舍或慈善,成了此后有组织的社会救济和社会服务乃至全国性社会保障制度的基础。

(一)英国伊丽莎白《济贫法》

由于工业化及城市化的影响,英国当时的城市贫困问题较为严重。为了解决贫困问题,最先由教会开办了济贫事业,后来政府逐渐接手上述工作。伊丽莎白一世执政以来,颁布了一些济贫法案,其中以1601年颁布的《济贫法》最为著名,这是国家干预基本生活保障问题的最早立法。《济贫法》规定了以下主要内容:

1.每教区应向地主征收济贫税。

2.贫民救济应由地方分区主办,每教区设立监察员若干人,中央政府设立监督人员。

3.有工作能力的贫民须参加工作,以工作换取救济。教区设有贫民习艺所,供男女儿童习艺,教区也义务代为介绍工作,或配给原料与工具,并强制有工作能力的贫民生产。

4.禁止无家可归者及无业游民行乞游荡,设救贫所开展收容救济,强迫其在救贫所工作。有家者则予以家庭补助,使其仍在家里居住。

5.人民有救济其贫穷家人或亲属的义务,贫民不能由家人或亲戚处获得抚养时才由教区救助;且救助对象也限于在该区出生者或在该区住满三年者。

6.体力健全者须入"感化所"或"习艺所"工作;不能工作者包括患病者、老年人、残废者、精神病患者及需抚育幼小子女的母亲们,令其入"救济院"或施以"院外救济";失去依靠的儿童包括孤儿、弃婴等则设法领养或寄养。

《济贫法》表明了政府对无力自供者的救济义务,奠定了政府主持社会救济的方式,后来成为世界各国社会救助的依据。

(二)德国汉堡制与爱尔伯福制

1.汉堡制。1788年,德国汉堡市曾采取一种救济制度,该制度由布希教授起草,规定该市设立一个中央办事处,综合管理全市的救济业务,同时在全市分若干区,每区设监察员1人和赈济员若干人。救济方法为助人自助:向失业者介绍工作;将贫苦儿童送往职业学校习艺;将患病者送往医院诊治;不准对沿街乞食者予以施舍,以取缔无业游民并使贫民改掉依赖习惯。

2.爱尔伯福制。1852年,德国的另一小镇爱尔伯福,吸取汉堡制的优点,在救济工作方法上进行了较大的创新。根据爱尔伯福制度,全市分成564段,每段居民约300人,其中贫民不得超过4人。每段设赈济员1人,综合管理济贫工作。求助者必须与赈济员接洽,赈济员要先到求助者家中进行家境调查,查明确有需要才给予补助。补助后仍需每两个星期前往调查一次。发给的赈济款必须是法定的最低标准,不许贫民养成依赖心理。赈济员还负责办理段内有关贫穷的预防工作。赈济员为荣誉职务,由政府委派地方热心人士担任。全市每14段为一赈济区,每区设监察员1人,领导区内各段赈济员。每区设一个赈济委员会,每两个星期开一次会,由区监察员任会议主席,讨论有关全区赈济工作并制成报告或提案,提交给由全市各赈济区联合组成的中央委员会。中央委员会为全市最高救济机关,总体支配管理全市的济贫所、医院及院外的救济事项,每两个星期开一次会。汉堡制和爱尔伯福制都遵循着助人自助,不使贫民养成依赖心理等原则,并都有相应的组织管理架构和程序。这些精神与做法,对后来的社会工作制度与方法的形成,产生了深远的影响。

（三）美国的慈善组织协会

1877年，美国布法罗市成立了美国第一个慈善组织协会，该协会除有效救济贫民外，还力求克服救济机构间的经费浪费、工作重复现象，强调对家庭和个人的需要进行调查，以保障所提供的经济救助是给予那些"值得救助的贫民"，即最有可能成为自主自助、维持自己生活的救济申请者。至于那些"不值得救济的贫民"，则应强迫他们在救济院或习艺所内改变他们的生活方式。慈善组织协会对于社会工作专业化的建立做出了极大的贡献。一是派"友好访问员"访问申请救助者，以了解其社会背景并制定相应的措施，这种个别情况个别对待，不同案件分别处理的"个案处理法"，促进了社会个案工作的发展。二是促进了各救济机构、慈善组织间的协调合作，这为社区组织工作的发展奠定了基础，使社会工作步入了专业化。

（四）睦邻组织运动

睦邻组织运动始于1884年英国伦敦东北圣犹太教区的牧师巴涅特成立的第一个社区睦邻服务中心"汤恩比馆"。该中心设于贫民区，备有宿舍，工作人员与贫民共同生活。服务中心没有既定的工作计划，视居民实际需要而开展工作。他们尽量发动当地的人力，培养其自动自发和互助合作的精神，并为地方服务。这个中心除了成为当地的服务中心外，还尽量设法把该国及外国的文化介绍给当地的居民，这也使其成为当地的文化中心。

睦邻组织运动说明了社会工作旨在寻求个人与社会生活的改善，工作方式应从个人与社会双方同时入手；应随时依据实际需要来安排工作，并应发动、组织或配合社会力量来工作；应以整个社区为工作对象，并以促进全面的社会福利为目的；在方法上，不仅采用个案工作，而且还发展了团体工作与社区组织。因此，该运动在社会工作发展史中具有重要地位。

兴起于19世纪80年代英美的睦邻组织运动，其特点是以社区睦邻服务所的建立为标志，以知识界认识广泛、深入地参与社区生活，调动并利用各种社会资源服务于社区居民为特色，它是社会工作萌芽时期国际上最有影响的事件之一，为社区工作方法的形成与发展奠定了基石。

（五）社会工作在我国的发展

专业社会工作在20世纪50年代以前就已传入我国，但培养专业人才的社会工作专业在我国1952年的高等学校院系调整时被取消。1987年，民政部和北京大学签订了联合办学协议，决定在北京大学社会学系建立社会工作与管理专业，这标志着社会工作教育在中国内地的高校开始恢复。

2000年前后，上海浦东新区开始在医院、学校和社区设立社会工作站，这成了中国内地开展社会工作的重要标志。2003年3月，上海市出台了《上海市社会工作者职业资格认证暂行办法》，同年11月，社会工作者资格考试开始实行，这些都标志着社会工作者在我国开始成为一门正规的职业。2004年6月，劳动和社会保障部颁发了《国家职业标准——社会工作者（试行）》，该标准成为中国社会工作专业化的重要象征，标志着中国社会工作经过了近20年的发展，已从教育领域逐步发展到实务领域，并在国家层面和全国范围开始推广。2006年7月20日，人事部、民政部联合发布了《社会工作职业水平评价暂行规定》和《助理社会工作师、社会工作师职业水平考试实施办法》（国人部发〔2006〕71号）。2006年10月11日，中共十六届六中全会做出的《中共中央关于构建社会主义和谐社会若干重大问题的决定》，明确指出"建设宏大的社会工作人才队伍"是构建社会主义和谐社会的迫切需要。2007年8月20日，深圳市通过了社会工作者"1+7"文件，社会工作专业化在深圳市获得了迅速的发展。2007年10月，民政部确定了全国75个地区和90个民政事业单位作为民政部的社会工作人才队伍建设试点单位。2008年6月，进行了首次全国社会工作者职业水平考试，有13.3万名考生参加了考试，20086人取得了助理社会工作师职业水平证书，4105人取得了社会工作师职业水平证书。

2016年，国家民政部印发了《关于加强社会工作专业岗位开发与人才激励保障的意见》，明确提出从落实"四个全面"战略布局和创新社会治理、保障改善民生的战略高度，以社会需求为导向，扩大专业社会工作的覆盖领域和服务范围，并逐步加大社会工作专业岗位开发和规范力度，建立健全社会工作专业人才激励保障制度，切实保障社会工作专业人才的薪酬待遇水平，拓宽其职业发展空间。2020年，我国社会工作者已超过了145万人，社会工作专业服务的不断深化，社会工作发展环境也不断得到优化，全国各省市和计划单列市民政部门都设立了社会工作处等专门工作机构，全国社会工作行业协会发展到了455家，全国民办社会服务机构增长至4686家。

三、社会工作的定义与内涵

社会工作（Social Work），简称社工，是一门助人的专业，相对于医学关注人类生理运作，心理学关注个人心理现象，社会工作的焦点则在于人类与环境的互动，目的在于协助个人、家庭、团体、社区适应所在的社会环境脉络，增强或恢复其社会功能，以及创造有利于达成目标的社会条件，以预防或缓解社会问题。社会工作的内涵主要体现在以下五个方面：

1.社会工作是一种助人自助活动。美国社会工作者协会（National Association of Social Workers，NASW）对社会工作所下的定义是：社会工作是一种专业活动，用以协助个人、群体、社区去强化或恢复能力，以发挥其社会功能并创造有助于达成其目标的社会条件。

2.社会工作是一种助人过程。1980年弗里兰德在其所著的《社会福利导论》（Introduction to Social Welfare）一书中，强调社会工作是一种专业服务，也是一种助人的过程。

3.社会工作是一种艺术。我国台湾学者廖荣利在1996年出版的《社会工作概要》一书中，引述了美国社会学家芬克对社会工作的定义，认为社会工作是一种艺术或学科，它通过提供助人的服务，以增强个人与群体的人际关系和社会生活功能。

4.社会工作还是一种专业。廖荣利在《社会工作概要》一书中对社会工作所下的定义是：社会工作是现代社会中一种独特的专业领域，它运用社会的和心理的科学原则，以解决社区生活中的特殊问题，并减除个人的生活逆境和压力。

5.社会工作是一种制度。1942年，美国社会学家威特默尔在其所著的《社会工作：一种制度的分析》一书中认为：社会工作是有组织的机构或团体为解决个人所遭遇的困难而实施的一种援助，是为协助个人调整其社会关系而实施的各种服务。史坡林在1975年出版的《社会工作实务概论》一书中也认为：社会工作是一种协助人们去预防和解决社会问题，恢复并增强他们社会生活功能的一种社会制度。

1994年，斯基摩尔在其出版的《社会工作导论》（Introduction to Social Work）一书中，对社会工作下了一个综合性定义，认为社会工作是一种艺术、一种科学，也是一种专业，其目的在于协助人们解决其个人、群体（尤其是家庭）、社区的问题，以及运用个案工作、群体工作、社区工作、行政和研究等方法，促使个人、群体和社区之间的关系达到满意的状态。

我国学者陈良瑾等人认为，社会工作是一种不以营利为目的的助人自助的专业性社会服务工作，也是一门独立的学科和专门的职业。社会工作是为帮助人们满足那些仅凭个人努力无法满足的需求而采取的各种有组织的做法，它视受助者为积极能动的主体，而不只是被动消极的客体，提供必要的条件和运用专业的方法，使受助者发挥潜能以解决自己的问题。社会工作还是一门以现代科学所提供的知识为基础的应用性社会科学。王思斌认为，"社会工作是以利他主义为指导，以科学的知识为基础，运用科学的方法进行的助人服务活动"。这个定义指出了社会工作的本质是一种助人活动，即以利他主义的价值观为主导的帮助他人的活动，其特征是提供服务。更确切地说，社会工作是一种科学的助人服务活动，它不同于一般的行善活动。这个定义还指出，社会工作以受助人的需要为中心，并以科学的助人技巧为手段，以达到助人的有效性。

2006年10月，中共中央十六届六中全会做出的《中共中央关于构建社会主义和谐社会若干重大问题的决定》指出，要"建设宏大的社会工作人才队伍。造就一支结构合理、素质优良的社会工作人才队伍，是构建社会主义和谐社会的迫切需要。建立健全以培养、评价、使用、激励为主要内容的政策措施和制度保障，确定职业规范和从业标准,加强专业培训,提高社会工作人员职业素质和专业水平。制定人才培养规划,加快高等院校社会工作人才培养体系建设,抓紧培养大批社会工作急需的各类专门人才。充实公共服务和社会管理部门,配备社会工作专门人员,完善社会工作岗位设置,通过多种渠道吸纳社会工作人才,提高专业化社会服务水平"。

2020年2月23日,习近平总书记在《统筹推进新冠肺炎疫情防控和经济社会发展工作部署会议上的讲话》指出:"要发挥社会工作的专业优势,支持广大社工、义工和志愿者开展心理疏导、情绪支持、保障支持等服务。"这是对社会工作社会作用的充分肯定。

综合国内外专家学者的论述和我国社会工作的经验,不难看出社会工作是我国社会建设的重要组成部分,是一种体现社会主义核心价值理念,遵循专业伦理规范,坚持"助人自助"宗旨,在社会服务、社会管理领域,综合运用专业知识、技能和方法,帮助有需要的个人、家庭、群体、组织和社区,整合社会资源,协调社会关系,预防和解决社会问题,恢复和发展社会功能,促进社会和谐的职业活动。

第二节
社会工作的价值理念与功能

社会工作尊重个人价值与尊严,强调"助人自助",由此形成了独特的核心价值理念,推动着社会工作的功能不断完善,指导着各国社会工作实践不断走向深入。

一、社会工作的价值理念

价值观是人们对善恶美丑的判断,人类在诠释事与物具有的某些现象时,所归纳或总结的思想、观念、概念与法则,称之为理念,如人生理念、哲学理念、学习理念、时空认知理念、成功理念、办学理念、推销理念、投资理念或教育理念等。社会工作发源于人道主义与民主的理念,它的核心价值理念,也就是核心价值观基于对所有人的价值与尊严的尊重。

核心价值理念是反映社会工作本质的,在重大价值理念中提炼出来的具有灵魂的东西,其他的价值理念或者价值观都是在此基础上衍生出来的。为此,《美国社会工作者协会伦理守则》在总结的基础上,提出了社会工作服务、社会公正、个人的尊严与价值、人际关系的重要性、诚信、能力六个核心价值理念。

社会工作价值理念的分法具有多样性,莫拉莱斯和谢弗把其分为对人的价值偏好、对社会的价值偏好、社会工作的工具价值三个方面,一是相信人的尊严与价值是与生俱来的,二是社会须提供机会让个人发展,三是相信所有的人包括社会工作者在内均应受到尊敬并有尊严,使人有机会决定自我生活的方向。概括起来,他们认为社会工作的价值理念主要有:尊重个人价值与尊严、案主自决、提供机会和资源、赋权、平等、社会正义、保密与隐私、分享等。

基于社会工作发展百年的历史,如今的社会工作实践已把关注的焦点放在了满足人类需求与开发人类的潜能上了。人权与社会公正是社会工作开展的动力与合法性所在。社会工作者致力于减轻贫困、解放那些脆弱的和受压迫的人们,以提高弱势群体的社会参与度。

社会工作者还致力于消除社会中广泛存在的各种屏蔽、不平等与不公正事件。他们既应对危机与突发事件,也应对个人与社会的日常问题。社会工作者运用多种技能、方法,开展多样活动来实现全面关注人类与环境的宗旨。社会工作的涉及面很广,从基础的个人社会心理发展过程到社会政策的制定与发展,都可以找到社会工作的影子。它包括咨询、临床社会工作(义诊所)、集体工作、社会教育学工作及帮助人们获得社区服务与资源的各种努力;它还包括机构管理、社区组织及对社会政策和经济发展产生一定影响的社会参与和政治活动。

社会工作重心根据各地各时代不同的文化、历史、社会经济条件而各有侧重。社会工作的价值理念为"助人自助"。所谓"助人",是指在个人、家庭、群体、社区出现困难时,社会工作者向其提供专业的服务和支援;所谓"自助",是指通过社会工作的专业服务,来整合社会资源,挖掘潜能,推动困难人群走向自救、自立、自强。

二、社会工作的主要功能

功能是指在一个系统中某个部分所发挥的作用,即某一部分的存在和变化对整体及其他部分所发挥的影响。社会是一个庞大的系统,它的各个部分复杂地联系在一起,任何一个部分的变化都会对社会整体产生这样或那样的作用,这就是它的功能。社会是一个复杂的系统,社会工作作为现代社会的制度安排,在社会系统中也有自己独特的功能。

(一)对服务对象的功能

社会工作通过为服务对象提供帮助可以达到帮助其正常生活、促进其与社会环境的相互适应等功能。

1.帮助服务对象正常生活

由于社会变迁、家庭或个人原因,有些人可能会暂时或较长时间地陷入贫困,从而难以正常地生活。对生活上有困难的人给予必要的帮助是社会工作的重要任务,社会工作的功能则是通过上述服务来帮助困难群体、有需要群体恢复正常生活。正常生活是大多数人的基本要求,是社会秩序稳定、社会和谐的基础。实际上,帮助服务对象正常生活就是增强他们的生存能力,维护他们应有的权利,维护他们的尊严和促进他们生活于其中的社会环境的改善,使他们能像别人那样正常地生活。

2.促进人与社会环境的相互适应

社会工作者是帮助困难群体、弱势群体及广大民众解决困难和问题的职业。在分析这些困难和问题的成因时,社会工作者既应考虑服务对象个人方面的原因,也应重视社会方面的原因。在个人方面,有生理、心理、个人经验、能力等方面的原因;在社会方面,有社区、工作单位和社会制度安排等方面的原因。社会工作者分析问题时的基本观点是"人在环境之中",认为人与社会环境是相互依存的。社会工作者不能仅仅帮助服务对象解决眼前的问题,提供简单的、具体的服务,还应把服务对象能力的发展、外部环境的改变作为工作目标。在此基础上,促成人与社会环境的良性互动:一方面,通过解决问题和增强能力使服务对象有能力应对环境的压力和挑战;另一方面,通过调动环境中的资源,向人们提供更多支持。

(二)对社会的功能

社会工作是现代社会制度体系不可或缺的组成部分,它通过提供服务、解决社会问题而对社会运行发挥着重要的影响,具有积极的作用。

1.维持社会秩序

社会工作在最一般的意义上来说,是具体解决社会问题的专业活动,对有困难人士问题的解决不但可以给他们以实际的帮助,而且这些问题的解决还可以减少因问题激化而可能产生的对社会秩序的冲击,从而有助于社会稳定。在这里,社会工作通过提供服务而间接地起到社会管理的功能。社会工作维持社会秩序的功能与一般行政管理有所不同。行政管理倾向于用行政力量,即自上而下的行政系统和权力解决问题,维持社会稳定是其直接目标。社会工作则通过服务化解矛盾、解决问题,从而达到维持社会秩序的效果。在解决问题的方法上,社会工作不但强调社会秩序的重要性,也强调不尽合理的社会结构和制度环境会造成社会问题,因而主张通过改变环境、完善制度来解决问题。所以,社会工作可以从更深层次上发挥维持社会秩序的功能。

2.促进社会和谐

社会和谐是社会各构成要素之间良性互动,社会成员之间相互接纳、平等相处的状态,人们之间具有良好的关系和社会支持是健康社会的表现。

社会工作以人为本,致力于在社会成员之间建立相互支持的关系,致力于建立一个相互关怀的社会。这不但可以改善人们生活的具体的社会环境,也有利于促进社会和谐。应该指出的是,社会工作所擅长的面对面的、深入人心的人性化的服务在化解矛盾和冲突时所产生的促进社会和谐的作用,是一般行政方法所不能替代和比拟的。社会工作作为专门助人的职业,能够通过具体服务为和谐社会建设做出贡献。不但如此,社会工作者通过自己的服务,还可以在社会上弘扬服务和慈善的精神,促进互相关爱的良好社会风气的形成,促进社会的和谐。这样,社会工作就直接或间接地发挥着促进社会和谐的功能。

三、社会工作的服务内容与特征

(一)社会工作的一般服务内容

社会工作的一般服务内容主要有以下几个方面:

1.工业社会工作。主要在工商企业或其他工商机构中解决有关劳工福利、职业保障等问题。在我国,此项工作一般纳入工会工作之中,在资本主义社会则大都存在于工会工作之外。

2.农村社会工作。较工业社会工作发展为晚。它主要针对农村的社会生活受到城市发展的影响、冲击而出现的各种社会问题,开展各项社会服务和有关的社会发展等工作。

3.家庭社会工作。它为家庭提供多种内容的社会服务,以促进家庭关系的协调,强化家庭功能;帮助家庭成员健全本身机能,使之适应社会生活的要求与变化。

4.学校社会工作。通过专业性的服务,协助学校改善学习环境,解决教育过程中的有关社会问题;协助学校完善教育功能,促进学生健康成长;引导学生发挥聪明才智和创造性,帮助少数有不良行为的学生克服障碍和挖掘潜能,自砺成才。

5.医疗社会工作。一般指运用于疾病的预防、治疗和康复等方面的社会福利服务。具体指医院和诊所的社会服务,卫生行政和公共卫生设施内的社会服务,以及精神疾病防治和心理卫生机构的社会服务。

6.军队社会工作。主要为军人、军人家属、退役军人和部队驻地社区开展各项专业服务,包括福利保障、职业培训、就业服务、心理卫生服务和建立教育设施、医疗设施等方面;在军队和地方之间调整关系、组织合作。中国军队社会工作的主要部分单独列为优抚安置工作,受到国家和社会的重视。

(二)社会工作的共性特征

在实现社会现代化的过程中,不同社会制度的国家都会以必然或偶然的形式出现各种自然灾害和事故。在一定的经济、政治变迁中出现的矛盾和在一定的教

育、科学、文化条件下产生的问题,也普遍存在于不同制度的国家之中,这就决定了社会工作在不同制度的国家中具有共同的特征:

1.服务性。对遭受各种困难和不幸的人进行帮助,保障他们基本的生活需要,使他们能够发挥自己的潜在力量,增强适应社会生活的能力。

2.稳定性。通过解决和预防社会问题,以及帮助社会成员恢复社会生活功能,发挥改善社会生活秩序,改进社会环境的功能。

3.发展性。在发展生产的过程中,解决社会生活中出现的一些不平衡、不协调的现象,缓解经济发展和现代化生产过程中出现的一些矛盾;同时参与开发劳动力资源、技术资源和其他社会资源,促进商品经济的发展,为发展生产力服务。

4.调节性。即社会工作在社会运行的控制机制中具有一种自我调节的功能。社会工作可以调整社会关系,加强社会行政管理,参与和协理解决问题,从而发挥出调节的功能。

第三节
社会工作者的职业发展

社会工作者是社会服务的提供者,是社会工作存在和社会问题有效解决的前提。社会工作者的职业精神、知识储备、工作经验,直接影响其服务的效果。培养适应新时代社会工作需要的优秀社会工作者,形成结构合理、素质优良的社会工作人才队伍,是社会工作事业发展的基本要求。

一、社会工作者的职业角色

《社会工作者国家职业标准》将社会工作者定义为:"遵循助人自助的价值理念,运用个案、小组、社区、行政等专业方法,以帮助机构和他人发挥自身潜能,协调社会关系,解决和预防社会问题,促进社会公正为职业的专业工作者。"社会工作是以利他主义为指导,以科学知识为基础,运用科学的方法进行助人服务的活动,其服务范围广、对象多、方法多样,因此,社会工作者需要在工作过程中扮演多种角色,而且还要随时切换自己的身份。综合来说,社会工作者主要扮演三大角色。

(一)直接服务角色

社会工作的最大优势在于深入的、具体的、人性化的服务。因此,社会工作者的直接服务角色指的是社会工作者直接为服务对象提供物质、心理等服务。社会工作者的直接服务角色又包括以下几种:

1.服务提供者。服务提供者是社会工作者的首要角色。社会工作者作为专业的工作者,他们具有各方面的文化知识和技艺,可以为服务对象提供多种多样的服务,既包括心理咨询和意见咨询等方面的精神服务,也包括物质帮助和劳务服务。

2.心理支持者。社会工作者面对服务对象不但要提供直接服务或帮助,也要鼓励其在可能的情况下自强自立,克服困难,自我决策,即"助人自助",并且应该成为服务对象积极反应的支持者、鼓励者,尽量创造条件使服务对象自立或自我发展。

3.行动治疗者。传统的治疗对象仅仅局限于个人,而现在的治疗对象已经发展到团体和社区。社会工作者通常直接与个人、团队或家庭一起工作,通过分析服务对象面临的困难或问题,为其提供直接的、具体的帮助,以便解决问题、减轻症状,从而使那些在人际交往、个体发展或环境适应方面有障碍的服务对象适应社会,获得成长。

(二)间接服务角色

1.组织管理者。在社会工作过程中,社会工作者需要对工作进程进行有效的控制,对助人方案进行科学设计,并力图使实际过程更合理、有效。社会工作者需要注意的是参与调控,主要是维持整个社会工作活动过程的秩序和平衡。

2.资源筹措者。社会工作者要解决服务对象的困难和问题,为了服务的顺利开展,常常需要联络政府部门、福利机构的负责人及同事,志愿组织甚至社会,向其争取服务资源,并将资源传递到受助者手中。协调和争取资源显然是社会工作者的重要职责。

3.科学研究者。为增进直接服务的有效性,就必须科学地评估问题,准确地理解服务对象的行为,合理地设计服务方案。因此,社会工作者也需要从事科学研究,扮演一个研究者的角色。通过阅读相关文献、调查需求、评估实务结果、讨论服务的质量等,探索社会工作的特征和普遍规律,提高专业服务的水准,推动社会工作事业科学发展。

4.政策影响者。当社会工作者在服务过程中发现某些普遍存在的问题,如社会资源不足、困难群体被忽视等,他们会本着公平正义的信念,提供充足的资料和解决问题的方案,向有关政府部门提出建议,促使其制定、修订和完善政策。在这种情况下,社会工作者就扮演着政策影响者的角色。社会工作者对适时地制定和改善社会政策负有一定的责任。

(三)合并服务角色

1.文化教育者。即社会工作者向受助者提供机会、信息和情感支持,让其学习特定的社会技能,使其能有效地扮演社会角色。

2.关系调解者。社会工作者以最具建设性的方法和途径去化解纷争,帮助处于冲突中的各方对于冲突的问题达成共识。对处于矛盾冲突漩涡中的社会工作者来说,保持中立、不偏不倚,站在第三方的角度看待问题,是应有的基本立场。

3.行动倡导者。倡导是指社会工作者向服务对象提倡某种行为。当服务对象必须采取新的行动才能走出困境,但对新的行动又不了解时,社会工作者应向服务对象倡导某种合理行为,并指导他们,以使其成功。当然,倡导并非不顾服务对象的意愿强力执行,而是帮助其自觉采取某种行动。

对社会工作者进行角色的划分只是为了便于了解其社会作用,各种角色之间不是截然对立的,相互之间的界限并不明显。社会工作者在实际工作中并非要扮演全部的角色,有时只需扮演其中的部分角色。

二、社会工作者的职业特征

社会工作者作为一个职业群体,区别于其他职业群体的主要特征在于:社会工作者是助人者。这是社会工作专业的本质特征在社会工作者身上的体现。社会工作者是一个助人的职业,其宗旨是为有需要的人提供帮助,使受助者恢复和提升社会功能,解决问题,克服困难,满足需要,获得自我实现。根据对社会工作者的概念界定,以及对社会工作者职业角色的分析,我们对其基本特征归纳如下:

1.崇尚社会工作专业伦理精神。社会工作区别于其他助人职业和专业的首要标志就在于其特殊的价值和伦理。利他主义的工作理念、人道主义的哲学理念都是社会工作者应当尊崇的职业伦理精神。从实务层面来看,应当注重自身的行为举止,以助人为目的,保持全心全意为受助者服务的初心;保持同理心,尊重当事人;维护平等、公正和社会正义,把为民众追求福利作为自身的发展目标。

2.熟练掌握社会工作专业方法。社会工作者开展服务工作不是靠个人经验,而是更多地使用作为普遍经验的科学方法。社会工作者综合运用专业知识、技能和方法,帮助有需要的个人、家庭、群体、组织和社区,整合社会资源,协调社会关系,预防和解决社会问题,恢复和发展社会功能,促进社会和谐。这些方法经过无数人的实践被证明是有效的,同时也是可以通过教育和培训习得的。

3.从事社会管理与社会服务。从事社会服务是社会工作者的职业活动,服务是这种职业活动的本质,这与以控制和管理服务对象的行为有着本质的区别。

4.在一定的组织框架内开展活动。社会工作是一种现代职业,需要一定的专业规范和组织约束。社会工作服务一旦开始,在社会工作者与案主之间就形成了一种心理契约和权利义务关系。为最大限度地保障案主的利益,一般地讲,社会工作者要在某种社会服务机构或社会行政部门工作,并受到组织规范的约束。即使独立工作也应该接受专业组织的监督。

5.接受社会工作专业训练或通过职业水平考试。要想成为社会工作者,需要接受相关的社会工作学历教育、继续教育或者考取社会工作职业资格证书。随着专业化和职业化的推进,社会工作对社会工作者素质的要求也越来越高,没有接受社会工作学历教育但有志于从事社会工作服务的人士,可以参加相应级别的社会工作者职业水平考试,通过并进行注册,可获得相应的助理社会工作师、社会工作师、高级社会工作师的职业资格。

三、社会工作者的职业素养

社会工作者的职业素养是指由训练和实践而获得的与社会工作专业相关的技巧或能力的总和。一名成熟的社会工作者应该是发现社会问题、综合系统资源、解决实际问题的全能好手。

(一)社会工作者的知识结构

1.扎实的基础知识

无论从事何种专业的工作,一名优秀的专业人员都应具备金字塔型的知识体系。金字塔的底部是广博而坚实的基础知识,由此再根据专业要求与需求发展和深化自己的专业知识和技能。一名专业人员如果具有深厚的基本知识的积淀,学习与研究则水到渠成;否则,空有一些专业技能,这些技能也将被证明是肤浅的,是无源之水,无本之木,在实际工作中必然受挫。社会工作者也不例外。不仅如此,由于社会工作者的性质与要求,基础知识对从事这一职业的人尤为重要。首先,社会工作者接触的是来自社会各个阶层的人。这些案主们的背景、职业、生活方式、习惯爱好均有较大的差异。只有当社会工作者对之有大致的了解,才有可能与不同的案主达成有效的沟通与交流。而这种人际沟通又往往是解决问题的关键所在。再者,社会工作形式多样,内容复杂,社会上的新情况、新问题层出不穷,社会工作者只有具备更多的基础知识,才能增强自己的适应能力,处理各种复杂的情况,达到以不变应万变。

2.良好的专业知识

随着专业性的增强,当代的社会工作已不同于初期基于同情、仁爱等情感道德之上的自发的救济活动。专业的社会工作强调职业道德和职业情感的同时,还特别重视助人活动的科学性和有效性。而达到这一目的就必须依赖于在长期实践中积累的对社会工作理论和实务规律性的认识。因此,一名合格的社会工作者除了具备一定的基础知识之外,还应具备良好的专业知识。

社会工作者需要具备的基础知识或专业知识,不是截然分开、相互独立的,它们相辅相成,融会贯通。社会工作者在接受社会工作训练的同时,应注重这些知识的相互融合,在实际工作中将其综合运用,以达到工作的最佳效果。

(二)社会工作者的能力要求

如上所述,社会工作是一项务实的专业,其价值核心是在实际生活中帮助受助对象解决问题。社会工作者作为一种复合型人才,在社会工作实务中不仅要面对面地与需要其帮助与服务的对象接触、互动,还需要作为案主的利益代表为他们奔走呼吁,争取社会资源,同时还承担着改进和创新服务,沟通联系各社会机构及服务系统,满足受助对象社会需求的责任。社会工作者肩负多种任务的特性,决定了他们要顺利高效地完成工作,多方面高水平的综合能力是必不可少的。

1.社会交往能力

社会交往简单地说是社会中人与人的往来与接触,是人们为了实现自己的目标而进行的相互影响的社会活动方式。人若想使自己的社会需求得到满足,就必须进行有效的社会交往。社会工作是以人和社会为主要内容的专业。社会交往对社会工作者来说尤为重要。高效的社会交往是完成日益艰巨复杂的社会工作任务的保障。这就要求社会工作者具备较强的社会交往能力。

(1)社会工作在近百年的专业化发展过程中,其工作对象发生了重大的变化。最初的社会工作对象是处于社会底层,基本生存出现困难的群体,现代的社会工作对象逐渐扩展到广泛的有着不同需求的社会大众。受助对象来自社会的各个阶层、各种行业。与不同职业群体、不同社会阶层、不同年龄阶段、不同文化背景、不同生活方式的案主都能够实现有效的沟通,是社会工作者必备的素质。例如,在与不同的受助对象的交往中,社会工作者如何从其讲述的内容、言谈的方式,口头语言和肢体语言所传达出的信息来准确地把握案主叙述的内涵;如何与案主之间进行情感的互动,建立更有利于工作开展的合作关系;等等。

(2)社会工作者所面对的不仅是需要帮助的人和群体,同时还需要同提供帮助和服务的人与机构、团体交往。这些个人与群体是社会资源的占有者,可能是具有相当物质财富的捐赠人,可能是提供服务的各种社会机构,也可能是制定和执行社会政策的政府工作人员。因此一名优秀的社会工作者在社会交往方面必须是多面手,要合理、得体、娴熟地在社会资源的供需两端进行协调与联络。

2.组织能力

社会工作的服务对象往往不是个人,如在团体社会工作与社区社会工作中,服务对象是以群体的方式出现的,因此社会工作者需要具备很强的组织能力,才能在不同的工作环境中自如工作。

(1)在团体社会工作中。团体社会工作中,对象群体中的个体目标不一定与团体目标相符。社会工作者要结合成员各自的利益,根据团体的具体需要考察团体的发展,拟订工作计划,组织可以被大多数成员接受的活动项目。同时在活动开展的过程中,社会工作者应充分运用自己的组织能力领导和管理团体。社会工作者作为团体工作的中心人物,在处理各种工作时既要突出重点,又要照顾一般,使对象群体中的每一个成员都能认识到自己的潜能,并积极主动地参与和改善自己的状况,拓展自己的活动范围,实现团体社会工作的目标。

（2）在社区社会工作中。20世纪80年代英国学者托马斯提出社会工作者从事社区工作有两大目标:一是进行资源的调配,二是发动居民。其具体的工作包括调查社区的社会资源以及社区成员的需要,制订社区发展的方案,发动社区的人力、物力、财力,满足社区的发展需求。建立各种层次的社区工作机构,全面负责社区工作的组织、管理、协调工作,并且加强社区之间和社区各社会组织以及团体之间的沟通。由此可见,组织协调是社区工作的主要内容。社会工作者是否具有较好较强的组织能力,对于其能否在社区顺利地开展工作有着决定性的作用。再者,就我国社区目前的发展状况来看,在注重社区硬件设施配备的同时,更重要的是大力开展社区居民互助服务,创建社区文化。我国社区发展的实际情况更需要社会工作者发挥自己的组织能力,通过在社区组织开展有效的活动,增强居民的归属感和凝聚力。

（3）在社会行政工作中。社会行政是一项筹措与安置社会资源,设计、协调组织结构,以及指导机构职员的工作。社会工作者如何设置调整有关的服务机构,对其进行相应的管理;如何对工作人员、物资等做出合理的安排和有效的利用;如何具体落实和实现决策和计划,确保其有效地运行;如何提高社会工作机构的服务质量和工作效率。在进行这一系列的社会行政工作时,社会工作者的组织能力同样起着关键的作用。在统筹安排各项活动和协调关系避免冲突的过程中,社会工作者应有意识地全面考虑,保证组织获得其最大化的收益,并在实践中逐渐培养、提高自己的组织能力。尽己所能,营造和谐向上的团队氛围,使社会工作者认同组织目标,更加积极主动地开展工作。

3.适应能力

随着社会工作的服务范围从基本的生活领域拓展至更广阔的生活空间,工作内容的多样性已成为社会工作者不同于其他职业的特点之一。从对受助对象单纯的救助到谋求他们的发展,从个案工作到社区工作,社会工作者要在不同的时空里处理个人、群体、社区遇到的不同社会问题。社会工作者的服务对象与工作情况,不像一般政府工作人员那样是固定不变的,而是存在着巨大的差异。另外,就算与同一工作对象交往,其态度、行为也可能随着工作的进展而发生变化。这些都要求社会工作者审时度势,随机应变,根据不同的工作情境与工作对象,选择正确合理的工作方法,制定科学的、具有可行性的活动计划与方案,做出适当的反应以达到工作的最佳效果。

4.公关能力

由于社会工作是一个年轻的专业,因此并不为社会所熟知。向社会公众、社会团体、有关政府部门及其他专业机构,介绍和提供社会工作专业的资料成为社会工作者的基本任务之一。同时,社会工作者要顺利地开展社会工作,也需要获得广大群众在物质上的支持。以上任务的实现都要求社会工作者具备良好的公关能力,善于搞好社会工作的公关关系,引导与帮助广大群众增强对社会福利政策的认识和了解,进一步得到广大群众对社会工作的关心与支持,获取广大群众对社会服务项目的支持与运用。社会工作作为一种行业,只有与社会保持良好的公关关系,才能在广大群众中树立社会工作者的良好印象,为社会工作的开展创造良好的前提与基础。

(三)社会工作者的心理素质

保持健康心理是从事某项工作的前提条件之一。社会工作是一个复杂的过程,在开展工作的同时必然遇到这样或那样的困难,这就要求社会工作者在具备以上各种素质的同时,还要有良好的心理素质。

(1)工作中的挫折、压力要求社会工作者必须具备良好的心理素质。受中国社会传统文化的影响,人们在心理上对接受外界的帮助存在一定的障碍。在中国人看来,当遇到困难时首先会向亲戚朋友寻求帮助,对外人存在着戒备心理。由此造成中国的社会工作者在工作中时常会面临工作对象不配合的情况。尤其是服务对象是非正常人群时,他们在意识与价值观念上偏离社会正常的轨道,这就要求社会工作者要耐心、宽容。同时社会工作者在协调社会资源,沟通社会服务网络时,不可避免地会遇到社会成员的不理解,只有做到坚持不懈,不轻易放弃自己的职责,以宽广的心胸时刻准备着去包容去理解,才能达成我们的工作目标。

(2)保证同感是社会工作对其从业者的专业要求。社会工作者积极主动地进入案主的生活实况,感受其情感与经历,在不丧失自己的立场与观点的前提下,感受案主的处境,并运用这种理解去帮助对方。在此过程中有时会出现案主叙述的经历与感受会使社会工作者自身回忆起一些令人不快或悲伤的经历。在这种情况下,案主的不良心理或悲惨经历对社会工作者会产生负面影响,如果社会工作者没有良好的心理素质,帮助受助对象的过程就会给社会工作者自己的心理带来一定的负面影响,如何调整心态,始终保持积极向上的精神面貌,也是一名合格的社会工作者应具备的基本素质。

(四)社会工作者的道德要求

社会工作的职业道德是指导社会工作者从事专业活动的行为准则,在社会工作者从事专业活动的过程中,把社会工作哲理付诸实际行动的表现,同时也是社会工作者在实践中实现自己价值的表现。社会工作者的道德品质具体有以下三点。

1.社会工作者应把利他主义价值观当作核心价值取向。这就要求社会工作者必须具备较强的服务意识和奉献精神、高度的责任感和高尚的道德情操,努力从物质和精神两个层面同时改变服务对象的处境,改善其生活状况。

2.社会工作者必须认同并遵循社会工作专业的伦理准则。这是对社会工作者的基本要求,也是衡量一个社会工作者是否合格的重要因素。

3.社会工作者要对服务对象表示尊重与关怀。社会工作的对象大多是社会上处于弱势地位的人们,因此,社会工作者要对服务对象表示接纳、尊重与关怀,让他们感受到自身的价值,重新树立对生活的信心。

四、社会工作者的职业等级

根据原国家劳动和社会保障部于2004年6月15日颁布的社会工作者国家职业标准,社会工作者职业共设四个等级,分别为:社会工作者四级(国家职业资格四级)、社会工作者三级(国家职业资格三级)、社会工作者二级(国家职业资格二级)、社会工作者一级(国家职业资格一级)。每个等级都具有相应的申报条件要求:

(一)社会工作者四级(具备以下条件之一者)

1.获得国家承认的社会工作专业大专学历者。

2.获得国家承认的社会工作相关专业大专学历,经社会工作者四级正规培训达规定学时数,并获得结业证书者。

3.1959年以前出生,获得中专及同等学力,连续从事社会工作不少于3年,经社会工作者四级正规培训达规定学时数,并获得结业证书者。

(二)社会工作者三级(具备以下条件之一者)

1.获得国家承认的社会工作专业硕士学位者。

2.获得国家承认的社会工作专业本科学历,连续从事社会工作2年以上者。

3.获得国家承认的社会工作相关专业本科以上学历(含本科),连续从事社会工作3年以上,经社会工作者三级正规培训达规定学时数,并获得结业证书者。

4.取得社会工作者四级职业资格证书,连续从事社会工作3年以上,经社会工作者三级正规培训达规定学时数,并获得结业证书者。

(三)社会工作者二级(具备以下条件之一者)

1.获得国家承认的社会工作专业博士学位者。

2.获得国家承认的社会工作专业本科学历,取得社会工作者三级职业资格证书,连续从事社会工作5年以上,经社会工作者二级正规培训达规定学时数,并获得结业证书者。

3.获得国家承认的社会工作专业硕士学位,取得社会工作者三级职业资格证书,连续从事社会工作3年以上,经社会工作者二级正规培训达规定学时数,并获得结业证书者。

(四)社会工作者一级

取得社会工作者二级职业资格证书后,连续从事社会工作3年以上,经社会工作者一级正规培训达规定学时数,并获得结业证书者。

五、社会工作者的职业晋升

晋升是赫茨伯格的双因素理论中激励性的因素之一,良好的职业晋升空间与条件对个体的职业发展是一种潜在的激励,能促使个体强化职业发展动机,追求职业发展目标的实现。若晋升空间有限,那么该职业便不具备晋升方面的激励条件。从双因素理论与需要层次理论结合的视角来看,职业晋升是从事该职业的个体尊重需要的体现,意味着个体认可与接纳自己,以及获得除自身外其他社会个体的肯定和尊重。

为加快人才培养的速度,促进社会工作人才队伍的专业化,提升社会工作者的职业地位,构建良好的社会工作者职业生涯发展环境,我们认为应该做好以下几点:

(一)社会工作者应合理进行职业发展规划

以"助人自助"为本质的社会工作包含了专业化的助人服务过程,这种专业性决定了社会工作者角色体系的多元化。随着服务需求日益多元化,社会工作者应该形成明确的角色定位,对在自己所处场域内扮演的角色和发挥的作用形成系统的认知,同时结合自身实际情况,进行科学合理的职业生涯规划。基于对自身专业角色的认知与认同,社会工作者应积极探索自身的核心竞争力,有计划地补齐自身专业能力方面的短板,在社会工作实践中不断促进行政角色与专业角色的互构性转化,将行政化固有的消极影响降到最低。理性处理来自不同场域的压力,和专业督导、同辈群体等积极交流,获得有效的专业支持和情感支持,在日常服务中不断提升自身的专业自觉,让"分享"和"反思"成为常态化的专业成长机制,用升位的思考模式来审视社会工作专业理论与实务的关系,以此来不断内化社会工作专业价值伦理。

(二)社会工作者应具备自主发展意识

社会工作者应正视其职业发展过程中面临的薪酬待遇低、社会认同度低、职业倦怠、晋升路径少等现实问题,面对这些阻碍应形成理性的应对机制,积极学习压力管理和情绪管理的方法。在与服务对象、嵌入单位、社会机构等的互动过程中,为自己营造良好的工作氛围,与此同时,社会工作者也要维护自身的权益,积极与同事以及管理者就自身的职业发展进行沟通与交流。以优势视角来看待自身的发展,在夯实自身专业能力的同时不断践行社会工作价值伦理,积极履行维护社会公平、促进社会和谐的职业使命,在专业能力提升的基础上不断促成非专业性角色向专业性角色的跨越。

(三)社会工作者要积极参与学习和进修

社会工作作为一种职业,对从业人员的专业能力和个人综合能力都提出了较高的要求,而学习能力作为社会工作者不断发展的源动力,已成为社会工作者个人必备的核心能力之一。首先,合理规划自身职业发展方向,制订符合自身现状的学习目标。其次,作为一名社会工作者应不断培养自己的学习能力和学习兴趣,主动参与机构或其他相关部门组织的培训学习活动,及时做好记录和反思。再次,合理利用闲暇时间,通过《中国社工时报》等多种信息化平台及时了解社会工作最前沿的发展动态,对自身理论和实务知识的不足进行及时补充。最后,积极投身于行动研究,以自我反思为抓手,认真撰写日志,及时做好专业反思,在不断反思的过程中夯实自身专业基础。

(四)建立规范化的职业晋升路径

社会工作机构在建设过程中应将社会工作者的职业晋升路径也纳入其中,以机构规章制度的形式保障社会工作者职业晋升的机会和权利。以社会工作行业协会为基点,逐步形成规范、有序、高效的运行机制,发挥其在行业内部的示范性和引领性作用。机构应将社会工作者的职业发展纳入自身发展战略当中,重视倾听社会工作者的职业发展诉求和规划,紧紧围绕社会工作者的切身需求构建多元化的职业晋升路径。一方面,机构管理者应积极了解社会工作者的职业晋升需求,按照每一位社会工作者的职业规划路径帮助其拓展职业发展空间,积极开发并链接相关资源,辅助有发展需求的社会工作者获得专业能力、薪酬待遇等方面的提升,积极创造机会,提供发展平台;另一方面,帮助社会工作者做好职业发展规划,构建行政、科研、实务等多方位的职业晋升路径,突破传统的一元化的晋升渠道,留住人才,也让社会工作专业人才找到自身的职业发展方向。

(五)构建职业化的制度体系

职业制度体系建设是推进社会工作职业化的核心内容,是提高职业认同、降低离职倾向的根本举措。职业评价制度、薪酬福利和晋升制度、继续教育制度是职业制度体系的三大支柱。通过制度体系建设,逐步扩大社会工作者的职业发展空间,提高社会工作者的职业地位,增强社会工作者的职业荣誉感和职业忠诚感。

//

小结

　　社会工作是一种不以营利为目的的助人自助的专业性社会服务工作,也是一门独立的学科和专门的职业。它的宗旨是挖掘人类发展的全部潜能,丰富人类的生活并防止人类功能失调。社会工作尊重个人价值与尊严,强调"助人自助"。"助人"是指在个人、家庭、群体、社区出现困难时,社会工作者向其提供专业的服务和支援;"自助"是指通过社会工作的专业服务,来整合社会资源,挖掘潜能,推动困难人群走向自救、自立、自助和自强。社会工作作为现代社会的制度安排,在社会系统中具有独特的功能,以其专业的知识和技术,运用于社会福利保障、社会风俗改造、社会基层管理等方面,服务于工业、农村、家庭、学校、医疗、军队。在现阶段,我国社会工作类型主要有儿童社会工作、青少年社会工作、老年社会工作、救助社会工作、助残社会工作、矫正社会工作、社区社会工作。不同制度下的社会工作具有服务性、稳定性、发展性、调节性等共同特征。社会工作者在开展服务工作的过程中,还需要明确职业发展需要,理解自身的职业的特征,具备相应的职业素养,成为一个能够发现社会问题、综合系统资源、解决实际问题的复合式全能好手。

自测题

　　1.填空题

　　(1)社会工作是一种不以营利为目的(　　　　)的专业性社会服务工作,也是一门独立的(　　　　)和专门的职业。

　　(2)以人类社会为研究对象的学科叫作(　　　　)。

　　(3)人类社会的主要功能有(　　　　)功能、整合功能、导向功能、(　　　　)功能、自组织调节功能。

　　(4)社会工作是伴随工业化引发的(　　　　)而产生的,工业化先行国家解决社会问题的(　　　　)和方法为社会工作的产生奠定了(　　　　)。

　　(5)伊丽莎白一世执政以来,颁布了一些济贫法案,其中以1601年颁布的(　　　　)最为著名。

　　(6)美国的慈善组织协会对于社会工作(　　　　)的建立做出了极大的贡献。

　　(7)专业社会工作在20世纪(　　　　)年代以前就已传入我国,但基于培养专业人才的(　　　　)专业在我国1952年的高等学校院系调整时被取消。

　　(8)(　　　　)年前后,上海浦东新区开始在医院、学校和社区设立社会工作站,这成了中国内地( )实务的重要标志。

(9)2003年3月,( )出台了《上海市社会工作者职业资格认证暂行办法》,同年11月,社会工作者( )考试开始实行,这些都标志着社会工作者在我国开始成为一门正规的职业。

(10)社会工作尊重个人价值与( ),强调"助人自助",由此形成了独特的( )理念。

(11)人类以自己的( )来诠释事与物的现象时,所归纳或总结的思想、观念、( )与法则,称之为理念。

(12)人权与( )是社会工作开展的动力与( )所在。

(13)从社会工作专业的使命来看,社会工作的( )就是强调"助人自助"。

(14)社会工作是帮助困难群体、( )及广大民众解决( )和问题的职业。

(15)社会工作者通过自己的服务,还可以在( )弘扬服务和慈善的精神,促进( )的良好社会风气的形成,促进社会的和谐。

(16)( )是社会服务的提供者,是社会工作存在和社会问题有效解决的前提。

(17)社会工作者承担三大主要角色,分别是( )角色、( )角色和( )角色。

(18)社会工作者的职业素养是由( )和( )而获得的与社会工作专业相关的技巧或能力的总和。

(19)人的本质在于人所具有的( )属性。

(20)( )是社会工作对其从业者的专业要求。

(21)社会工作者职业共设( )个等级,分别为:社会工作者( )、社会工作者( )、社会工作者( )、社会工作者( )。

2.判断题

(1)在社会学中,社会指的是由有一定联系、相互依存的人们组成的超乎个人的、有机的整体。( )

(2)汉堡制和爱尔伯福制都遵循着个人自助,使贫民养成依赖心理等原则,并都有相应的组织管理架构和程序。( )

(3)我国学者陈良瑾等人认为,社会工作是一种不以营利为目的的助人自助的专业性社会服务工作,也是一门独立的学科和专门的职业。( )

(4)社会工作运用单一的技能、方法,开展多样化活动来实现它全面关注别人与环境的宗旨。( )

(5)社会和谐是社会各构成要素之间的良性互动,社会成员之间相互接纳、平等相处的生活状态,人与人之间具有良好的关系和社会支持是健康社会的表现。
(   )

(6)社会工作者的各种角色之间是截然对立的,相互之间的界限非常明显。
(   )

(7)社会工作者需要具备良好的心理素质。(   )

(8)社会工作者必须认同并遵循社会工作专业的伦理准则。(   )

(9)职业晋升体系建设是推进社会工作职业化的核心内容,是提高职业认同、降低离职倾向的根本举措。(   )

3.思考题

(1)社会工作的核心价值理念是什么?

_____

_____

_____

(2)社会工作者有哪些方面的能力要求?

_____

_____

_____

(3)如何理解社会工作是"助人自助"的服务实践?

_____

_____

_____

参考文献

　　[1]蒋荣华.从社会控制到人道主义——社会工作价值观的转型[J].社会,2004(11).

　　[2]中共中央关于构建社会主义和谐社会若干重大问题的决定[EB/OL].北京:国务院公报,2006(10).

　　[3]李迎生.发挥社会工作在疫情防控中的专业优势[N].北京:光明日报,2020(3).

　　[4]江涛.社会工作基础与实务[M].北京:中国社会出版社,2016.

　　[5]姚云云,李精华,周晓焱.社会工作基础理论与实务[M].哈尔滨:哈尔滨工程大学出版社,2016.

　　[6]孙海燕.社会工作者职业发展困境与动力探析[D].济南大学硕士学位论文,2018.

　　[7]徐道稳.社会工作者职业认同和离职倾向研究——基于对深圳市社会工作者的调查[J].人文杂志,2017(6).

↘ 学习目标 ————————

掌握社会工作基本理论,掌握理论的适用情境,把握社会工作
与社会学的联系和区别,熟知我国社会工作实务的发展和本土
化趋势。

↘ 实践建议 ————

学会结合理论进行案例
分析。

第二章

社会工作基本理论

◇◇◇◇◇◇◇

社会工作方法是社会工作者经过百余年的艰苦努力创造和发展得到的,是建立在坚实的理论基础之上的。这些理论是社会工作开展的根基。掌握这些专业理论知识,对社会工作者开展社会工作具有重要指导意义,能够使社会工作更专业、更科学、更有效。社会工作和社会学在学科大类中同属社会学类,都以社会为重要课堂,以社会现象作为研究对象,前者侧重于实践,后者侧重于理论,但它们是两个不同的学科,既紧密联系又相互区别。社会工作作为一门专业在我国起步较晚,在20世纪50年代前传入中国,随后在院系调整时被取消,改革开放后开始恢复,在21世纪逐渐发展。新世纪的社会工作研究者需要从社会工作理论、方法等方面积极探索我国社会工作实务的本土化。

社会工作在长期的实践过程中形成了自身的知识体系。同时,现代社会工作的实践活动也为自身理论体系提供了检验的场所。掌握这些基础理论知识,提升自身的职业能力,已经成为现代社会工作者所必备的专业条件之一。

第一节 社会工作理论概述

理论是指由一系列逻辑上相互联系的概念和判断组成的知识体系,是对经验知识的抽象概括。社会工作理论就是关于社会工作理念、社会工作实践的知识体系或系统化观点。

一、社会工作理论的沿革

人类认识的有限性和片面性,致使人类总结的各种理论总有局限性。但是,人类的认知能力却是无限扩展的,并能够找到超越这些局限性的改革办法。所以,在人类思维的发展进程中,总是出现各种理论的更迭式发展。社会科学的研究者在对社会科学的理论进行总结、概括、分析、比较时,往往会倾向于把已有的社会科学理论归结为几种类型,企图寻找处于同一范式之中的不同社会科学理论所共同享有的那些背景假设;一旦找到,以后的人们在认识和把握社会科学的理论内容及逻辑结构,以及不同的社会科学理论之间的关系时,就有了一个比较好的认知工具和指南。社会工作的理论家们认为社会工作理论的发展也是经过了这样一种范式转移的历史发展过程。

社会工作学者大卫·豪在《社会工作导论》中曾把社会工作理论发展过程概括为七个阶段。

第一个阶段是"实际工作(调查)"阶段。这是社会工作发展的初始阶段。这一阶段的主要工作就是从事社会救济事业。社会工作者们此时主要关注一些实际的活动,而对于社会工作的本质、过程与方式方法等理论问题基本上没有过多思考,他们对于社会工作理论的重要性也不清楚。但是,这一阶段社会工作的发展为以后社会工作理论的发展提供了丰富的实践经验和资料。

第二个阶段是"精神分析学"阶段。在这个阶段,部分社会工作者们已经开始意识到不能单纯依靠经验,必须采用一定的理论来推动社会工作的发展。此时,社会工作本身没有形成相应的理论,只能从其他领域借用一些理论。当时影响比较大的就是弗洛伊德开创的精神分析理论。社会工作在相当长的一段时间内也是由精神分析理论支配着。

第三个阶段是"精神分析学派"与"功能主义学派"并立阶段。20世纪30至40年代,由于受到功能主义的影响,社会工作领域形成了一种不同于精神分析学派的新观点,即所谓的"功能主义学派"。精神分析学派认为人的行为受到儿童时期经历的强烈影响,因此社会工作者的任务就是要去探寻工作对象的早年经历,进而进行心理治疗。功能主义学派则认为,人的行为主要是现在所处环境的结果,社会工作者的任务就是尽可能为工作对象创造一种有助于开发其潜能的结构性和社会性关系,从而使其行为发生变化。

第四个阶段是"获得"阶段。20世纪60年代,社会工作者们从心理学、社会学等不同的学科领域借用了大量的指导性理论,使得社会工作的指导性理论和知识体系在数量方面迅速增加。

第五个阶段是"盘点"阶段。在社会工作从其他学科领域大量借用理论之后几年,许多社会工作者开始感到,虽然指导性理论大量增加,但是这些理论过于繁杂,有必要对这些理论做一次清点、整理和评估的工作。

第六个阶段是"理论统一"阶段。虽然前一阶段对社会工作领域的大量理论进行了清理,但社会工作者们还是感到无所适从,他们不满足于此,想要把社会工作的各种理论都统一起来。于是,社会工作领域的理论工作者们竞相发展出一种能够把各种社会工作的方法整合在一起的"一元化"的理论框架。

第七个阶段是"理论归类"阶段。人们在知识的逻辑发展和实践领域发现这些"一元化"的理论框架都有这样或那样的缺点和局限。所以,有不少社会工作者又开始肯定和认可社会工作理论多元化的现实,不再以追求理论的统一为目的,而是通过对各种理论进行整理、归类来使得社会工作的理论空间有序化,结果产生了许多不同的理论分类模式。现在,这些理论分类模式仍然是社会工作者们把握社会工作理论的基本工具和方法。

二、社会工作理论的类型划分

长期以来,由于社会工作比较偏重于实务训练和实际操作,令许多人对社会工作产生了偏见,认为社会工作主要是一种操作层面上的经验方法,不需要理论建构。这种认识无疑是错误的。从专业学科来讲,社会工作从成为一门专业开始,就不断在各个学科中寻找理论,并借用外来理论对自身进行架构。但如果过度依赖其他学科,社会工作专业就只能停滞不前,滞后发展;社会工作要想成为一个有前途、有发展的学科专业,就必须建立起独立的理论体系。

社会工作的先驱者玛丽·瑞奇蒙德在 1917 年出版了《社会诊断》一书。该书的出版通常被认为是专业社会工作产生的标志。

1959 年,蒂姆斯在《社会工作导论:一个面向未来学生的大纲》中就曾经提出这样的观点:社会工作理论可以分为"借用理论"和"实践理论"两个部分。第一部分是说社会工作的理论素材来自其他学科,如心理学、社会学、医学、经济学、政治学等;第二部分指的是来自一般经验积累的理论。第一部分为社会工作实践提供认识人和社会环境,以及社会工作专业自身的理论和方法。这部分理论要回答什么是社会工作,什么是社会工作专业的本质特征,社会工作专业的价值、目的、伦理、知识基础和方法论等基本问题。第二部分要解决社会工作实践的原则和方法问题,是关于社会工作如何行动、介入和干预的理论。"借用理论"帮助社会工作者认识工作对象及其生活环境,"实践理论"助力达成社会工作的目标,实现解决问题、改造环境的终极目的。

大卫·豪也把社会工作理论分为两个部分,一部分称为"为社会工作的理论",另一部分称为"社会工作的理论"。所谓"为社会工作的理论"主要是指理论中用来对人与社会的本质、人的行为与社会运行的规则和机制进行解释的那部分内容,侧重于如何解释人与社会的关系,从而为社会工作的实践提供前提性假设;而"社会工作的理论"指的是理论中用来对社会工作实践本身的性质、目的、过程、方法进行说明的那部分内容,侧重于如何改变人与社会的问题,从而为社会工作提供一套具体的行动指南。同时,这两部分理论又紧密相连,"为社会工作的理论"为"社会工作的理论"提供了理论基础和逻辑前提,后者又为前者提供了与具体实践相结合的路径。

英国学者史蒂文森的社会工作理论大致划分为三个主要部分:社会工作的宏观理论、中层理论与实践理论。社会工作的宏观理论是对社会和人的本质的看法,即关于人、人与社会的关系、社会工作的本质等问题的理论。社会工作的中层理论是对社会工作的任务进行理论阐述,并介绍如何从事社会工作的介入理论。其中介入是社会工作者为帮助对象摆脱困境而介入问题并力图改变这种状态的努力。社会工作的实践理论,是关于社会工作实践具体工作的过程、方法及技巧的经验。社会工作实务中的方法技巧是社会工作专业知识中的核心内容,它贯穿于社会工作过程中各个阶段的始终。

三、社会工作理论与实践的关系

20 世纪 50 年代,格林伍德发表《专业的属性》一文时,虽然社会工作被称为一门专业,但当时社会工作的专业化程度还不算很高。值得一提的是,在格林伍德提出的衡量专业属性的标准中,第一个就是是否具有一套系统化的理论体系。所以,社会工作正是因为有了一套系统化的理论体系,进而对社会现象做出有说服力且符合逻辑的解释,才成为一门专业,赢得了社会的认可。此外,伴随着理论体系发展的系统化、复杂化,要想掌握这种理论体系,就需要经过长期的实践训练和专业的理论教育。所以,一项事业发展的专业化程度如何关键要看这项事业的理论发展程度如何;同时,要想取得相应的社会地位,其理论发展的程度也是非常重要的。

社会工作理论是一种关于行动、事件和介入的理论。它不同于那些只注重研究的学科,因为它的最终目标是解决社会问题,改良社会环境。所以社会工作的专业性中更加强调实践性和应用性,强调通过改变社会环境和社会现象,使之更加有利于人与社会克服障碍,获得发展。

所以,社会工作需要理论也需要实践。经验能帮助个人实践操作更有效率,正如实践经验多的人会比刚参加工作的人工作效率更高,然而单纯的经验缺少理论深度,比较片面;理论则是对个人经验的总结,揭示了经验中的共性问题,深刻全面,可以克服单纯经验的不足;同时经验中的生动、具体、丰富的案例可以弥补理论的不足。

第二节 社会工作理论介绍

依据影响社会工作者做出决定的因素,通常将社会工作理论划分为三类:偏重个体因素的理论、偏重群体因素的理论、偏重结构和制度因素的理论。关于"偏重"某种因素,主要是考虑社会工作理论的交叉重叠性,某种因素的重要性在某些理论中较为突出,而在另外一些理论中不太突出,甚至基本没有被考虑。

一、偏重个体因素的理论

(一)精神分析理论

精神分析理论是在弗洛伊德的精神分析学说及其后来者的理论基础之上发展出来的一种社会工作理论,也是迄今为止,社会工作领域中影响最广泛、最持久的一种理论。精神分析理论的创始人弗洛伊德写的《梦的解析》《日常生活的心理分析》《性学三论》等著作,为精神分析奠定了理论基础。

弗洛伊德认为,精神分析的基本前提就是潜意识的存在。潜意识是人的本能冲动、被压抑的欲望,其基本特征是非理性、非道德性、反社会性、无时间性和不可知性;意识则是由潜意识衍生而来的,是心理的表层部分,是同外界接触时直接感知到的稍纵即逝的心理现象;在潜意识和意识之间还有一层前意识状态。

后来,弗洛伊德用人格结构理论代替了早年的意识分层说。他认为人格由三个主要系统构成,即本我、自我和超我。

本我是由一切与生俱来的本能冲动所组成的,是人格中最原始的、永存的部分,在人一生的精神生活中起着重要的作用。如婴儿饥饿时就会哭泣一般,本我追求直接的、绝对的和立即的满足,一受到阻抑,就会出现焦虑。自我是心理自我,是由本我发展而来经过外部世界影响而形成的直觉系统。它是现实化了的本我,也是本我与外界关系的调节者,是人格意识结构的一部分。超我是社会我或者理想我,是道德化了的自我,是将社会理想的价值观念内化形成人格的一部分。

本我和自我的主要区别在于:本我只知道自己内在的需要,而自我除了了解内在的需要之外,还能够了解外在世界,从而在个体本能需要与现实环境之间取得协调;自我在本我和超我之间充当仲裁者,既监督本我,又尽可能满足自我。这三部分之间既有区别又相互联系。弗洛伊德认为,只有发展出超我的人格系统才算是发展了健全的社会化人格。一个人要保持正常的心理状态,就必须维持这三种力量的平衡。个人的人格结构通常在6岁之前发展完成,以后的发展主要是加强这些基本结构。因此,童年时期的生活经历对于个人人格结构的完善是非常重要的。

弗洛伊德认为不良行为的产生源自本我、自我、超我之间关系的失衡(本我受到过度压抑,或自我、超我发育不完善,不能合理调节人的行为)。

弗洛伊德认为防卫是正常人格的一部分,个人在人格发展的各个阶段都会产生焦虑心理。当焦虑发生时,一个拥有健全人格的人能够做出正确的判断并且知道采取什么样的方法加以防卫。这些防卫方式包括压抑(Repression)、投射(Projection)、反其道行之(Reaction formation)、固执(Fixation)和撤退(Regression)。但是,如果防卫的次数太频繁或者防卫的程度太强烈的话,也会形成不良的人格适应。

社会工作者们在对受助者进行诊断的时候,首先就是根据这些理论分析其人格是否健全,找寻其儿童时期的生活经历,然后依据相应的方法制定治疗方案进行治疗。精神分析理论对社会工作理论的发展起到了十分重大的影响,尤其是对社会个案工作的发展。

(二)认知理论

这是以认知心理学为基础发展起来的一种社会工作理论。社会工作的认知理论认为:

1.只有当人们寻找和朝向自己的目标的时候才能够被很好地理解;

2.人们通过他们学习的东西来建构他们各自的现实;

3.人们通过对外在世界的适应来获得生命中的确定性；

4.适应的过程受到具有感知能力的自我的影响。

自我一直处于积极活动的状态,并且一直和外在世界进行互动,这种互动有三种:

(1)适应:我们在考虑到自我及目标和努力的情况下对外在世界做出的反应过程;

(2)稳定:当我们处理新情况的时候,我们会力求使自身保持平衡;

(3)设定意图:依据内部目标寻求改变。

在与外在世界互动的过程中,我们会遇到各种刺激,我们对这些刺激的感知主要取决于:

(1)与其他刺激相比,这种刺激在多大程度上凸显出来;

(2)这种刺激在多大程度上与另外一种刺激相似;

(3)这种刺激持续多长时间,是否内在一致;

(4)这种刺激是完整的还是部分的。

感知能使我们的思想和感觉与外在的世界联系起来。外在世界主要通过自我来影响适应过程。自我又可以分成三种:自在自我、自知自我和自为自我。但是这三种自我之间也会发生冲突。当冲突发生时,行动者会寻找原因。当然,当行动者的行动受阻时,行动者个人也会进行学习并改变自身。

总之,认知理论认为人的行为会受到一些非理性因素的影响,这错误地引导了我们对世界的认识。但是,社会工作者没有必要把受助者的认知看成是错误的,而应该仅仅把他们看成是与众不同的。只有这样,社会工作者才能顺利地或者自然地进入治疗。社会工作者的任务就是改变受助者的认知情况,增强他们的学习能力,坚定他们的学习方向和归因方向,从而使他们能够更好地适应外在社会环境。

二、偏重群体因素的理论

(一)行为主义理论

这是在实验行为心理学的基础上发展出来的一种社会工作理论。行为主义的创始人约翰·华生在1913年出版了《一个行为主义者心目中的心理学》一书,标志着行为主义的诞生。他主张心理学应该摒弃意识、意象等主观的东西,只研究所观察到的并能客观地加以测量的刺激和反应。他认为人类的行为都是后天习得的,环境决定了一个人的行为模式,无论是正常的行为还是病态的行为都是经过学习而获得的,也可以通过学习而更改、增加或消除,认为查明了环境刺激与行为反应之间的规律性关系,就能根据刺激预知反应,或根据反应推断刺激,达到预测并控制动物和人的行为的目的。

华生的行为主义带有明显的机械主义倾向,他认为人的行为反应取决于具体的刺激强度,因此,他把"S—R"(刺激—反应)作为解释人的一切行为的公式。后来,又有不少人发展和应用了华生的行为主义。

行为有正常行为和非正常行为两种。正常行为可以学习,而非正常行为也可以在后天习得,只是这种习得不利于人对外部环境的适应,甚至会成为一种破坏性力量。研究者发现,在行为学习的过程中存在一种模仿机制。模仿可能是无意识的模仿,也可能是有意识的模仿。

除模仿之外,行为主义者认为整个学习过程有驱动力、线索、反应和强化等过程。驱动力是指任何能够激起有机体产生行动的刺激,如饥饿、寻求赞同等;线索是指决定有机体在何时何地发生何种反应的刺激,如他人的行为方式;反应是指先天的或后天的行为模式;强化是指能够使反应不断重复的力量,如因为学习好而得到物质和精神奖励等。后来,班杜拉又对先前的行为学习的强化理论进行了修正。他认为,行为的学习可以在没有强化的条件下完成,只有行为的表现需要强化。而且,人不仅受到自己行为的直接后果的影响,还受到观察他人行为所得结果的影响,即替代强化;还受到个人对自己的评价、认知所产生的强化的影响,即自我强化。

总之,行为主义理论强调外界刺激的作用、环境对个人行为的影响。依据行为主义理论,社会工作者的主要任务就是调整受助者的生活环境、改变受助者遇到的刺激,并采用一定的削弱机制矫正受助者的问题行为,使其逐渐减少不良行为,并习得正常行为,再进而强化这些正常行为。社会工作的目的就是帮助受助者学习和掌握恰当的反应模式。

(二)系统理论

系统理论是在社会学领域的功能主义理论和一般系统理论的基础上发展起来的一种理论。系统理论的基本思想是把研究和处理的对象看作一个整体系统来对待。系统理论的主要任务是以系统为对象,从整体出发来研究整体和各要素间的关系,从本质上说明其结构、功能、行为和动态,以把握整体,达到最优的目标。

系统理论把人与其生活的环境也看成一个系统。对于社会工作者来说,他所面对的受助者处在某种生活环境,即特定的系统之中,要想对受助者进行治疗,就必须关注他所生活的系统环境。一般而言,对个人来说有益的三种系统主要是:

1.非正式的或者自然的系统,如家庭、朋友;

2.正式系统,如社区群体、贸易联合会;

3.社会系统,如医院、学校。

但是,行为有问题的人不能很好地利用这些系统,这是因为:第一,这些人的生活中可能不存在这些系统。例如,一个人可能没有什么亲戚朋友。第二,人们不了解或者不想使用这些系统。例如,一个受到父母虐待的儿童不知道到哪里寻求帮助,或者害怕向警察求助。第三,这些系统可能会给这些人带来新的麻烦。第四,这些系统可能会与其他系统相冲突。

社会工作者的任务就是找出在受助者与其生活环境之间到底是哪些因素引发了问题。但是,社会工作者不宜将受助者及其生活环境中的任何一方看成是有问题的,因为这两者总是处于不断的互动之中。社会工作者的目标就是帮助受助者实现人生的任务、减轻压力、达到对受助者来说有重大意义的目标。社会工作者必须关注私人事务与公共事务之间的关系,因为个人遇到的问题往往是由于其生活的社会环境造成的。所以,社会工作者在实际工作中要做好以下几个方面的工作:

1.帮助人们增强解决问题的能力,例如,学习与家人相处的技巧;

2.在个人与资源系统之间建立联系,例如,帮助一个残疾人进入社区生活中心,并且使他不至于因为自身的残疾而受到嘲笑或歧视;

3.加强个人与资源系统之间的互动,例如,帮助一位因性别歧视而丧失工作机会的人获得合法权益;

4.改进资源系统内部人与人之间的互动,例如,家庭成员之间、单位同事之间;

5.帮助发展和改进社会政策,例如,通过努力促使国家对就业过程中存在的歧视问题进行立法;

6.成为社会控制的行动者。

(三)标签理论

标签理论是以社会学家莱默特和贝克尔的理论为基础而形成的一种社会工作理论。这一理论的主要内容有三个:对越轨行为成因的重新解释、标签的张贴是有选择性的以及越轨行为的养成是一种被辱的过程。

标签理论是社会心理学解释越轨行为的理论,突出地强调越轨是相对的,集中探究的是越轨行为的过程。这种理论认为每一个人都有"初级越轨",但只有被贴上"标签"的初级越轨者才有可能走上"越轨生涯"。一个人被贴上"标签",是与周围环境中的社会成员对他及其行为的定义过程或标定过程密切相关的。莱默特将越轨划分为"初级越轨"和"次级越轨"。初级越轨,即偶尔卷入违反社会规范的行为,并未对个人的心理形象和社会角色扮演发生持续的影响。每个人都有初级越轨行为,只不过这类行为中大部分是暂时的、出于好奇的、微不足道的或者是易于掩饰而不被人看见的。次级越轨,是指卷入违反社会规范的行为,并被其他人标签为越轨,而且越轨者本人也这么接受了。在次级越轨中,越轨者必须围绕越轨者的角色来认知他们的行为和自我观念。如果他们自己将其行为认定为越轨,那么别人就会界定他们为越轨者。

因此,社会工作的一个重要任务就是要通过一种重新定义或标定的过程来使那些原来被认为是有问题的人恢复为"正常人"。社会工作在这一理论层面上的主要任务就是做一个协调者,努力使受助者生活环境中的其他人肯定其非越轨行为;同时,也应该努力使受助者自身改变行为,相信其自身的改造潜能。

(四)沟通理论

沟通理论认为,当我们采取某种行动的时候,我们总是为了响应某些获得的信息。信息可能是事实,也可能是我们捕捉的其他东西,如情绪、记忆、身体的感觉,或者别人对你的看法等。捕获这些信息后,我们必然要做出评价,这就是信息处理的过程。然后,我们再给对方予以反馈。对方就会得到一些关于我们如何评价他的信息。按照处理信息的内部规则,我们总是会重视一些信息,忽略另外一些信息,这就是所谓的"选择性感知"。在信息沟通中,即使沉默也是一种沟通。而且,所有的沟通都必须放在特定的背景中去理解才会产生现实意义,在某个地方、某段时间内显得奇怪的行为,在另外一个地方或时间内却是非常正常的。沟通方式有口头沟通,也有非口头沟通;另外,还有一种元沟通,它是对于人们之间关系本质的一种探讨。人们在沟通过程中可能会遇到许多问题,例如,没有很好地捕捉到信息,或者做出了错误的评价,或者没有给出让对方容易理解的反馈,等等。这就是"信息处理阻断"。

根据沟通理论,社会工作的一个基本任务就是帮助受助者消除这些沟通过程中的障碍,使其能够顺利地与人沟通。具体可以这样做:

1.帮助受助者获取信息;

2.帮助受助者做出反馈;

3.帮助受助者发出信息;

4.帮助受助者筛选、整理、改变来自外界的信息。

为了阻止沟通阻断现象的出现,更好地帮助受助者与其生活环境中的人进行沟通,社会工作者首先要做好自己与受助者之间的沟通工作,比如,与受助者一起讨论如何解决问题,把自己的做法告诉受助者,并向他解释为什么这样做是合适的。

三、偏重结构和制度因素的理论

(一)马克思主义理论

传统西方社会工作实务的取向是以"案主—个体治疗"为中心,把问题归结为服务对象自身导致的,强调社会工作的目标是使个人努力适应外部社会环境。马克思主义社会工作的理论主张则是在不否认个体本身原因的前提下,坚持以"案主—结构分析"为中心,强调结构而非个体的、解放而非控制的、事实而非建构的、变革而非适应的实务取向。

总体而言,结构取向的马克思主义社会工作理论认为,个人问题的归因应朝向社会结构脉络思考,而非归因于个人背景与能力不足。社会工作的最终目的在于通过帮助改变弱势群体的社会地位,尤其通过对有碍社会公正的社会制度的批判与摒弃来最终促成社会的稳定与发展。因此需要通过社会变革和集体的力量去解决个人或社会问题。

依据马克思主义理论,社会工作者在实践过程中可以有很多作为,例如:(1)与其他从事类似活动的人联合起来工作;或者在各种劳资谈判中与工人阶级联合起来。(2)帮助个人建立家庭生活和社会生活的协作机制,使个人不再感受到市场经济中人与人之间那种普遍的陌生感、疏离感,从而建立起良好的集体意识。(3)帮助家庭应付市场经济及消费主义的冲击。(4)介入儿童和妇女的社会化过程中,因为儿童还没有完全社会化,他们的世界观和人生观比较容易改变,而社会工作者也完全可以帮助妇女摆脱传统的家庭分工和劳动分工。(5)使人们意识到自身的经历正是经济发展、生产方式及制度安排的结果,例如,市场经济的发展要求家庭规模变小,老龄人口成为社会的大问题。

(二)赋权或倡导理论

赋权或倡导理论是受马克思主义影响而形成的一种社会工作理论。在现实生活中,社会工作者更多地关注一些小的社区或者关注个人、家庭和小的群体,而不是一些政治行动。这些小规模的社会工作实践不与大的社会结构发生冲突;但是,他们认为通过实实在在地改进受助者的经历也可以促进社会的变革。所以,在这种思想的指引下,社会工作者更多地关注少数民族、女性等社会弱势群体。社会工作者在这方面主要扮演的是一个倡导者和赋权者的角色,即关注并呼吁社会来关注弱势群体的权益保护问题。同时,通过各种途径为受助者争取权益,或者促使国家或政府做出一些制度性的安排以保障受助者的权益。这种指导小规模的社会工作实践的理论,就是赋权或倡导理论。

所谓倡导,其目的就是要改善受助者对他自己的生活、他所生活的社区等的控制和卷入情况。个人倡导由专业工作者实施,目的是让受助者接受为他设计的计划;原因倡导则是指社会工作者站在受助者所在的社会群体的立场上促进社会变革。

赋权的目的,就是运用特定的策略减少、降低、阻止和改变社会强势群体对社会弱势群体的负面评价。但是,社会工作者的工作机构也是社会强势体系中的一部分,它可能会有意无意地做出负面评价。因此,平等地对待每一个受助者是非常重要的,只有这样才能有助于减少普遍存在的社会歧视。

赋权的目标,就是让受助者把自身看成是寻找问题解决方案的能动者,把社会工作者看成是拥有知识和技能并能为其所用的人,同时也把社会工作者看成是解决问题过程中的合作者,把权力结构看成是复杂并且可以被部分地改变的。

社会工作者运用这一理论时需要做好角色定位:其一,资源顾问。以一种改进受助者自我评价和问题解决能力的方式把受助者和资源联系起来。其二,催化剂。帮助受助者增加对自我的认识。其三,老师或训练者。向受助者传授一些有助于问题解决的方法和技巧。

以上介绍了社会工作实务的主要理论,之外还有其他的社会工作理论,如危机介入理论、任务中心理论、人文主义理论、后现代主义理论等。

第三节
社会工作与社会学的关系

社会工作和社会学虽然属于两个不同的学科,但两者紧密联系,两者在学科大类中同属社会学类,都以社会为重要课堂,以社会现象作为研究对象,前者侧重于实践,后者侧重于理论。

一、社会学的学科定义与性质

社会学是从社会整体概念出发,通过社会关系和社会行为来研究社会的结构、功能、发生、发展规律的综合性学科。社会学最初得名于孔德,经过 K.马克思、H.斯宾塞、E.迪尔凯姆、M.韦伯等学者的不断发展,逐渐形成有独立研究对象、理论、研究方法和范式的一门社会科学。其研究对象涉及历史、政治、经济、社会结构、人口变动、民族、城市、乡村、社区、婚姻、家庭与性、信仰与宗教、现代化等领域。其思想是多元的,比如以迪尔凯姆为代表的社会唯实论,认为人存在于社会之中,其行为和思想都并非纯粹服从于个体理性,而是受社会的塑造、限制乃至决定。另有以韦伯为代表的社会唯名论。

(一)社会学的学科定义

社会学的学科定义概括起来,主要有三大类型:第一类侧重以社会整体为研究对象。这类观点的主要代表是孔德、斯宾塞、迪尔凯姆等人。其中孔德、斯宾塞在研究整体社会时,强调的是一般社会现象,而迪尔凯姆则强调特殊的社会现象,即"社会事实",由此形成了社会学中的实证主义路线。第二类侧重以个人及其社会行动为研究对象。这类观点的主要代表是韦伯等人,由此形成了社会学中的反实证主义路线。这两类观点对后世影响至深,后世的许多看法多为这两类观点的变形或者混成。马克思主义学派的社会学者中,既有主张第一种类型的,也有赞成第二种类型的,但他们都以社会和个人的统一为指导,都赞成马克思的下述观点:个人是社会的存在物,应当避免把"社会"当作抽象的东西同个人对立起来;反之,社会又是人们交互作用的产物,是个人借以生产的社会关系的总和。至于不属于这两大类的其他社会学定义,可以把其看作第三大类,其中有些观点影响不小,但都没有成为社会学发展的主流。

中国社会学界对社会学的定义,大体有以下几种。

1.侧重以作为有机整体的社会本身为研究对象(这里的社会既包括整体社会,也包括局部社会,即社会的某一方面、某个领域、某个层次)。其代表性的观点有:社会学是用科学方法研究社会的治和乱、盛和衰的原因,揭示社会由乱达到"治"的方法和规律的学问。这是严复首先提出的。他在《群学肄言》的序言中解释说:"群学何?用科学之律令,察民群之变端,以明既往、测方来也。肄言何?发专科之旨趣,究功用之所施,而示之以所以治之方也。"

"群学者,将以明治乱、盛衰之由,而于三者(指正德、利用、厚生——编者注)之事操其本耳。"严复这样给社会学下定义,既符合孔德、斯宾塞关于社会学的见解,又具有中国特色。在中国20世纪80年代的社会学者中,就有人提出社会学是研究现代社会运行和发展的规律,特别是研究社会良性运行和协调发展规律的综合性社会科学。这一定义可以说是沿着严复的思路发展的。

2.认为社会学与历史唯物论一样是研究社会发展普遍规律的。在1949年以前,中国的马克思主义社会学者李大钊、瞿秋白、李达、许德珩、陈翰笙等人,与俄国的普列汉诺夫、布哈林等人一样,都坚持这种观点。他们对社会学所下的定义大体相仿:认为"社会学是一种科学,研究社会上各种现象及其原则与一切社会制度的学问,且用科学的方法,考察社会是何物,发明一种法则,以支配人间的行动";"社会学者,社会科学之一,其研究之目的在探求社会进化之原理;其研究之方法,在追溯过去以说明现在,更由现在以逆测将来";社会学是"研究人类社会之构造,社会构造之存在、发展、变革及其相互联系,分析构成人类社会生活的诸要素及诸要素的性质、诸要素之间相互作用的关系,探求社会变革的因果关系和法则,以推知社会进行的方法,预测将来的一种学问"。

3.认为社会学是研究社会整体及其规律的学问。由费孝通主持和指导的、中国社会学重建后出版的第一本《社会学概论(试讲本)》,从社会整体的角度来下定义,认为"社会学是从变动着的社会系统的整体出发,通过人们的社会关系和社会行为来研究社会的结构、功能、发生、发展规律的一门综合性的社会科学"。台湾省的一些社会学者也持有类似的看法,认为"社会学是使用科学方法,持守科学态度,以研究人类社会;主要论及社会之构造要素,其起源、发展、成熟与变迁;论述诸社会事象如社会制度、社会系统、社会活动、社会关系、社会运作程序、社会团体等;并想在诸社会事象中寻求或建立普遍性公律、原则、原理等的科学"。

4.侧重以作为社会主体的个人及其社会行为为研究对象。主张这种观点的,在中华人民共和国成立前主要以孙本文为代表。他深受芝加哥互动学派心理行为理论的影响,认为社会学的各种定义虽没有什么错误,"但或失之抽象,或失之广泛,或失之含糊,或失之狭隘,似均不能认为适当的定义。在目前比较可认为适当的定义,即是:以社会学研究社会行为的科学"。龙冠海对社会学的定义也属于这一类,他认为社会学的主要旨趣"是在社会互动或社会关系中的人及其由此所造成的社会体系、社会团体与社会组织,以及它们之间关系的情形"。

(二)社会学的学科性质

人类已把所有的知识划分为五大门类,即自然科学、农业科学、医药科学、工程与技术科学、人文与社会科学。

作为社会学科的社会学是不是一门科学? 它是一门什么样的科学? 能否成为一门自然科学意义上的关于社会的科学? 这些问题从孔德开始至今一直困扰着学术界。一些社会学家把该类问题看作是使社会学界发生分裂的最根本的问题,看作是西方社会学争论的三类理论问题之一。

孔德不仅认为社会学是一门科学,而且认为是科学之首,是"科学的皇后"。孔德把社会学看作是"社会物理学",表明他认为建立一门"社会的自然科学"是完全可能的。在他看来,社会学的科学性,就是像自然科学那样的科学性和精确性。美国社会学家J.H.特纳认为,社会学研究应该成为像自然科学那样客观的、中立的科学活动。持这种统一科学观的学者认为,社会学要成为一门科学,就必须从经验事实出发,一切理论、命题和概念必须能经受事实的检验,而研究过程中则须把事实与价值区别开来,使社会学日臻成熟、更加接近于自然科学的精确科学。在这种认识的指导下,社会学知识的普遍性被认为是当然的,即使目前还未达到此种程度,人们只要持之以恒地努力,终究会得到关于社会的普遍性解释,以至最终把握社会规律。

社会学的科学性,是指能够在把握社会发展一般规律的前提下,结合不同民族和地域在文化和历史上的连续性和特殊性,用科学的方法揭示出自己所研究对象的特殊规律性。为了保证社会学的科学性,社会学者越来越认识到必须把理论研究与经验研究、定性研究与定量研究、宏观研究与微观研究结合起来。缺乏经验研究的社会学是空洞的;而缺乏理论研究的社会学则是盲目的、流于表面的。经过最近数十年的努力,社会学在科学性上,已取得了较大进展。如"概率模型"的运用大大增加了预测的精确度;"统计控制法"和"模拟法"的使用在一定程度上改善了对所研究对象涉及的多个变项的控制;等等。

二、社会工作与社会学的联系

在教育部公布的普通高等学校本科专业目录中,社会工作专业(030302)是法学学科门类(03)下社会学一级学科(0303)下属的二级学科,与社会学专业(030301)并列属于社会学类。社会学类包括社会学、社会工作、文秘、家政学、人类学五个专业。从专业的角度看,社会工作和社会学都是社会学类一级学科下的二级学科。

社会工作是社会学类的一个分支领域,社会学理论是社会工作理论的基础,当然,社会工作理论还包括心理学等其他学科的理论。社会工作专业培养具有基本的社会工作理论和知识,较熟练的社会调查研究技能和社会工作能力,能在民政、劳动、社会保障和卫生部门,工会、青年、妇女等社会组织及其他社会福利、服务和公益团体等机构从事社会保障、社会政策研究、社会行政管理、社区发展与管理、社会服务、评估与操作等工作的高级专门人才。

目前我国大多数院校的社会学系主要包括社会学专业与社会工作专业。社会工作是社会学的一个分支领域,相对于社会学来说更加偏重于实践,因此社会学专业与社会工作专业开设的大多数课程都是相同的,只是社会学专业更多开设一些理论性的课程,如经济社会学、组织社会学、城市社会学、社会分层、社会运动、中国社会学史及国外社会学理论等;而社会工作专业则较多开设一些实践服务性的课程,如社会政策、社会福利、社会保障、个案工作、小组工作、社区工作、老年社会学等。

社会学和社会工作专业都以社会为重要课堂,学生在参与社会实践过程中,应注重书面理论和社会现实的整合,加深领悟社会学理论的真谛,提高观察问题、分析问题和解决问题的能力,这种能力在教书育人和服务社会两方面,都已产生了良好的效果。

三、社会学与社会工作的不同点

(一)学科性质、介入方式不同

社会学是针对某一系统结构和运行方式进行分析的理论性学科,按照其研究方法的不同分为定量研究和定性研究。定量研究不要求研究者与受访者建立深入的关系,研究者仅需要指导受访者完成受访资料填写即可,这一工作既可以通过实地样本收集进行,也可以通过远程资料收集进行;定性研究是研究者在较长一段时间里通过与受访者群体建立深入关系,分析受访群体系统结构及其特点的重要方法。

社会工作作为"以生命影响生命"的服务性实践学科,要求社会工作人员全面介入服务对象及其生活环境,以同理心去理解服务对象所面临的困境。因此,社会工作者需要在服务过程中与服务对象建立起真诚、分享、包容、接纳的信任关系,达到用心沟通的专业要求,这绝不是仅仅通过社会学调查研究分析就能够完成的。社会学可以以直接或者间接的方式获取资料,但是社会工作必须要求工作人员与服务对象进行直接深入的接触。

(二)学科目的不同

社会学是以分析某一系统或群体的运行方式、表现及其成因,根据事物的外在表现总结出普遍性规律为目的的理论性学科,其着重研究社会系统的运行及发展规律,着眼于系统整体。社会工作作为以服务为导向的实践性学科,不仅要求工作人员要对其服务对象及其所在社会环境进行综合分析,找出服务对象身处困境的原因,还需要针对服务对象面临的问题提出具体的解决方案并负责实施和评估,它是一个过程性的服务工作。社会工作者不仅需要以旁观者的身份对事件加以分析,还需要作为活动参与者介入到针对服务对象的服务计划中,以解决服务对象的问题作为最终的工作目标。

(三)学科覆盖内容不同

社会学是以研究分析为主要工作内容的理论科学,需要以社会学理论为指导,通过问卷、访谈、田野调查、口述等方式收集资料并进行分析,主要涉及社会学、统计学等内容。社会工作以服务为导向,则需要对服务对象及其所处的社会系统全面加以分析并最终找到解决服务对象问题的办法。其涉及自然、历史、社会环境、组织行为、心理分析、社会保障等多学科多角度的内容,既包括方法技术,也包括理论指导、实践经验总结等。

由此可见,社会学、社会工作在学科性质、学科目的、介入方式、工作方法等方面具有很大的差异,二者属于不同性质的学科,也不存在相同或者包容的关系。

第四节

社会工作在中国的发展与本土化

19世纪末20世纪初,社会工作在英美等发达国家发端,而中国的社会工作起步较晚,但对社会工作本土化的研究方兴未艾。

一、社会工作在中国的发展与实践

专业社会工作起源于英国,成熟于美国,20世纪20年代左右社会工作开始在中国萌生,其发展大致可以分为三个时期。

(一)社会工作学科在中国的萌芽及初步发展

社会工作在中国的萌芽是与社会学的传入相同步的。鸦片战争后,帝国主义列强加紧对中国进行经济、文化的侵略,西方教会不但大力传播基督教教义,而且由宗教事业推广到"慈善"事业和文化事业,如开设教会学校、选送出国留学生等。中国赴美留学生中最早进入社会工作研究的当推朱友渔,他于1911年在哥伦比亚大学社会学系获得哲学博士学位,其博士论文为《中国慈善事业的精神:对互助的研究》,回国后曾在上海圣约翰大学任社会学教授。1913年上海私立沪江大学,由美国教授葛尔溥创立社会学系,并于1917年由他主持创立了"沪东公社",在上海杨树浦一带工人社区从事社会服务工作,涉及职业培训指导和职业介绍、卫生运动、个人家庭改良、宗教活动等。

20世纪20至30年代,随着现代意义上的社会工作开始在我国萌生,与社会工作相关的专业团体相继成立。1913年11月,由北京青年会的积极分子发起,以服务社会为宗旨,成立了北京社会实进会;1919年11月,北京社会实进会创办旬刊《新社会》,由郑振铎、瞿秋白、耿匡、瞿世英、许地山等负责编辑和撰稿,发表了一批有关改造社会、提倡社会服务、讨论社会问题、介绍社会学说、研究贫民教育、叙写社会实况等方面的文章。此外,还有北京社会学会、中华教育文化基金董事会社会调查部等团体介入社会工作的推广。一批重要的理论研究成果也相继问世。1922年燕京大学社会学系创建,之后相继还有沪江大学、金陵大学、复旦大学等开设社会工作课程,培养早期的专业社会工作者。

(二)社会工作专业的中断及影响

新中国成立后,面对千疮百孔的社会现状,我国采取了一系列带有社会福利性质的政策和措施,主要包括职工社会保险、公民的社会救济及社会福利、军人及其家属的社会优抚等。民政、劳动、人事、卫生等部门分工合作,并与工会、妇联、共青团等组织相互配合,在城乡开展大量实际的社会工作。这些措施的实施对保障劳动者的基本权益,调动广大职工建设社会主义的积极性起到了巨大的促进作用,也为新中国社会工作的发展积累了宝贵的经验。

但是,之后我国在社会工作理论研究和教育方面却走了一条曲折的道路。1952年的"院系调整"取消了社会学系和社会福利行政系,从此社会学和社会工作的课程在大学里消失了。虽然民政等部门和工会、共青团、妇联等社会团体在从事一部分与社会工作内容相近的实践工作,与此同时,一些社会团体与相关工作者根据工作的需要,也撰写编辑了一些与社会工作有关的书籍和资料,但是,社会工作的专业教育和研究实际上被中断,结果使专业化的社会工作一直未能得到发展。我国社会事业的发展逐渐变为缺乏学科指导的艰难摸索,我国的社会工作也变为缺乏专业化规范的以政治性、政策性和伦理道义性为取向的工作。

到1979年为止,社会学和社会工作专业在中国大陆中断了近30年。正是在这个时期,西方国家大力发展福利事业,社会工作有了很大的发展,其向规范化发展的趋势有了进一步的加强,并且工作范围逐步扩大,成为一种由政府或私人社团所举办的广泛性的社会服务工作。相比之下,我国的社会工作教育却因长期取消而在专业理论和实践上都大大落后于发达国家甚至某些发展中国家。

(三)社会工作专业的恢复和发展

改革开放以后,随着中国社会的加速转型和市场经济体制的逐步确立,不少社会问题开始出现,而且很多问题无法依靠原有的方法加以解决,这种社会需要促进了社会工作教育在中国的恢复和发展。1979年社会学在中国得以恢复后,相关的社会工作课程开始作为社会学系的必修或选修课程,但社会工作更多地被当成了社会学的一个分支或者社会学的应用。1981年,费孝通在组织编写《社会学概论》的过程中,决定在书中增写"社会工作"作为独立的一章,开了我国恢复社会工作教育的先声。之后,上海大学、北京大学、南开大学、中山大学、中国人民大学、山东大学等先后建立起社会学系,在相关的教学计划中,也开设了社会工作的相关课程,如个案研究法、劳动问题、人口问题、社会保障等,以适应一部分本科生和研究生的学习需要,使他们具有研究和解决社会问题的能力。

1985年,北京大学社会学系向国家教育委员会提请设置社会发展计划与管理专业;1986年,国家教育委员会同意社会学系增设社会工作与管理专业。这就为恢复中断近30年的社会工作专业创造了条件,从而填补了社会工作教育的空白,弥合了社会工作人才的断层。1987年,国家教委批准在中国人民大学、吉林大学、厦门大学等高校开设社会工作与管理专业。社会工作教育被正式纳入了学科化的发展轨道,社会工作专业也由此在我国重新得以确立。从20世纪90年代开始,社会工作教育在我国得到迅猛发展,开办社会工作专业与开设社会工作课程和专业训练的院校日益增多。此外,社会工作专业的研究生教育也从无到有。2003年,中国人民大学社会学系率先建立了社会工作专业硕士点,其他著名高校的社会工作专业的硕士点也申办筹建起来。与此同时,一些社会工作相关组织也相继成立,1991年中国社会工作协会成立,1992年加入国际社会工作者联合会。

社会工作专业的设立,一方面表明我国有了社会工作的专业团体和教学研究队伍;另一方面标志着我国的社会工作专业从此进入了新的发展阶段,社会工作者的队伍结构也有明显的变化,专业社会工作在恢复、发展、壮大中走向了规范化的道路。

二、社会工作的本土化

域外国家的社会工作本土化过程大致经历了引进、批判反思、改造适应、扎根本土等阶段。每一种本土化模式关注的重点不同,由此延伸出的本土化路径也各有差别。我国是社会工作后发展国家,我国学者对社会工作本土化的研究方兴未艾,在此过程中,分析学习西方社会工作本土化路径和研究成果对我国社会工作实务的本土化发展具有借鉴意义。在总结西方社会工作本土化研究的基础上,我们认为我国社会工作的本土化可以从以下几个方面开展。

(一)构建符合我国社会实际需要的社会工作理论和方法

非洲等地的社会工作学者多从本土互助思想中广泛存在的助人理念和传统技术进行本土化研究,在此过程中积累社会工作本土知识。中国社会工作学者也可以借鉴这种方法,注意在我国传统文化典籍和思想中挖掘和提炼本土社会工作思想和概念。我国古代典籍中虽然没有明确的关于社会工作的理论体系,但蕴含了丰富的现代社会工作思想,可以成为我国社会工作知识体系的重要来源。在此过程中,社会工作学者应该从本土立场看待古典文化中蕴含的社会工作思想,而非按照西方社会工作思想框架来观照本土知识。也就是说不能采用客位研究策略来检视和考察古典学术思想,而是应该通过主位策略从本土文献出发概括和提炼社会工作概念和理论。同样,在具体的社会工作辅导技术方面,也应该从中国人本身的生活经验、心理特点、经验材料出发总结社会工作方法。特别是在针对中国民众的个案工作和小组工作中应注意考察中国人的一般心理特点、中国人的价值观,以及普通人看待人与世界的视角,他们的所思、所想、所感,以此为出发点探索和积累社会工作辅导技术、理论观点。

(二)明确社会工作服务对象和服务领域

西欧和北美的社会工作将案主问题视为个人与环境之间在相互适应方面出现的问题或者将其视作个人能力不足,传统心理动力学理论则结合精神分析理论将案主问题视作人格发展冲突等。总之,发达国家的社会工作强调个案和临床工作,通过微观技术和临床社会工作方法处理个体情绪、心理、精神和政治参与等人的高层次需求问题。与发达国家社会工作服务范畴不同,我国社会工作面对的是更加宏观层面的问题。当前案主普遍面临的问题与中国作为发展中国家以及以发展为主要任务的国家战略息息相关,同时这也是社会工作后发展国家普遍存在的状况。当前中国存在的留守儿童问题、残疾人照顾问题、养老问题、失业问题等大部分都是在发展过程中出现的问题,同样也是中国社会工作专业应该加以应对的问题。采用西方临床社会工作模式和以心理动力学为代表的个人主义视角很难对这些问题进行有效回应,并且也容易忽略问题背后存在的社会结构性因素。

此外,在当前创新社会治理体系的背景下,社会工作专业和机构已经成为社会治理的重要力量。作为一种社会治理技术的社会工作更应聚焦当前我国社会治理中面对的问题,在非物质冲突治理(主要针对情绪和情感进行疏导,防止在极端情绪影响下出现突发性问题)、社区治理、社会治理等方面预防和解决社会问题。通过明确社会工作服务对象和服务领域,进一步推动我国社会工作实务的本土化发展。

(三)推动我国传统社会工作理念方法与西方社会工作原理的结合

当前发达国家特别是英美两国主导的社会工作理论、方法和实务模式在中国社会工作教育研究及实务领域依然占据主导地位。英美等国的社会工作话语体系和理论技术对中国大多数民众来说都是陌生的,在具体实务工作中如果缺少对西方社会工作的概念和原理的反思、转化,容易导致社会工作者在面对案主问题时缺乏文化敏感性,也很容易引发文化视盲问题。因此,我国社会实务工作在建构过程中应加强对西方社会工作概念、原理、理论等的本土化研究,重视发展和挖掘本土社会工作话语、方法和技术。此外,长久以来,中国在助人和社会保障领域都积累了丰富的理论和技术模式,如农村特困制度,少数民族社区中以家族、宗教信仰为基础产生的互帮互助体系等,这些助人制度和方法体现了中国多样化的文化传统和思想观念,目前还缺乏对这些传统的助人制度和价值理念的系统研究和总结。因此,在进行我国社会工作实务本土化建设时,应加强对传统助人理念与西方社会工作原理的结合,在跨文化比较过程中分析、总结具有本土特色的社会工作知识与风格。

(四)创新社会工作教育模式

当前我国社会工作教育和研究的理论基础、教材体系大多是对西方尤其是欧美社会工作文本的转移与嫁接,没有充分考虑到我国社会工作实践的文化适用性,导致社会工作教育与实践相脱节,社会实用性不强。基于此,应积极探索契合我国现实需求、文化传统、价值观念的社会工作教育文本和制度体系。一方面,在社会工作教育内容中增加本土社会工作知识和思想。如前文所述,在中国社会工作专业引入之前,基层社区、民政部门、共青团、妇联等长期服务于中国普通民众的机构,在这些方面已经积累了丰富的经验和技术,许多基层工作者虽然缺乏专业的社会工作教育,但是能有效应对基层社会需求。从某种程度而言,这些贴近基层需求的技术和经验更加具有本土性和与现实的契合性。因此,在社会工作教育中应加强对本土性社会工作知识的补充和介绍。通过与社区、社会团体、社会组织相配合,在教育过程中引入富有经验的一线工作者参与到社会工作课程教育中,提高社会工作专业培养与现实实践的契合性。另一方面,加快对我国特色社会工作课程教材的探索。由于教材和专业文本在社会工作教育本土化过程中发挥着重要作用,因此加快对本土社会工作教材的编写成为我国社会工作本土化教育过程中的首要任务。在我国,社会工作教材的规划与编写既要立足于本土社会需求、社会问题、价值伦理、文化体系、社会制度,同时还应充分考虑不同地域特色和地方性文化,提高教材内容的文化敏感性;又要立足于国际社会工作发展的基本方向,提高教材内容的系统性和前瞻性。作为国际社会工作中的重要组成部分,我国社会工作专业在对本土教材编制进行探索过程中应充分吸收其他国家特别是社会工作后发展国家的相关经验,加快对社会工作最新研究成果和前沿知识的吸收和创新。

///

小结

社会工作就是秉持利他主义理念,在一定的社会福利制度框架下,运用科学的知识、方法和技巧去帮助有困难的人或群体走出困境的职业活动。社会工作者需要掌握一些基本的理论知识。社会工作理论是关于社会工作理念、社会工作实践的系统化观点。本章主要介绍了社会工作理论的历史发展、理论分类、社会工作理论与实践的关系,并主要介绍了精神分析理论、认知理论、行为主义理论、系统理论、标签理论、沟通理论、马克思主义理论和赋权或倡导理论,分析了这些理论的优势与不足以及它们的适用情境。本章中还为学习者介绍了社会工作和社会学的关系,它们虽然属于两个不同的学科,但两者紧密联系,两者在学科大类中同属社会学类,都以社会为重要课堂,以社会现象作为研究对象,前者侧重于实践,后者侧重于理论。同时,本章还为学习者梳理介绍了我国社会工作的发展阶段和本土化趋势。

自测题

1.填空题

(1)理论的主要作用是(   )和(   ),而判断一个理论的标准也就是其解释力和应用范围。

(2)社会工作发展的初始阶段工作主要是从事社会(   )事业。

(3)玛丽·瑞奇蒙德出版的(   )一书通常被认为是专业社会工作产生的标志。

(4)蒂姆斯认为社会工作理论可以分为(   )和(   )两个部分。

(5)大卫·豪的社会工作理论分为(   )和(   )。

(6)英国学者史蒂文森的社会工作理论的结构大致可划分为三个主要部分：社会工作的（　　　　）理论、（　　　　）理论与（　　　　）理论。

(7)精神分析理论是在（　　　　）的精神分析学及其后来者的理论基础之上发展出来的一种社会工作理论。

(8)弗洛伊德的人格结构理论由三个主要系统构成,即（　　　）、（　　　）和（　　　）。

(9)行为有（　　　）行为和（　　　）行为两种形式。

(10)莱默特将越轨划分为（　　　）和（　　　）。

(11)社会工作的一个重要任务就是要通过一种重新定义或标定的过程来使那些原来被认为是有问题的人恢复为（　　　　）。

(12)按照处理信息的内部规则,我们总是会重视一些信息,忽略另外一些信息,这就是所谓的（　　　　）。

(13)赋权的目标之一就是让受助者把他们自身看成是寻找问题解决方案的（　　　　）。

(14)人类已把所有的知识划分为五大门类,即（　　　）、农业科学、医药科学、工程与技术科学、（　　　）与社会科学。

(15)社会工作者需要在服务过程中与服务对象建立起（　　　　）、分享、（　　　　）、接纳的信任关系,达到用心沟通的专业要求。

(16)社会工作以（　　　　）为导向,需要对服务对象及其系统全面加以分析并最终找到解决服务对象问题的办法。

(17)（　　　　）年的"院系调整"取消了社会学系和社会福利行政系,（　　　　）年社会学在中国得以恢复重建。

(18)我国社会工作学者应注意在我国传统文化（　　　）和（　　　）中挖掘和提炼本土社会工作思想和概念。

(19)在社会工作教育中应加强对（　　　）和（　　　）社会工作知识的补充和介绍。

(20)（　　　）制度、薪酬福利和晋升制度、（　　　）制度是职业制度体系的三根支柱。

2.判断题

(1)功能主义学派认为人的行为受到儿童时期经历的强烈影响,因此社会工作者的任务就是要去探寻工作对象的早年经历,进而进行心理治疗。（　　　）

(2)蒂姆斯认为"实践理论"是要解决社会工作实践的原则和方法问题,是关于社会工作如何行动、介入和干预的理论。（　　　）

(3)"社会工作的理论"为"为社会工作的理论"提供了理论基础和逻辑前提。（　　　）

(4)介入是社会工作者为帮助对象摆脱困境而进入问题并力图改变这种状态的努力。(   )

(5)社会工作需要理论却不需要实践经验。(   )

(6)自我是社会我或者理想我,是道德化了的自我,是将社会理想的价值观念内化形成人格的一部分。(   )

(7)认知理论认为人的行为会受到一些非理性因素的影响,这正确地引导了我们对世界的认识。(   )

(8)每个人都有初级越轨行为,只不过这类行为大部分是暂时的、出于好奇的、微不足道的或者是易于掩饰而不被人看见的。(   )

(9)社会工作是社会学的二级学科,两者既紧密联系又相互区别。(   )

(10)社会工作作为"以生命影响生命"的服务性实践学科,要求社会工作人员全面介入服务对象及其生活环境,以同理心去理解服务对象所面临的困境。(   )

(11)1952年的"院系调整"取消了社会学系和社会福利行政系,对我国的社会学发展没有影响。(   )

(12)职业晋升体系建设是推进社会工作职业化的核心内容,是提高职业认同、降低离职倾向的根本举措。(   )

(13)西方社会工作本土化路径和研究成果对我国社会工作实务的本土化没有任何意义。(   )

(14)社会工作在长期的实践过程中形成了自身的知识体系。(   )

(15)社会工作的理论家们认为社会工作理论的发展是单独的历史发展过程。(   )

3.思考题

(1)社会工作实务基本理论有哪些,分别适用哪些情境?

_____

_____

_____

(2)社会工作与社会学有哪些联系和区别?

_____

_____

_____

（3）如何理解社会工作是"以生命影响生命"的服务实践？

参考文献

[1]林聚任,刘玉安.社会科学研究方法[M].济南:山东人民出版社, 2004.

[2]孙立亚.社会工作导论[M].北京:中国财政经济出版社,1999.

[3]萧浩辉.决策科学辞典[M].北京:人民出版社,1995.

[4]林崇德,杨治良,黄希庭.心理学大辞典[M].上海:上海教育出版社,2003.

[5]邓玮.马克思主义社会工作的实务取向及现实启示[J].华东理工大学学报(社会科学版),2014(4).

[6]文军.个体主义还是整体主义:社会工作核心价值观及其反思[J].社会科学,2008(5).

[7]孙林.社会工作实务[M].上海:复旦大学出版社,2018.

[8]李存山,景天魁.架设中国传统与社会学融通的桥梁[J].江南大学学报(人文社会科学版),2016(5).

[9]李达.李达文集(第1卷)[M].北京:人民出版社,1980.

[10]许德珩.社会学讲话[M].北平:好望书店,1936.

[11]杨懋春.社会学[M].台北:台湾商务印书馆,1979.

[12]龙冠海.云五社会科学大辞典·社会学[M].台北:台湾商务印书馆,1971.

[13]尹新瑞.略论中国特色社会工作研究与探索的路径[J].中国社会工作,2020(8).

❯ 学习目标 ──────────────

了解社会工作实务的支撑理论,掌握社会工作实务通用过程
六个阶段的工作构成,重点掌握介入的方法和技巧。

❯ 实践建议 ────────

运用本章知识,选择一
案例进行全程介入,形
成案例报告。

第三章

社会工作实务通用过程

◇◇◇◇◇◇◇

　　社会工作实务通用过程是一种介于个人、家庭、群体、组织和社区工作的基本程序和方法,是对助人行动基本程序和方法的概括。人与环境互动理论、生态系统理论等为社会工作实务提供了重要的理论支撑。社会工作实务的通用过程由接案、预估、计划、介入、评估、结案六个阶段的工作构成。接案是社会工作实务活动的起始阶段;预估的目的在于为制订有效的介入计划打下科学的基础;计划综合考虑服务对象的求助过程及其对问题的界定,综合各种要素构成对服务对象系统情景的完整认识;介入是社会工作者和服务对象采取行动,解决预估中确认的问题,实现助人计划的重要环节;评估运用科学的研究方法和技术,系统评价社会工作的介入结果;结案是社会工作实务通用过程的最后一个环节,通过结案总结工作、巩固已有改变。六个阶段的工作环环相扣,构成了社会工作实务的完整流程。

社会工作的最终目标需要依托社会工作实务来实现,并通过社会工作实务的接案、预估、计划、介入、评估、结案六个阶段的工作,帮助有需要的个人、家庭、群体、组织和社区,整合社会资源,协调社会关系,预防和解决社会问题,恢复和发展社会功能,促进社会和谐。

第一节
社会工作实务过程的理论依据

社会工作实务过程是对助人活动流程的一般性概括,可以运用于各种服务对象。由于社会工作的目标涵盖范围非常广泛,服务对象又多种多样,而这些个人、群体、社区和组织之间,又存在着密切的关系,因此社会工作就需要各种有关人的和社会的知识来支撑,这些知识主要来自社会和行为科学领域,也有一部分来自生物、心理、文化领域,并以一种独特的方式整合,重新建构成系统化的社会工作实务的专业基础知识。

一、人与环境互动理论

典型的行动理论把行为当成是人与环境互动的结果。人有欲望,同时思考如何在特定环境下满足欲望。经过选择,人会做出行动以达到理想的效果。行动理论属于哲学课题,讨论的是人类做出意识行为的过程。这方面的讨论可追溯至亚里士多德的《尼各马科伦理学》。其后,行动理论被纳入社会科学的讨论范围。

人类行为与社会环境互动理论是关于“人的心理、心理和社会发展的理论,包括人们生活所处的各个社会环境系统的理论,例如家庭、团体、组织和社区的知识”。其理论焦点放在了个人、群体、社会和经济系统的交互作用上,对社会工作者而言是最基本的理论。

二、系统理论

系统理论着眼于分析系统各要素间存在的复杂联系,以及存在于社会场景和外部环境中的其他相互影响的要素,即各子系统间的相互影响。在系统视角下,个人、群体、组织和社区的环境系统成了社会工作者介入和改变的场域,在这个场域里,所有的元素彼此交错和影响。

(一)系统视角下社会工作实务的重点

1.注重个人的整体性和完整性。通用社会工作模式强调个人、家庭、群体、社区和组织与环境交叉互动、相互影响,强调整体环境中完整的人。

2.强调社会系统特别是家庭系统在塑造和影响人的行为及生活状态中的重要作用。社会工作者努力了解个人与家庭、群体、组织和社区互动的形态及规则,包括各自文化习俗在内的各种结构因素对人们互动的影响。

3.注重运用社会资源,包括正式和非正式的社会网络资源以帮助个人、群体、组织和社区解决问题,满足需要。

(二)系统视角下社会工作实务的特点

1.对服务对象存在的问题的形成原因的分析不再局限于传统的疾病医疗模式或心理病理模式,即对问题的分析不再是一种个人归因。相反,优势视角是社会工作实务的出发点。

2.对个人、家庭、群体、社区和组织的需要与问题的评估,焦点不仅在于服务对象个人内在或生理或心理行为特征,而且涉及与服务对象问题相关的宏观、中观和微观等各层次相关的外在环境的特质、功能和运作情况。

3.服务对象所面临的问题的相关层面或系统的各个部分是动态的,并在不断地消长和变化,故要对其进行连续的评估,以便及时进行调整和改善。

4.对服务对象所面临的问题的处理需要采取周延和连续的整合办法,即在横向上同时考虑问题的所有相关层面,在纵向上注意问题的处理流程和阶段性步骤。

三、生态系统理论

生态系统理论源于生物学概念,而社会工作的生态系统理论与社会工作实务中的"人在情境中"的观点一脉相承。生物学认为,自然界中的各种生物为了生存繁衍而与所栖息的环境保持一种适切的调和程度,这是生物本身所具有的一种因适应环境变化而自动调整的能力,目的在于达到本身的顺利发展和生长。社会工作的生态系统理论沿用了生态理论的"栖息地"和"生存空间/活动范围"的概念。

栖息地指人生活的环境,包括物理环境和社会环境。当栖息地有丰富的资源,能够提供有机体成长和发展所需时,人就会逐渐地繁殖和成长;当栖息地缺乏必要的资源,人的生理、情绪的发展和相关的行为功能则会受到严重的影响。有机体或有生命力的系统和其所处环境间维持着持续交流的关系。人们和他们所处的环境也被视为相互依赖且彼此辅助的一个整体,人和环境在这个整体里,互为对方进行持续的改变和塑造。个人与朋友、亲戚、邻居、工作单位,甚至与宠物的联结所产生的支持性社会网络,可减轻生活压力对人所造成的负面影响,这是一种"滋养性"的环境。

滋养性环境能够在适当的时刻和方式下提供必要的资源与安全方面的支持,以增进社区成员的认知及情绪发展。相反,如果人面对生活压力时缺乏社会支持,便会出现严重沮丧,甚至产生偏差行为,这种环境就是不友善环境。不友善环境缺乏或扭曲了支持资源的提供,因而阻碍人的发展。

生态系统理论认为,个体需要掌握取得资源的机会,否则无法建立起自己的生存空间,认为人类发展是成长中的个人与其环境间长期交流的结果,而不是单一的个人特质的产物。这一观点揭示了通过社会支持给予主体资源的实务方向。

(一)基于生态系统理论的社会工作实务的核心概念和内容

1.生命周期。指的是影响个人发展的相关社会结构及历史变迁中的生活事件对个人生活产生的意义。运用时间线方法可以重现服务对象所经历的集体历史事件。

2.人际关联。指个人拥有与他人联结而建立关系的能力,并因此建构个人在未来生命周期中所发展出来的各种互惠性的关系。

3.胜任能力。指通过个人与环境间的成功交流经验,建立个人有效掌控环境的能力,具体而言,此种"能力"涵盖了从幼年生活经验发展出的自我效能感,能与他人建立有效的、充满关怀的人际关系,有做决定的能力和自信,有能力获得环境资源及社会支持。

4.角色。指在一定的社会空间系统下,个人在社会系统中的角色表现。它是一种互惠性期待的社会层面的角色,而不是个人的角色期待,它是个人内在历程及社会参与的桥梁,受到个人感受、情感、知觉和信念的影响。

5.地位与栖息地。地位是指个人在其所在的环境或社区中所拥有的地位,栖息地是指个人所在文化脉络中的物理及社会环境。生态地位反映出个体所在的某种环境区域的特色,它对个人完成特定发展任务产生有利或者不利的影响。

6.适应力。指人与环境在交流过程中相互影响以达到最佳的调和度。生态系统理论认为,主体对环境适应良好是天时、地利、人和造成的。而适应不良指的则是个人的需求和环境提供的资源、支持之间无法搭配调和的状态。

(二)生态系统理论视角下社会工作实务的切入点

生态系统理论视角下,人类被看作是通过与环境的各种因素的相互作用来发展和适应的。社会工作试图通过对人与自然和社会环境间功能失调的处理,来强化适应能力、整合治疗和解决问题。生态系统理论视角既考察内部因素,也考察外部因素。这个视角下,理论,并不是被动地对环境做出反应,而是主动地与环境相互作用。生态系统理论因此主张,要理解个人在家庭、团体、组织及社区中的社会生活功能的发挥,需要从个人和其所在环境中的不同层次之间的关联系统切入。生态系统理论认为,个人所在的各个系统层次是一个层层相扣的巢状结构,大致分为四个层次和微观、中观、宏观三个系统。社会工作的生态系统理论将系统理论的抽象性与社会工作实务的要求和事实加以联系,强调社会工作实务的目标是使个人、群体、组织和社区能够适应环境的要求。依据生态系统理论的观点,社会工作将焦点放在了四个方面:

1.提升人与环境的调和度,即增强人与环境的适应性、互惠性,使之相互适应并发展。

2.改善环境,即满足服务对象的需要,通过解决问题以提升其福祉。

3.增强个人的胜任能力,建立社会支持即干预环境,以增进人与环境的调和度。

4.增加社会和物理环境对人们需求的响应。增能是提升主体和环境能力的重要措施,而社会工作实务的一个重点是将外部的社会支持网络作为人们重要的环境资源进行建构。

四、优势视角理论

优势视角或能力视角理论认为,个人、群体、组织和社区都有其内在的能力,包括天赋、知识、社会支持和资源,只要存在适当的条件,就可以建设性地发挥自身功能。优势视角理论下社会工作实务具有非疾病假设、重视服务对象的优势、强调整合性干预服务等特点。优势视角理论下社会工作实务的重点主要体现在以下五个方面:

1.个人、小组、家庭和社区都有优点,都有其内在和外在资源。

2.创伤、虐待、疾病和挣扎是伤害,但它们也可能成为挑战和机遇。

3.假定不知道成长和转变能力的上限,要求认真地对待个人、群体和社区的抱负。

4.社会工作者只有通过与服务对象协作,才能更好地为他们服务。

5.每一种环境都充满资源。

第二节 接案

接案是社会工作者与服务对象接触的第一步工作,是社会工作实务活动的起始阶段,包括社会工作者与服务对象展开的沟通,以及开展工作的知识和技巧。在这一阶段中,社会工作者与前来求助的潜在服务对象进行接触,通过沟通了解其需要,帮助其逐渐成为服务对象并接受服务。在这一过程内,社会工作者要与潜在服务对象达成共同解决问题的初步协议。成功的接案是专业助人活动的前提,并为后续工作的开展打下良好基础。

一、接案的目的

(一)澄清双方的期望和义务

澄清社会工作者和服务对象双方的期望和义务。接案工作的意义在于使有关各方了解各自的期望,明白各自应尽的义务,避免因误解给后续工作造成障碍。

(二)激励服务对象

适当地表达肯定与鼓励,一方面能够使社会工作者对自身的角色和责任有更深入的了解,另一方面能够促使服务对象为解决自己的问题而努力。

(三)促使服务对象积极参与改变过程

接案过程不仅决定着求助者是否能从潜在的服务对象转变成实际的服务对象,而且影响着服务对象在后续服务中与社会工作者的关系以及解决问题的积极性。

(四)为后续工作打下基础

接案阶段的早期印象会对社会工作者与服务对象今后的互动产生影响。如果这个阶段的工作不成功,会严重影响工作的顺利进行。

(五)初步了解求助对象面临的问题及需求

在接案阶段要初步了解求助对象的问题及需求,以确保自身或所在机构能够提供相应的服务,对不能提供服务的要合理安排转介的后续服务。

二、接案的主要任务

(一)了解服务对象的来源

一般来说,服务对象的来源有以下几种:一是主动求助的,他们通常比较了解社会工作服务机构的相关信息,知道能够从中获得帮助;二是他人转介的,这类人通常是由社区、邻居等转介的,要求社会工作者帮助其解决问题,具有非自愿性;三是由社会工作者主动接触而成为服务对象的,对这类人,社会工作者要帮助他们消除不信任感和怀疑,引导他们接受服务。

(二)认定服务对象的类型

根据来源不同,可以按寻求服务时的意愿将服务对象分为以下几类:一是自愿型服务对象,即主动寻求帮助或由他人介绍愿意成为服务对象的人;二是非自愿型服务对象,即自己并不情愿,被动接受服务的人;三是被强制接受服务的服务对象,是指那些由政府、法院或其他被授权的部门转介而来的,依法必须接受机构服务的人。

(三)了解服务对象的求助过程

在接案阶段,社会工作者除了需要了解服务对象的来源、类型外,还要了解他们的求助过程。前来社会工作服务机构求助的服务对象通常带有不同的问题和不同层次的需求。一般来说,大多数服务对象来求助是在尝试自己解决问题不果后所作的最后选择。因此,了解服务对象的求助过程能够帮助社会工作者更加全面地认识服务对象的问题及需要,为之后实务活动的开展打下良好基础。

(四)使潜在服务对象成为现实服务对象

潜在服务对象一是指尚未接受或使用社会工作者协助和资源帮助,但未来可能需要服务资源和协助的人;二是指当前并没有求助但可能需要协助的服务对象;三是指虽然没有求助但已妨碍他人或其他系统社会功能的正常发挥的人。将潜在服务对象转换成现实的服务对象,是接案阶段的重要工作之一。

(五)与服务对象初步建立专业关系

社会工作者在了解服务对象求助过程的基础上,需要对服务对象的问题和需要进行初步评估,与服务对象及其所涉及的相关系统建立专业关系,同时激励服务对象做出改变,协助其进入角色,实现目标。

三、接案工作的步骤

(一)做好会谈准备并拟定提纲

1.资料准备。包括服务对象的资料,了解其是否接受过服务(前机构记录的帮助),了解服务对象是否有特殊事项(这需要谨慎处理),走访其生活的社区。

2.拟定面谈提纲。包括介绍自己,说明会谈目的及双方的角色与责任,介绍机构功能和服务的过程,征求服务对象的意见,了解其期望,询问服务对象是否有需要紧急处理的事情。

(二)与案主会谈

1.明确会谈的任务。即界定服务对象的需求和问题,包括了解服务对象寻求帮助的原因,了解服务对象对自己的看法和期望达到的目标,澄清角色期望和责任,激励并帮助服务对象进入受助者角色,促进和诱导服务对象态度和行为的改变。

2.安排会谈的时间、场所。

3.确定会谈技巧。包括主动介绍自己,通过沟通(治疗性沟通)达到对他人帮助的目的,其功能是提供支持,减轻焦虑,协助对象确立解决问题的正确看法,促成对象为解决问题而行动。通过倾听,理解对方的想法,表达自己的想法,与服务对象互动等。

4.明确回应服务对象的方法。对服务对象的想法与反应应有透彻的了解。以同理心、换位思考等将自己置于服务对象的位置,敏锐察觉服务对象的情绪态度和反应,向其表达愿意协助的态度。

5.明确会谈中的挑战和问题。一是留意服务对象对社会工作者协助的看法并做适当的处理。二是根据中国人有问题先向非正式网络求助而排斥外人的心理,主动向服务对象说明来意并表示愿意提供帮助。同时,社会工作者要时刻保持同理心,在与服务对象分析事件时避免把自己置于权威的地位。

(三)收集资料

1.资料内容。包括服务对象的特点和能力、身体状况、生活的环境等资料。服务对象的环境资料包括家庭、亲属、邻居、工作单位以及其他资源系统。家庭是与服务对象关系最密切的,学校、工作系统、邻居、所属的重要组织以及社区环境,都属于延伸的社会环境。

2.资料收集的方法。收集资料的方法很多,社会工作者要根据实际情况灵活运用多种方法,以便全面了解服务对象和他们所处的社会环境,具体地讲,可以采取询问、咨询、观察、家访、利用已有资料等多种方法。

(四)初步预估

预估的方法很多,包括之前介绍的各种方法。初步预估要再次界定并确认服务对象的问题,判断机构是否能够处理,评估服务对象是否配合,确定问题的轻重与先后次序,了解服务对象希望从中能够获得什么。

(五)建立专业关系

建立专业关系的意义在于使服务对象接受社会工作者的鼓励,进而接受社会工作者的服务和影响,使双方形成共识性的目标。

(六)签订初步的服务协议

社会工作者与服务对象签订的服务协议,其主要内容包括:对服务对象问题的初步界定,机构和社会工作者可提供的服务,社会工作者与服务对象相互的角色期望及暂定的工作时间长度,与服务对象以外的系统建立协议。

四、接案的技巧

一是感同身受。感同身受是一个人进入另一个人的情感与经历中的能力,即能够感受另一个人的情感与生活,犹如自己身在其中,但在这个过程中又不会失去自己的判断力。社会工作者可以通过阅读服务对象资料,琢磨他们的感受、他们所关心的事情,以及想象和感受服务对象所面临的一般情况、特殊情况,以此来增进对服务对象的认识和理解。

二是态度诚恳。社会工作者要在专业关系中始终保持诚恳的、开放的态度。向服务对象实事求是地介绍机构政策和社会工作者的角色。完全以服务对象的需要作为自己工作的出发点,接纳服务对象,全神贯注于服务对象的处境。

三是温暖与尊重。社会工作者要关心、关注服务对象的一切,并能够向服务对象传达这种情感,包括对服务对象的责任感、关心、尊重、了解,希望促进服务对象提升生活水平的愿望,以及愿意为其提供帮助的意愿。

四是要积极主动。社会工作者积极主动的态度有助于与服务对象成功地建立关系,并促进双方的沟通,减少服务对象的紧张情绪。但积极主动并不意味着对服务对象的控制和支配,而是要在适当的时间给服务对象适当的回应。良好、准确地运用以上技巧,就能帮助社会工作者与服务对象建立起一个良好的工作关系,从而为服务对象的进步与社会工作者的协助创造良好的前提条件。

在强调上述技巧的同时,也应该清醒地认识到,单纯的沟通技巧的提升,在人与人之间交流交往的实际情境中,效用是十分有限的。

五、接案应注意的事项

(一)决定是否需要紧急介入

社会工作并非都是从接案开始的,当遇到紧急情况时,就要跳过其他阶段直接进入介入程序。社会工作者要辨别服务对象问题的迫切性和严重程度,从而决定何时和如何开始工作。

(二)权衡是否有能力处理问题

服务对象的需要是多方面的,接案面谈使社会工作者有机会通过与服务对象的沟通交流了解他们的需要,权衡是否有足够的能力为服务对象提供其所需的服务。社会工作者一方面需要审视自己的价值观是否与服务对象的价值观有冲突,另一方面要权衡自己的专长是否能够处理服务对象的问题。如果双方的价值观有严重冲突并影响到自己对他们的态度和行为时,就需要及时地进行转介。

(三)决定问题解决的先后次序

社会工作者需要协助受助对象辨识问题的轻重缓急,及时满足其最迫切的需要,使服务能够取得预期的效果。需要注意的是,社会工作者应与服务对象一同讨论决定问题解决的次序,把握好尊重服务对象的意向和先易后难这两个原则,使服务对象愿意努力做出改变,增强其改变的信心。

(四)保证服务对象要求的服务属于机构的工作范围

社会工作者要保证提供的服务是对象所需要的,并且不因机构和自身原因,阻碍和延迟服务对象需要的满足,致使问题延续或者恶化。不同的社工机构往往深耕于不同的细分实务领域,工作半径是有限的,如老年社工机构难以很好地处理青少年的越轨行为一样。因此,提供服务并非一味地大包大揽,而是从服务对象的角度出发,对于超出机构工作范围的服务对象及问题,应进行合理的转介,使之更加符合服务对象的需求。

第三节

预估

预估工作是在接案后与服务对象建立初步工作关系后进行的,目的在于为制订有效的介入计划打下科学的基础,是一个有清晰的工作方向和步骤的工作过程。在对服务对象的问题及需要收集了资料以后,社会工作者通过分析这些资料从而对服务对象的问题提出解释、做出预估、形成概念,并决定解决问题与满足需要的目标以及介入的策略,所以预估的过程又是一个收集资料以对问题做出判断的过程。

一、预估的目的

概括起来,预估的目的就是"四识别一决定",即识别服务对象问题的客观因素,识别服务对象问题的主观因素,识别服务对象问题的成因及使问题延续的因素,识别服务对象及环境中的积极因素,决定提供服务的方式和内容。

(一)识别服务对象问题的客观因素

为了有效协助服务对象解决问题,在与他们建立专业关系之后,社会工作者的第一步工作就是要收集与服务对象和其问题有关的资料,包括服务对象的背景资料,与服务对象生活有关的重要的系统的资料,如问题因何发生,存在了多久,使用过的处理问题的方法等。了解上述资料是为了更好地了解服务对象的问题。

(二)了解服务对象对自身面临的问题的看法

即了解服务对象对问题的个人感受,认识服务对象是如何看待自己的问题的。站在服务对象的角度来理解这些问题对他的意义,以及这些问题对其心理存在什么影响。这是问题评估的重要方面。

(三)识别服务对象面临的问题的成因及使问题延续的因素

社会工作者需要由表及里地探查问题,通过不断加深对服务对象面临的问题的认识,挖掘问题产生的根源,而不仅仅是停留在问题的表面。

(四)识别服务对象及环境中的积极因素

预估不仅要集中在对服务对象"问题"的认识上,更重要的是要找出服务对象所处的环境系统内外的资源,并运用这些资源去帮助他们。识别环境中的积极因素即运用专业知识去思考、辨认情境中需要改变及可以改变的部分,将着眼点放到服务对象的能力和优势上。

(五)决定服务的方式和内容

进行预估的目的是要找出正确的方法和介入途径去帮助服务对象。社会工作者在预估环节要提出解决问题的建议,计划如何做才能够使改变现状的愿望变为现实。

二、预估的任务与特点

(一)预估的任务

预估的任务包括了解服务对象存在的问题,问题的性质、成因、程度及其对服务对象的影响。了解服务对象的生活经历及行为特征,包括服务对象的人格特征、能力、优势和弱点。了解服务对象与环境的互动状况及其对自身问题的认识和改变的动力与能力。了解服务对象所处的环境系统的状况,包括家庭、朋友、工作单位、邻里和社区的情况,从中找出服务对象改变的有利和不利因素。

(二)预估的特点

预估的特点由持续性、共同参与、行动取向、有可识别的步骤、广泛深入、运用知识、渗透专业判断、有局限性八个方面组成。

1.持续性。预估的过程是动态、持续、不断深入的,这是因为社会工作者与服务对象的接触会不断增加,信任也会不断发展,社会工作者能够越来越深入地了解服务对象及其问题,所以需要及时地对这些问题进行再预估。

2.共同参与。预估是一个由社会工作者和服务对象共同参与的过程。社会工作者要与服务对象一起发现问题、了解问题的成因,共同寻找解决问题的方法与途径。在参与预估的过程中,服务对象会对自己和自己面临的问题有越来越清晰的认识。

3.行动取向。预估不仅仅是为了说明问题,更是为介入行动服务的,是行动的取向。预估不但要说明解决问题的方法,同时也要指出采取什么行动来消除问题。

4.有可识别的步骤。预估是一个"科学"的行动过程,是有计划、有步骤的。它从收集与问题有关的资料开始,通过对资料进行系统整理分析,勾画出问题的性质与状态,最后得出预估报告,这个过程是可以重复的。

5.广泛深入。预估时宜从问题的现状入手,找出与问题有关的因素。在对问题的横向探索中,识别出哪些是对问题有重要影响的因素,然后对这些因素进行深入探讨,形成纵向预估。

6.运用知识。预估是以专业知识为基础的,这种知识既是社会工作实践的指导,也是收集和解释资料的理论框架。预估的方向是由社会工作者采用的理论架构来决定的,同时也受社会工作者的价值观影响。理论架构不同,预估的切入点也会不同。理论框架各有优劣,要注意综合运用。

7.渗透专业判断。预估是一个涵盖了专业判断和决策的过程。但专业判断不等于先入为主,而是要以事实和资料为依据。预估是一个分析与行动并重的过程,需要运用知识去分析服务对象的处境,进行抽象的思考,同时要与实际环境接触,不断修正判断,达到正确预估的目的。

8.有局限性。任何预估都不可能是尽善尽美的,因为人们对问题的认识和了解都是有限的。预估的局限性提醒人们,在助人实践中要不断地修正判断,才能提供更符合服务对象需要的服务。

三、预估的原则

对社会工作实务进行预估,需要坚持个别化、合作、避免片面、避免简单归因、兼顾服务对象的弱点与长处、不断循环往复这六大原则。

(一)个别化原则

每个人都是独特的,都具有长处和弱点。预估要准确反映服务对象的特点及其问题的特殊性,这样才能使介入工作有的放矢。

(二)合作原则

预估需要服务对象与社会工作者一同参与,来决定问题探索的领域和方式,因此,预估也是一个社会工作者与服务对象合作的过程,服务对象的参与将使对问题的预估更全面、更准确。

(三)避免片面

社会工作者要采用多种方式收集资料,以防止资料的片面性,保证资料的可靠性和准确性。

(四)避免简单归因

预估时要尽量全面,避免对问题做简单归因,如此才能识别出问题与环境、与其他因素之间的关系,识别出问题的产生、演变与发展的过程,从而为科学的介入提供坚实的事实依据。

(五)兼顾服务对象的弱点与长处

预估时既要找出服务对象的弱点,也要发掘其长处。发掘优点和长处可以为社会工作者提供解决问题的资源,使得预估更加全面。

(六)不断循环往复

在预估时要以发展的眼光看待服务对象面临的问题,不断发展社会工作专业知识,以专业知识为生活在快速变迁社会中的服务对象提供专业服务。

四、预估的基本步骤

预估主要由收集资料、分析和解释服务对象的资料、认定问题、撰写预估报告四个步骤组成。在收集资料阶段,社会工作者不仅要收集好服务对象个人的基本资料,同时还要收集好服务对象所处环境的资料,服务对象与环境互动效果的资料,服务对象的需求及其所面临的问题的资料,服务对象的优势、动机与能力等资料。全方位地收集资料能够帮助社会工作者更加全面地预估服务对象的综合状况。

资料收集完成后,社会工作者要对资料进行分析。通过对资料进行排列和归纳,发现服务对象所面临的问题,识别问题的成因,并对服务对象的问题与需要做出解释。接下来,社会工作者需要探究服务对象的情况、问题与需要,对服务对象所面临的问题形成最终意见。主要的工作有:描述服务对象的问题与需要,描述问题的成因,描述服务对象的处境及其社会系统的情况,描述服务对象系统的发展状况,描述服务对象系统的资源状况,探究服务对象问题无法解决的成因等各方面的内容。在认定问题工作完成后,社会工作者要撰写好预估报告。通过预估报告清楚表达对问题的认识,为服务对象、社会工作服务机构以及那些与服务对象有关的系统,提供关于服务对象需要与问题的准确和详细的信息,作为下一步制订介入计划的依据。

五、预估的主要方法

预估的方法很多,其中社会历史报告法、家庭结构图法、社会生态图法和社会网络分析法具有简明和直观的特点,是预估时经常使用的方法。

(一)社会历史报告法

社会历史报告是通过对服务对象过去生活的梳理,将各种信息进行整理分析后的综合报告。社会历史报告的内容主要包括服务对象生活资料及社会工作者对这些资料的思考和预估。社会历史报告包含的资料有:服务对象系统的资料;服务对象关心的事项、服务对象的需要、与需要相关的问题,以及这些事项的发展过程;服务对象现在的能力和限制;等等。通过社会历史报告,社会工作者能够更加全面地了解与服务对象有关的社会历史、生活背景、环境互动等方面的资料,能够更加科学地分析服务对象所面临的问题及需求,使预估工作更富有成效。

(二)家庭结构图法

家庭结构图也称家庭树或家庭图谱,家庭结构图法是以图形来表示家庭中三代人之间关系的方法。家庭结构图可以直观地提供有关家庭历史、婚姻、伤病等重要家庭事件,家庭成员间的沟通互动状况等重要信息,帮助社会工作者了解服务对象的家庭模式、服务对象在家庭中所处的位置以及家庭对服务对象的影响等。通过家庭结构图,社会工作者能够更加全面地了解与服务对象的家庭成员构成相关的资料,能够更加科学地分析服务对象所面临的问题及需求,使预估工作更富有成效。

(三)社会生态图法

社会生态图也可简称为生态系统图。生态系统图展示了服务对象的社会环境，清晰地呈现出个人、家庭和社会之间的相互作用和影响，有效地将服务对象与外在环境系统的关系，通过图形的形式呈现出来，可以帮助社会工作者了解服务对象与其他社会系统之间的互动，从而清晰地看出服务对象的需要、问题与系统提供的支持之间的关系。

(四)社会网络分析法

社会网络在社会工作实务范畴泛指社会支持系统，通常指由家庭、朋友、专业人士或其他社会系统提供的帮助、指导和关怀。社会网络由正式的和非正式的支持系统组成。正式的社会支持系统包括社会工作者、医生、律师和其他专业的助人者，非正式的支持系统包括家庭、朋友、同事、邻居等。通过社会网络分析，社会工作者可以评估和测量服务对象社会支持网络的种类和规模，并从服务对象的角度，将其获得支持的性质和数量呈现出来，为制订介入计划提供依据。

第四节

计划

在计划阶段，社会工作者的核心任务是寻求方法去改变问题情景，依据收集到的相关资料，综合考虑服务对象的求助过程及其对问题的界定，并将各种因素间的关系串联起来，以构成对服务对象系统情景的完整认识。

一、计划的构成

"计划"阶段是一个承上启下的阶段，计划工作的开展要依托于预估阶段对服务对象资料的收集与分析，同时又为接下来的介入工作做好充足的准备。

(一)计划的目标设置

目标是为实现最终结果而在工作的过程中要获得的、具体的、近期的、阶段性的成果。在进行计划的目标设置时，需要明确了解目标设置的意义，明确目标设置的要求，关注问题与对象等。

1.制定目标的意义

制定目标的意义在于激发服务对象和社会工作者投入行动,朝向共同的方向以获得改变和成长。对于服务对象来说,目标能够使他们明确行动方向,振奋精神,督促他们坚持不懈,寻找策略。对社会工作的专业实践来说,目标还能够使社会工作者和服务对象达成共识,确立努力的方向,避免不必要的摸索。对于社会工作者来说,制定目标能够使其更加清楚服务对象的现存问题与理想状态之间的差距所在,能够更加明确介入阶段具体工作开展的思路与内容。目标还可作为评估介入工作进度和成效的指标,帮助社会工作者和服务对象不断地在工作过程中总结经验。制定目标的要求如下:

一是目标陈述要明白易懂,重在促进服务对象的成长。清楚明白的目标可以防止社会工作者和服务对象在介入工作中产生分歧。目标陈述要积极、正面,不能将消极负面的态度和行为作为目标进行陈述。

二是制定的目标可测量。以服务对象期望达到的行为作为介入目标,这样的目标就很具体,又可以与之前进行对比,从而能够测量。

三是可操作性和现实性。介入目标应是可行的,这需要考虑服务对象的动机和能力,能够投入的精力和时间,社会工作者的专长等因素。切忌目标大而不当,不能在一定时期内实现,使双方的积极性和自尊心受到挫伤。计划的目标还要让服务对象容易理解,有能力达到,有资源支持得以实现。

四是有时限要求。应说明实现目标的时间,给出或者制定出目标达成的时间表,并作为考核指标。

五是符合机构目标和社会工作伦理。目标应与机构功能保持一致,与社会工作者的能力相符,并符合法律和社会工作伦理。只有介入目标与机构的功能一致,社会工作服务才能得到机构的支持与配合,进而实现目标。

(二)关注问题与对象

在整个介入工作中,为达到帮助服务对象的目的,介入目标可能不止一个,还可能涉及不同的个人、家庭、群体、组织和社区,因此在每个具体目标下,要详细列明关注的对象。社会工作实务活动关注的对象如下:

1.个人。当服务对象的需要与问题可以通过对其个人的介入而解决时,社会工作的关注对象即为个人。

2.家庭。当服务对象的需要和问题与其家庭有关时,家庭便应该成为介入的对象。

3.小组/群体。当某个小组/群体对服务对象有重要影响时,社会工作者就要选择这个小组/群体作为关注对象。

4.组织。组织的存在是为了满足人们的需要。当某个社会工作服务机构因内在政策、结构和工作程序而影响其运行效率时,就成了介入的对象。

5.社区。当社区缺乏适当资源和服务,社区的环境影响到社区大多数家庭的生活时,社区便有可能成为社会工作者关注的对象。

(三)多层次介入策略

介入策略是指社会工作者介入服务对象的整体方案,它是改变服务对象态度和行为的一套方法。介入策略包括介入技巧、社会工作者的角色及其承担的任务。一般情况下,根据所要处理问题的类型,社会工作者要担当社会经纪人、促进者、教育者、倡导者和社会控制者等不同的角色,并根据不同角色完成不同的任务。介入的策略是多层次的,包括直接提供服务给服务对象以解决问题和满足需要,改变他们的观念及应对问题的方法;也包括间接介入,如通过政策倡导为服务对象提供服务资源以满足他们的需要等。

(四)合作者

社会工作者要善于运用不同系统的资源,这些系统包括受助者的家庭、朋友、所在的团体及社区等。

(五)角色定位

为了达到计划目的与目标,社会工作者要承担多种角色。在计划中社会工作者要对自己的角色加以澄清,对服务对象的角色也应有清楚的说明,以保证工作的顺利进行。

(六)行动要求

介入计划要列明介入行动的具体程序和时间进度,以便约束社会工作者和服务对象,为实现介入目的和目标共同努力。

二、制订服务计划的原则

(一)以服务对象为中心

有服务对象参与制定介入策略时,要以服务对象为中心。仅由社会工作者单方面制定介入策略,不但会导致服务对象没有机会为解决自己的问题而努力,还将妨碍服务对象在解决问题过程中所做的努力,这实际上是取消了服务对象自我成长、体验自尊的机会和对解决问题的贡献。因此,在制定介入策略时要注意发挥服务对象的长处和优势,让他们参与整个计划的制订。

(二)尊重服务对象的意愿

制定目标时,社会工作者要考虑服务对象系统的愿望,要与服务对象系统分享对目标的期望。如果服务对象与社会工作者双方的目标不一致,就要进行讨论与协商,直到取得完全一致的意见。否则,一旦工作起来,服务对象与社会工作者很可能面临相反的方向,从而影响目标的实现。

(三)计划详细可行

具体详细的计划能够给社会工作者和服务对象提供行动的指示;还可以进行测量,使社会工作者和服务对象看得见、摸得着工作的成果,知道是否实现了目标。

(四)符合服务宗旨的要求

计划的具体目标不能偏离介入的目的。有些事情可能是对服务对象有益的,但它们与服务对象的近期需要并不吻合,对问题的解决也没有帮助,这种情况下社会工作者要懂得轻重缓急,务必使计划与介入目标相一致。

(五)能够总结与度量

一项计划不仅要能够满足服务对象的需要,解决他们的问题,还要能够进行量化评估,以便能够清晰地呈现改变的成果。一般来说,在制订计划时就要考虑如何评估介入行动,这也是制订计划的重要原则。

(六)不违背伦理道德

服务计划所涉及的内容必须依照社会工作专业伦理规范及团体价值观念而设定,有悖于社会工作价值观的服务计划将会背离助人活动开展的初衷,不利于服务对象的自我成长与专业实践活动的价值实现。

(七)与机构的功能相一致

制订的计划要突出社会工作者及所在机构或团体的长处与功能,不同社会工作者及社会工作服务机构往往针对不同领域开展实务工作,社会工作者在计划阶段,就要确保自己及所代表的机构为服务对象提供的服务是专业的、科学的,是自己能够胜任的。

三、制订服务计划的步骤

1.设定工作目标。目标是社会工作服务的大方向,通常是不可测量的。目标是对社会工作服务预期结果的主观设想,也是服务的预期目的。制订社会工作服务计划,需要设定服务的具体目标。包括确定服务对象的需要和问题,向服务对象解释设定目标的目的,与服务对象共同选择适当的目标,与服务对象讨论目标的可行性和可能的利弊,确定目标并决定目标的先后次序。

2.构建行动计划。当工作目标设定后,社会工作者需要与服务对象讨论如何实现目标,即制订一套行动计划来实现目标。构建行动计划的过程实际上就是选择介入方法和介入系统的过程,是发展有效行动方案、明确任务和责任的过程,也是决策行动的过程。

(1)选择介入系统。一般来说,社会工作的介入系统可以分为直接介入系统和间接介入系统两类,社会工作者要根据服务对象的需要决定介入的系统。

(2)选择行动内容。社会工作介入行动是实现目标的手段,可以分为如下类型:一是危机介入。危机介入是社会工作中常见的内容。当服务对象遇到突发性事件时,需要社会工作者立即介入。二是资源整合。服务对象需要多元化的服务,因此整合运用各种资源是满足服务对象需要和解决其问题的必要手段。三是经济援助。经济援助可以分为常规性的和临时性的两种。常规性经济援助包括对低收入的服务对象给予正式的制度性帮助;临时性经济援助是当服务对象面临特别需要时提供的帮助。四是安置服务。这类服务是指将服务对象带离原有生活场所进行暂时或替代性安置的服务,根据时间的长短分为暂时性安置、短期安置、长期安置和永久性安置。五是专业咨询。社会工作者应该掌握本地满足人们需要的资源系统的资料和信息,在服务对象需要时为其提供咨询服务。

四、签订服务协议

服务协议也称为服务合同、工作契约等,是社会工作者与服务对象经过讨论协商所达成的满足服务对象需要和解决他们问题的工作方案,它标明了社会工作者和服务对象对问题的认识与界定、工作的目标及相互的责任,是双方对解决问题的承诺,也是社会工作者与服务对象之间的合作计划,体现了双方的伙伴关系。

(一)签订协议的目的

签订服务协议是计划阶段的最后一项工作,当行动计划完成后,社会工作者要与服务对象签订服务协议,以保障计划的执行。服务协议在本质上是一种约束机制,它将参与各方约束在一起,直到实现特定的目标。协议代表了社会工作者和服务对象共同的观点。因此,订立协议的目的就在于使社会工作者和服务对象双方明确各自的任务和角色,保证计划的执行和实现。

(二)服务协议的内容

一般情况下,服务协议包含四个方面的内容:一是计划的目的与目标,二是双方各自的角色与任务,三是为达到目的与目标所采取的步骤、方法与技巧,四是期望达到的结果以及进行总结、测量和评估的方法。

(三)服务协议的特点

社会工作服务协议应具有可操作性,并遵循以下原则:

(1)明确性。协议内容应该是明确的,没有秘而不宣或隐含的意思。为了避免意思上的含混不清,协议的文字应清楚、精简和具体,避免过多使用专业术语。

(2)得到社会工作者和服务对象的认可。协议必须是双方共同拟定的,即必须是双方合作、共同参与并使用服务对象明白的语言制定的;协议必须是双方对问题界定、工作目标、介入策略、参与者各自角色与任务的共识,是双方完全同意的。

(3)具有弹性。社会工作的服务协议要根据服务对象的变化不断进行调整,这使得社会工作的服务协议具有灵活性和弹性。

(4)具有可行性。协议对社会工作者和服务对象双方来说应该是可行的、现实的。协议既需要具有约束力,也不应该太严格而难以实现。现实的、可行的协议能够恢复和增强服务对象处理问题的信心,太过严格的协议往往难以实现,会增加服务对象的挫败感。

(四)服务协议的形式

社会工作的服务协议可以是书面协议,也可以是口头协议。书面协议列明了各项工作的目标及双方的义务和责任,对服务对象做出改变有积极帮助,因此,一般来说最好能够签订书面协议,使其起到督促双方的作用。在实际工作中,口头协议也很常见,且多用于专业关系建立的初期。

(五)签订过程及技巧

签订服务协议的过程在本质上是整个社会工作介入行动的一个有机组成部分,是社会工作者与服务对象确认需要和问题,协商工作目标以及决定采取何种协议方式的过程,因而需要特定的技巧。

1.签订服务协议的步骤

社会工作服务协议是在从接案到共同讨论问题、构建行动计划过程中逐步产生的,其步骤大致为:

(1)会谈协议。所谓会谈协议是指服务对象与社会工作者通过会谈,在介入目的、目标等方面达成的协议。另外,会谈协议所隐含的意义就是服务对象承诺与社会工作者通过会谈这种方式达成服务协议。会谈协议是社会工作所有服务协议的基础。对于非自愿的服务对象而言,社会工作者需要在会谈时找到合适的谈话目标,以增强双方了解、建立稳固关系,改变服务对象的态度和行为并为最终建立工作目标打下基础。

(2)界定服务对象的问题。"问题"是指社会工作者要处理的、有关服务对象社会功能发挥方面的事项。社会工作者要与服务对象就对问题的看法达成一致意见,形成共同工作的基础。

(3)协议介入目的和目标。在针对"要解决的问题"达成协议后,社会工作者与服务对象就要共同协议制定介入的目的和目标。

(4)协议介入策略和行动。社会工作者与服务对象要在多种介入策略和行动方案间形成一致看法,达成协议。这样,双方就能在工作过程中相互配合,从而实现目标。

2.签订服务协议的技巧

(1)认定服务对象对问题的看法。签订服务协议过程中,服务对象对自己所面临的问题的看法是最重要的,因此,社会工作者要成功与服务对象签订协议,一个重要的技巧就是由服务对象自己来认定问题,社会工作者根据服务对象的看法与其进行讨论,从而达成共识。

(2)与服务对象分享对问题的看法。当社会工作者与服务对象对问题和介入目标与行动有分歧时,为了达成协议,社会工作者需要与服务对象分享自己的看法和观点,避免服务对象有不被重视的感觉。

(3)描述需要解决的问题。描述服务对象需要解决的问题是双方签订协议的基础,目的在于为双方后续工作提供依据。因此,对问题的描述要尽量具体详尽、清楚明白。

(4)确定目的和目标,说明行动的具体策略。与认定问题一样,对于目的和目标的协议也需要服务对象的参与,制定有关介入策略的协议时,社会工作者需要详细说明双方的角色和任务,以及介入策略包含的具体方法、针对的问题、实现目标的时限,以便服务对象明白介入策略与自己问题的关系,愿意投入行动。

(5)总结和强调协议的主要内容。社会工作者运用上述技巧与服务对象签订协议后,需要与服务对象一起对协议进行总结,提醒服务对象履行责任。

第五节

介入

介入也称社会工作的实施、干预、行动、执行和改变,是社会工作助人过程中的一个重要阶段。介入阶段是社会工作者和服务对象采取行动,按照服务协议落实计划目标,解决预估中确认的问题,从而实现计划的重要环节。

一、介入的性质和特点

介入是社会工作者运用专业的知识、方法与技巧协助服务对象达到计划的服务目标的过程。社会工作的介入可以界定为社会工作者为恢复和加强服务对象整体社会功能而进行的有计划、有目的的行动。

(一)介入是有计划、有目的的行动

社会工作的介入是一个有计划、有步骤、有目的的行动,它以提升服务对象的社会功能为核心,经过周密的设计,目的在于实现服务协议中双方商定的介入目标。

(二)"干预"是介入的核心

行动是介入阶段的核心,但就介入形式本身来说,它可以是行动,也可以是非行动,最主要的是要按照工作计划对服务对象和其所处的环境进行"干预",实现改变服务对象态度或行为的目标。社会工作者在介入过程中,不能单单以服务对象本身作为工作开展的对象,"人在情景中"的专业理念视角告诉我们,服务对象问题的产生与延续,往往是实际生活环境的影响与干扰造成的。社会工作者同样要将同服务对象紧密相关的社会系统作为工作对象的一部分,对其中存在的不利因素进行介入。

(三)物质帮助和精神支持并重

社会工作的介入活动很多时候都是一种实质性的帮助,例如为服务对象提供经济援助、物质支持,为其安排活动,协助老人进入院舍进行照顾等。但介入在很多情况下也可以是非实质性的服务,例如表示理解和支持、调解问题、进行技巧训练、建立支持网络等。

(四)介入有短期效果和长期效果

介入工作的成效是在不断积累的过程中逐渐明晰的。因此,短期工作效果不明显不应成为停止工作的原因,而短期工作效果的进一步巩固与提升,也依赖于更长时间周期内的持续性工作。

二、介入的分类与原则

(一)介入的分类

社会工作的介入,分为直接介入、间接介入、综合介入三大类。

1.直接介入

直接介入是指以个人、家庭和群体为关注对象,针对个人、家庭和群体采取的行动,重点在于改变家庭或群体内的人际交往,或改变个人、家庭和小群体与其环境中的个人和社会系统的关系与互动方式。相较于间接介入,直接介入更加强调针对具体的服务对象本身开展工作,工作重心在于为服务对象提供直接服务,解决其所面临的直接困难与问题。

2.间接介入

间接介入是指以个人、家庭、小组、组织或社区以至更大的社会系统为关注对

象,由社会工作者代表服务对象采取行动,通过介入服务对象以外的其他系统以间接帮助服务对象的行动。间接介入通常也称为改变环境的工作,属于中观和宏观的社会工作实务。相较于直接介入,间接介入更强调对系统、环境等宏观因素进行改变。在面对具有普遍性的问题时,采用间接介入的方式能取得良好的效果。

3.综合介入

社会工作的生态系统理论认为,人是生活在社会中的,不同的社会系统构成了人所处的具体环境,而人与他们所处的环境被视为相互依赖且彼此辅助的一个整体。当人与环境产生"非适应性契合"时,就引发了人们生命或生活中的问题。社会适应不良的原因并不仅仅在"人"本身,"环境"在其中也扮演着重要的角色。从这种"人与环境"互动的视角出发,社会工作将介入的焦点放在了增强个人的适应能力,增加社会和物理环境对个人需要的回应上。这种从人与环境两个环节介入的策略,构成了将直接实践和间接实践结合在一起的综合介入行动。

(二)介入的原则

1.以人为本、服务对象自决

介入行动要体现以人为本的原则,从服务对象的需求和利益出发,并且在决定介入行动时要有服务对象的参与。由服务对象决策和参与的介入行动会使他们有更大的动机去承担和完成任务。

2.个别化、针对性服务

针对服务对象的特殊性采取介入行动,才能有助于解决问题。对不同的服务对象,社会工作者要采用个别化的介入行动。

3.考虑服务对象的发展阶段和特点

对于个人,介入行动应集中在协助其完成相关阶段的任务上;对于家庭或者群体,介入行动则要考虑与家庭和群体发展的特殊阶段相关的特殊任务。

4.与服务对象相互依赖

社会工作者不能单枪匹马地采取介入行动,要依靠服务对象,与他们紧密结合,双方共同参与介入行动,才能最大限度地发挥服务对象的积极性与能动性。

5.瞄准服务目标

介入行动应围绕着介入目标进行。行动的选择应以实现介入目标为首要考虑因素,偏离服务目标会使得服务质量下降甚至是服务本身缺失。偏离介入目标的介入行动一方面会阻碍助人工作的整体进展,另一方面则会使工作失去重心。因此,即使对介入对象所处系统进行整体性介入,也不应以工作重心偏离为前提或代价。

6.考虑经济效益

介入意味着社会工作者和服务对象都要付出时间和精力,介入行动的原则就是要量力而行,优先考虑投入时间和精力最少的行动,从而以最小的成本投入获得最有效的改变结果。

三、介入行动与策略

介入就是插入事件之中进行干预。社会工作的介入是社会工作者为恢复和加强服务对象整体社会功能而采取的有计划、有目的的行动。社会工作的介入,特别要注意行动的策略,讲求工作的方式方法。

(一)直接介入的行动及策略

直接介入是指以个人、家庭和群体为关注对象,针对个人、家庭和群体采取的行动策略。其重点在于改变家庭或群体内的人际交往,或改变个人、家庭和小群体与其环境中的人和社会系统的关系与互动方式。考虑到不同服务对象所面临问题的不同,其所具有的资源种类及质量的差异,以及其所身处的不同社会环境,要在具体情境中解决好不同类型的问题,直接行动的具体策略应该是多样的。

1.促使服务对象运用现有资源

从"人与环境"的社会生态系统理论视角出发,社会工作者要采取介入行动促使服务对象运用现有的资源以满足需要,从而消除问题。这一方面包括帮助服务对象运用现有的内在资源,以达到目标;另一方面包括帮助服务对象运用现有的外部资源,目的是将服务对象与资源连接起来以增强服务对象的社会功能。

2.进行危机介入

危机介入作为一种特殊的介入策略,目的在于去除服务对象的紧张情绪,恢复其功能,使他们走出危机。危机介入将焦点放在帮助服务对象恢复和发挥功能上,针对危机出现时的机制失灵问题,帮助服务对象恢复应对问题的能力以解除危机。它能够帮助服务对象宣泄由危机带来的紧张情绪,给予其支持,同时瞄准服务对象当前的需要。危机介入的技巧包括将焦点放在恢复和发挥功能上,而不是解决整个问题;帮助宣泄由危机带来的紧张情绪,给予其支持;瞄准服务对象当前需要,介入目标要现实,对服务对象不能要求过高。社会工作者担任教导者角色,当服务对象逐步恢复时就可以结束介入行动。

3.活动介入策略

社会工作者可以以活动作为帮助服务对象的介入行动,协助他们发展某些特别的社会技能,达到解决问题的目的。运用活动作为介入策略时要综合考虑介入目标、服务对象的情况、资源和设备的配合等几个方面的要素。

4.调解行动

社会工作者在直接介入过程中,要帮助服务对象与环境中的系统一起找到利益共同点,通过服务对象与环境系统的互动,消除冲突,满足共同需要。进行调解介入时,社会工作者要帮助服务对象与环境系统进行接触,协助环境系统回应服务对象的需要,协助双方界定共同目标等。

5.运用各种力量

为了有效帮助服务对象,社会工作者要有意识地运用各种能够促使服务对象改变的力量,包括:诱导——奖励与处罚;劝导——运用有说服力的观点改变服务对象的观念;利用关系——运用人际关系去影响服务对象的行为;利用环境——使外部社会环境有利于服务对象的改变。

(二)间接介入的行动及策略

间接介入是指以个人、家庭、小组、组织或社区以至更大的社会系统为关注对象,由社会工作者代表服务对象采取行动,通过介入服务对象以外的其他系统以间接帮助服务对象的行动。考虑到不同服务对象所面临问题的不同,其所具有资源种类及质量的差异,以及其所身处的不同社会环境,要在具体情境中解决好不同类型的问题,间接行动的具体策略应该是多样的。

1.运用和发掘社区人力资源

社会工作者在运用和发掘社区人力资源的过程中,首先,要能够识别谁是"有影响力"的人。其次,社会工作者要与之建立关系,掌握与服务对象一起工作的技巧。再次,社会工作者要具有说服和游说的、令人信服的陈述和表达技巧。最后,社会工作者要具备把握工作目标,团结"有影响力"的人为服务对象工作的技巧。

2.协调各种服务资源与系统

社会工作者要善于将不同机构、组织及相应各自的助人计划与服务协调起来,在解决现代社会人们复杂的需要和问题的过程中,社会工作者需要更多地与不同机构、不同专业人员一起工作,这些都要求社会工作者掌握与不同专业人员合作的协调介入的技巧。

3.制订计划,创新资源

当发现社会有新的需要但缺乏有效服务资源时,社会工作者就要考虑筹划发展新资源。创新资源是发展资源和有效满足需要的方法,且不一定需要很高的成本。通过富有创造性的服务计划,社会工作者可以开发出满足社区需要的资源。但在发展创新服务和资源时也要注意控制规模,争取机构和社区支持,设立必要的组织承担各方面的工作。

4.改变环境

从"社会生态视角"来看,人们的社会功能与其环境有密切关系。社会工作者要了解,环境不仅充满挑战也充满了机会,因此需要对环境对个人和集体福祉的影响进行批判性反思和行动介入。促进社会环境变迁可以采用网络促进、建立互助小组、技术训练等方法。

5.改变组织与机构的政策、工作程序和工作方式

每个社会工作服务机构都有自己清晰的目标、政策、组织架构和工作程序,以此来服务人的需要。当组织或机构不能满足服务对象需要、阻碍服务对象社会功能发挥时,就要尝试去改变结构与功能,来满足服务对象的需要。

在复杂而多变的具体社会情境中,社会工作者针对具有不同困难及问题的服务对象开展好实务工作具有极其重要的现实意义。诚然,直接介入策略在进行微观社会工作的过程中,有极为突出的优势;但当面临普遍性、结构性的宏观社会问题时,直接介入策略的功效就会大打折扣。间接介入策略在进行宏观社会工作的过程中,有极为突出的优势;但当面临个别问题时,间接介入策略的功效就会打折扣。因此,社会工作者要给予直接介入与间接介入同等的关注,通晓不同介入策略的具体效能,这是开展好介入工作的必要前提与有力保障。

第六节

评估

评估是指运用科学的研究方法和技术,系统地评价社会工作的介入结果,总结整个介入过程,考查社会工作的介入是否有效、是否达到了预期目的与目标的过程。评估是整个助人活动中的一个重要阶段,是确定目的和目标是否实现的手段,是对介入程序的评量,考查结果与其所陈述目标之间的关系。社会工作评估具有持续性、互动性、逐步深入、知识指引等特点。

一、评估的目的、内容与作用

(一)评估的目的

(1)考查社会工作介入效果、服务对象进步情况及介入目标的实现程度。社会工作实践是一项有计划、有方向的助人活动,评估的目的就在于考查社会工作者提供的服务是否实现了计划的目标,测量服务对象是否发生了改变以及改变的程度。

(2)总结工作经验、改善工作技巧、提升服务水平。评估的目的是发现工作中存在的问题,以总结经验、改进工作的方法和技巧,促进社会工作服务质量的提高。

(3)验证社会工作方法的有效性。验证并在其基础上修改和完善社会工作的

介入方法是评估的一个主要目的。此即为"证据为本"的社会工作实践。

(4)进行社会工作研究。通过评估过程系统地汇集资料,积累实践的知识和经验,是发展本土社会工作理论和方法的有效途径。将经验汇总、检验、分析和研究,是评估的又一目的。

(二)评估的内容

(1)查看目标是否定得恰当,是否有效达成。

(2)评估工作方法和技巧是否运用得当。

(3)评估社会工作者扮演的角色是否有效。

(三)评估的作用

(1)监督介入工作进度。评估是一个不断收集社会工作实务效果、社会工作介入改变的速率和进度等资料的过程。这些资料都是检验介入工作程序的证据,通过对它们的分析,可以起到督促社会工作者、提醒其注意工作方向和进度的作用。

(2)发展本土社会工作知识和方法,促进专业成长。评估能够帮助社会工作者反思每一个工作环节和整个介入工作的过程,总结介入的得与失。从评估中获得的经验能够用来改善机构服务,提升社会工作者的能力,促进其专业的成长。

(3)巩固改变成果。评估可以帮助社会工作者和服务对象回顾改变的过程,服务对象可以从中学习解决问题的方法和策略,增强社会功能和提升解决问题的能力,巩固改变的决心,增强改变的动力。

(4)社会问责。社会工作是一种社会福利服务,也是一种社会投资,机构有责任使这种投资取得最大的社会效益。通过评估,社会工作能够做到以下几点:一是向服务对象做出交代;二是进行社会交代;三是进行专业问责。

二、评估的类型、方法与技巧

(一)评估的类型

1.过程评估

过程评估是对整个介入过程的监测。它对工作过程的每一个步骤、每一个阶段分别做出评估。过程评估考查有关服务过程的各种信息,包括工作目标、介入行动和介入影响。在介入初期和中期,过程评估的重点是服务对象的表现及社会工作者的工作和技巧,以此了解服务对象的改变进展,适时修正介入方案,改善工作技巧。在结束阶段,评估重在了解是什么因素导致了服务对象的改变。通过详细分析服务过程中有影响力的事件,可以探索促使服务对象转变的内在动力。

2.结果评估

结果评估是在工作过程的最终阶段进行的评估,目的是检视计划介入的目标结果以及这些结果实现的程度及其影响。其中,目标是指介入要努力达到的方向,结果是介入的直接和最终效果。相对而言,目标是比较概括的,而结果则是具体并可以度量的。

(二)评估的方法与技巧

社会工作实务的评估方法有基线测量方法、任务完成情况测量方法、目标实现程度测量方法以及介入影响测量方法。综合运用不同的评估方法,对介入过程及效果进行评估,可以准确获得社会工作实务目标达成的情况。

1.基线测量方法与技巧

基线测量是指在介入开始时对服务对象的状况进行测量,建立一个基线作为测量介入行动效果的标准,以评估服务对象介入前后的变化,并以此判断介入目标达到的程度。基线测量方法可以应用于对个人、家庭、小组或者社区的介入行动的评估,通过对介入前、介入中和介入后的服务对象的观察和研究,比较其前后发生的变化。其操作程序主要包括建立基线、进行介入期测量、分析和比较三个步骤。常用的基线测量法包括:单一的个案设计、对照组设计以及时序性系列测量。

2.任务完成情况测量方法与技巧

在实际工作中,目标的达成需要许多具体的行动和任务,因此,通过探究服务对象和社会工作者完成了哪些既定的介入任务,也能确定介入的影响。一般来说,可以运用没有进展、极少实现、部分实现、大体上实现、全部实现5个等级来测量任务的完成情况。将每项任务的最后得分加到一起,然后除以可能获得的最高分数,就能确定介入行动的效果。

3.目标实现程度的测量方法与技巧

在目标难以清楚界定的情况下,社会工作者和服务对象可以共同协商选择一些目标来指示介入的方向,并将它们罗列出来。在介入过程中和介入结束时,用相应的标准来衡量服务对象介入后的行为,并记录下它们,将介入后的行为与介入前的行为进行核对比较,从而发现介入后有哪些新行为是介入前没有的、介入后才出现的,并讨论这些行为对服务对象的意义是什么。这样就可以发现介入前后服务对象的行为变化。其具体做法是按照服务对象的具体情况,分轻重缓急制定出几个目标,然后使用一个大家认可的等级尺度,来测量和计算出服务对象实现个人目标的情况。

4.介入影响的测量方法与技巧

测量服务对象满意度是第一种方法,其做法是由服务对象用口头或书面形式,包括填写问卷来表达对介入的看法。这是一种评估介入影响的方法,特点是操作简单又不需要花费太多时间和资源。但这种方法的局限性在于,测量比较粗糙,有时服务对象会倾向于对介入给予积极的评价,因此评估有可能不准确。另一种方法是差别影响评分法,这是一种更为结构性的评估方法。首先由服务对象对介入影响进行自我陈述,报告自己有哪些变化,然后分析哪些是介入本身带来的变化,哪些是其他因素带来的变化。社会工作者要关注的是服务对象的叙述有可能带有主观色彩。

第七节

结案

一般情况下,结案是当介入计划已经完成,介入目标已经实现,服务对象的问题已经得到解决,或者服务对象已有能力自己应付和解决问题时,社会工作者和服务对象双方根据工作协议逐步结束工作关系所采取的行动。结案是社会工作实务通用过程的最后一个环节,通过结案能够总结工作、巩固已有改变等,社会工作者要善于完成好结案阶段的工作,正确有效地处理好服务对象在此阶段的不同反应。

一、结案的类型与任务

正常情况下,结案标志着社会工作者和服务对象终止接触,此时经过有计划的行动,介入工作的目标已经实现。换句话说,结案时最理想的状况是,在服务对象实现了改变的情况下结束与社会工作者的关系。然而,成功地实现介入目标只是众多终止接触的原因之一,在其他一些情况下也应结案。

(一)结案的类型

1.目标实现的结案

经过评估,社会工作者和服务对象双方都认为问题已经基本解决、目标已经基本实现时,社会工作者根据协议提议结案,服务对象也接受,由此就进入结案阶段。这种结案是有计划、按程序进行的。

2.案主原因的结案

因服务对象不愿继续接受服务而必须终止关系的结案。在工作中,当服务对象强烈抗拒服务时,社会工作者就没有理由再继续维持与他们的关系,因为在这种情况下服务对象没有意愿和动机接受服务,双方的关系也就没有了意义。

3.不能实现目标的结案

社会工作服务中,因客观原因存在着不能实现目标的结案,如当社会工作者发现服务对象的需要超出了自己和机构的能力时提出的结案。这种情况下,结案的形式可能是将服务对象转往其他机构去接受服务,以转介方式结束,也可能是转由其他社会工作者提供帮助,以转移方式结束。

4.身份变化的结案

即社会工作者或服务对象身份发生变化时的结案。当社会工作者和服务对象身份发生变化时,即使目标没有实现也要结案。如服务对象由于搬迁而离开机构所服务的地区时,或者社会工作者由于工作调动而离开时,都需要结案。

(二)结案的主要任务

结案工作的好坏影响着服务对象今后能否持续进步与成长。结案阶段的工作主要集中在对整个助人过程的回顾和总结方面。借着结案,社会工作者要帮助服务对象巩固已有的改变和取得的成果,增强他们独立自主的能力和解决自己问题的信心。

1.总结工作

即通过评估有目的地总结社会工作介入的成效。评估整个工作过程,对计划目标的完成情况、介入效果进行总结和评估,并将结果与服务对象分析报告给机构,谨慎处理服务对象因结案带来的与分离有关的感受和情绪,做好结案记录并写成结案报告。

2.巩固已有改变

确保服务对象能够将在受助过程中获得的经验巩固下来,并应用于日常生活中是社会工作者的责任。社会工作者要尽力帮助服务对象保持在受助过程中取得的进步,巩固和增强他们的自我功能。通过回顾工作过程、强化服务对象已有改变、表达积极支持态度等方式均可以实现这样的目的。

3.解除工作关系

正式与服务对象解除工作关系,并不代表社会工作者不再与服务对象有任何接触,而是不再提供服务。如果服务对象还需要其他服务,社会工作者应给予转介,这对时机未成熟就必须结案的服务对象来说尤其重要。转介服务对象时,社会工作者需要与其他机构建立互联网络,了解转介条件,为服务对象做转介准备,妥善结案。

4.做好结案记录

结案时要撰写书面结案记录。结案记录的内容包括:服务对象何时求助、求助原因、工作过程中提供了哪些服务、服务对象有哪些改变、为什么结案、社会工作者的评估和建议等。

5.跟进服务

结案并不意味着社会工作服务结束。结案后,社会工作者要在服务结束后的一段时期内定期对服务对象进行回访和跟踪,了解他们的情况和服务需要,这就是跟进服务。跟进服务是结案阶段工作的有机组成部分。

二、结案反应的应对、处理

结案是一个转折性事件,意味着一种状态的结束和另一种新经验的开始。服务对象在这个阶段可能会出现两极情感反应,即一方面对即将到来的分离产生失落、难过等负面情绪,另一方面也充满兴奋、希望和成就感等正面情绪。

(一)服务对象的正面反应

多数服务对象都能在与社会工作者的合作中受益,因而在结案时有正面情绪反应,包括对获得成长与成功的欣喜、对整个工作过程带给他们新认识的肯定、对与社会工作者关系的满意、对未来充满信心等。结案的时候社会工作者要对这些正面反应给予肯定并适时适当地进行强化,以增强服务对象面对未来的信心。需要注意的是,社会工作者要避免刻意渲染这种气氛,以防止产生离别的伤感情绪,影响服务对象正常的情绪反应。

(二)服务对象的负面反应

终止关系有可能为服务对象带来"分离焦虑"等感受,表现为对这种即将到来的结案产生负面反应。常见的负面反应包括:

(1)否认——不愿承认已到结案期,避免讨论关于结案的话题,表现为不准时与社会工作者见面、心不在焉等。

(2)倒退——回复到以前的状态,以此拖延结案的到来。

(3)依赖——对社会工作者过分依赖。

(4)抱怨——对社会工作者不满意。

(5)愤怒——表现为对社会工作者不满,批评、攻击和挑战其他人。

(6)讨价还价——当发现没有可能阻止结案时,有些服务对象会寻找理由拖延结案。

(7)忧郁——当所有延长结案时间的努力都无效时,有些服务对象会表现得无精打采、失落而无助,对结束关系充满焦虑。

(三)结案反应的处理

社会工作者在结案时,要注意服务对象可能会有的负面反应,并在结案阶段审慎地进行处理,采取的步骤和方法让服务对象能够适应,让他们接受结案即将到来的事实。具体方法如下:

（1）与服务对象一起讨论结案的准备情况。在结案前与服务对象回顾一下个案、小组、家庭或者社区工作的过程，以确定结案的时机是否已经成熟。

（2）提前让服务对象知道结案时间，使其早些做好心理准备。社会工作者要尽力减少结案的副作用，方法是鼓励服务对象公开讨论结案。社会工作者要向服务对象传达愿意与他们讨论他们的反应、理解他们的心情等信息，以减少其负面情绪。

（3）在接案阶段社会工作者要逐渐减少与服务对象的接触，提醒服务对象要学会自立，给服务对象以心理支持，告诉他们在有需要时自己将继续提供帮助。

（4）社会工作者也要估计一些可能会破坏改变成果的因素，预防问题的产生，继续提供一些服务，并为服务对象提供能够对他们有帮助的资源系统的支持，待稳定了服务对象的改变成果后再结束专业助人关系。

（5）必要时安排正式的结案活动，让服务对象分享各自的收获，以建设性的方式表达感受，相互鼓励，面向未来。

//

小结

社会工作实务的通用过程是一种介于个人、家庭、群体、组织和社区工作的基本程序和方法，是对助人行动基本程序和方法的概括。人与环境互动理论、生态系统理论、优势视角理论为社会工作实务提供了重要的理论支撑。社会工作实务的通用过程由接案、预估、计划、介入、评估、结案六个阶段的工作构成。接案是社会工作实务活动的起始阶段，成功的接案是专业助人活动的前提，并为后续工作的开展打下良好基础。预估决定解决问题与满足需要的目标以及介入的策略，目的在于为制订有效的介入计划打下科学的基础。计划综合考虑服务对象的求助过程及其对问题的界定，综合各种要素构成对服务对象系统情景的完整认识。介入是社会工作者和服务对象采取行动，按照服务协议落实社会工作计划目标，解决预估中确认的问题，实现助人计划的重要环节。评估运用科学的研究方法和技术，系统评价社会工作的介入结果。结案是社会工作实务通用过程的最后一个环节，通过结案总结工作巩固已有改变。社会工作者要善于完成好结案阶段的工作，正确有效地处理好服务对象在此阶段的不同反应。

自测题

1.填空题

(1)社会工作实务的通用过程由(　　　)、预估、计划、介入、(　　　)、结案六个阶段的工作构成。

(2)社会工作实务的通用过程是一种介于(　　　)、家庭、群体、组织和社区工作的(　　　)和方法。

(3)人类行为与社会环境的(　　　)理论,是通用社会工作(　　　)的一个重要理论基础。

(4)生态系统理论源于(　　　)的概念,而社会工作的生态系统理论与社会工作实务中的"人在情境中"的(　　　)一脉相承。

(5)优势视角下社会工作实务具有(　　　)假设,重视服务对象优势,强调(　　　)干预服务等特点。

(6)同感即是一个人进入(　　　)的情感与经历中的能力。

(7)社会工作者在预估环节要提出(　　　)的建议,计划如何做才能够使改变(　　　)的愿望变为现实。

(8)预估主要由(　　　)、分析和解释服务对象的资料与问题、(　　　)、撰写预估报告四个步骤组成。

(9)介入策略是指社会工作者介入(　　　)需要和问题的整体方案,它是改变服务对象态度和(　　　)的一套方法。

(10)服务协议也称为服务合同、(　　　)等,是社会工作者与服务对象经过(　　　)所达成的满足服务对象需要和解决他们问题的工作方案。

(11)社会工作的介入可以界定为(　　　)为恢复和加强服务对象整体(　　　)而有计划、有目的的行动。

(12)社会工作实务的介入,分为(　　　)、间接介入、综合介入三大类。

(13)社会工作评估具有(　　　)、互动性、逐步深入、(　　　)等特点。

(14)社会工作实务的评估方法有(　　　)方法、任务完成情况测量方法、目标实现程度测量方法以及(　　　)测量方法。

(15)结案时最理想的状况是,在(　　　)实现了改变目标的情况下结束与(　　　)的关系。

2.判断题

(1)社会工作实务通用过程是开展社会工作服务的一般性概括,可以运用于各种服务对象。(　　　)

(2)接案工作的意义在于使有关各方了解各自的期望,明白各自应尽的义务,避免因误解给后续工作造成障碍。(　　　)

（3）预估的目的在于为制订有效的介入计划打下科学的基础,是一个判断工作方向的工作过程。（　　　）

（4）计划工作的开展要依托于预估阶段对服务对象资料的收集与分析,同时又为接下来的介入工作做好充足的准备。（　　　）

（5）介入也称社会工作的实施、干预、行动、执行和改变,是社会工作过程中的一个重要阶段。（　　　）

（6）社会工作者在介入过程中,只能以服务对象本身作为工作开展的对象。（　　　）

（7）从"社会生态视角"出发,人们的社会功能与其环境没有关系。（　　　）

（8）结案是一个转折性事件,意味着一种状态的结束和另一种新经验的开始。（　　　）

3.思考题

（1）社会工作实务的通用过程有哪些重要环节？各个环节的主要功能是什么？

_____

_____

_____

（2）接案的技巧有哪些?

_____

_____

（3）为什么说"干预"是介入的核心？

_____

_____

_____

参考文献

[1]王思斌.社会工作导论[M].北京:高等教育出版社,2004.

[2]李筱,万博翔.失智老人社会支持体系构建研究——基于生态系统理论视角[J].理论观察,2016(4).

↘ 学习目标 ——————————

了解社会工作实务具体方法的内涵及特点,掌握社会工作实务
两类方法各自的定义、本质和内容,重点掌握直接性社会工作
方法的运用技巧。

↘ 实践建议 ——————

利用个案工作法,就近选
择一案例,尝试恢复和增
强案主个人或者家庭的社
会功能。

第四章

社会工作实务具体方法

◇◇◇◇◇◇◇

　　社会工作实务是在马克思主义世界观、方法论,习近平新时代中国特色社会主义思想指导下,综合运用个别对象服务、社会群体服务、社区服务等方法实施社会工作服务的实践性课程。社会工作实务虽然重在实践,但仍需要相应的理论作支撑。社会工作实务的具体方法一般由直接性方法和间接性方法两类构成。直接性方法包括个案工作、小组工作、社区工作,它们在解决和预防社会问题、调适社会关系、促进社会功能的正常发挥等方面相互关联,在当代的社会工作中已呈现出一体化、综合化的趋势。间接性方法指对受助者实施帮助前的社会工作活动形式,通常包括社会工作行政、社会工作督导、社会工作咨询和社会工作研究等。

方法在哲学、科学及社会生活中有着不同的解释与定义,现指为达到某种目的而采取的途径、步骤、手段等。社会工作实务的方法就是实施社会工作服务的各种方式、程序、步骤、手段的总称。

第一节 社会工作实务方法概述

社会工作实务的方法一般分为直接服务方法和间接服务方法两个大类。直接服务方法是给受助者直接提供社会服务,通常包括个案工作、小组工作和社区工作。间接服务方法是指对受助者实施帮助前的社会工作活动形式,通常包括社会工作行政、社会工作督导、社会工作咨询和社会工作研究等。

一、直接服务方法

社会工作实务的直接服务方法有个案工作、小组工作、社区工作三种,它们在解决和预防社会问题、调适社会关系、促进社会功能的正常发挥等方面相互关联,在当代的社会工作中,已呈现出一体化、综合化的趋势。

(一)个案工作

这是社会工作中最先发展起来的一种科学的专业服务方法,对象是作为社会成员的个人或作为社会细胞的家庭。个案工作即运用各种现代科学知识与技术,帮助个人或家庭解决或预防困难和问题,改善个人或家庭的生活,使之获得幸福。

(二)小组工作

小组工作又称团体工作,以小组或团体为服务对象,主要运用科学知识协调小组或团体与成员之间、成员与成员之间及小组(团体)之间的各种关系,促进小组或团体成员的健康发展,使小组或团体及其成员能及时克服困难,解决面临的各种问题。

(三)社区工作

社区工作方法是以社区为对象开展社会工作的一种方法。包括社区组织、社区服务与社区发展。其任务主要是了解社区的问题与需要,利用社区的人力、物力、资源,争取社区外人员或组织的配合、协作与支持,帮助社区及时解决面临的困难与问题,促进社区福利事业的发展,使社区在社会发展中发挥更好的作用。

二、间接服务方法

社会工作实务间接服务方法是对受助者实施帮助前的社会工作活动形式。主要包括以下几个类型:

(一)社会工作行政

社会工作行政是指通过行政机构贯彻执行国家与地方社会工作的方针、政策,发挥行政功能,促进社会事业的建设和发展。

(三)社会工作督导

社会工作督导通过规定的程序对社会工作及其专业教育的计划方案的实施进行评估,传授社会工作专业的理论、知识、经验和方法,提高社会工作和教育的质量,保障服务对象的权益。它是社会工作行政的重要辅助形式。

(三)社会工作咨询

社会工作咨询是指为社会工作者或服务对象提供有关的信息、情报、资料和技术,以提高有关人员的素质与服务能力,或解决困难问题的能力。

(四)社会工作研究

社会工作研究是通过对社会工作的科学研究,包括对社会福利政策、各种社会服务项目、社会工作实践、社会工作评价等的研究,提高社会工作者的专业知识、技能及其服务水平。

三、社会工作实务方法的基本特点

我国的社会工作实务方法,具有包括基本方法而又超出方法含义和作用的一些特点:

(1)特色理论指导。我国的社会工作实务以马克思主义的世界观和方法论、习近平新时代中国特色社会主义思想作为指导思想,综合运用个别对象服务、社会群体服务、社区服务等方法。

(2)党政统一领导。我国的社会工作实务在中国共产党和人民政府的统一领导下有组织地进行,国家的立法和基本政策是社会工作正常开展的根本保证,政府的民政部门是专门管理社会行政事务的职能机构。

(3)社会整体推进。在我国,社会工作是一个统一的整体事业,它在全国范围内由社会各方面力量共同进行,包括政府机关、农工青妇群众组织、各民主党派、人民团体以及企事业单位等,在开展社会工作中统一步骤,密切协作。

(4)专社两化结合。我国的社会工作方法实行专业化和社会化相结合的方式。专业化队伍的工作采取从群众中来,到群众中去的方法,并开展群众性的社会工作活动。

(5)充分依靠群众。我国的社会工作充分发扬社会主义民主,依靠广大人民群众的自我教育与自我管理,把社会工作的方针、政策和法令落实到基层,把社会问题解决在基层,实现宏观和微观相结合的社会管理。

(6)治本治标结合。制定积极的目标和措施,把社会困难与社会问题的治本与治标有机地结合起来,以治本为主,采取积极的预防措施,并切实解决社会成员在物质生活和精神生活上的困难。

这些特点反映了我国社会工作方法在社会主义制度完善、社会功能调节、社会生活管理和社会关系调整等方面的作用。

第二节 个案工作

个案工作是社会工作实务的基本工作方法之一,主要任务是为社会生活功能失调的个人提供特殊服务,使其对周围环境有良好的适应性。

一、个案工作的发展历程

(一)发达国家个案工作的发展

在20世纪30年代以前,发达国家还处在从法律角度进行个案工作的阶段。这时个案工作者的主要任务是核实、甄别案主的身份与资料的真伪程度,以确定案主应接受的救济或补助的品类与数量。

20世纪30年代初至第二次世界大战前夕,个案工作发展到运用心理学方法的阶段。个案工作者受心理学、精神病学和精神分析学的影响,认为在处理案主的问题时,除了帮助案主解决经济上、物质上的困难外,更重要的是医治他们在心理上、感情上的挫折与创伤。

第二次世界大战结束以后,个案工作进入了环境改善与心理治疗并重的阶段。社会个案工作者认为,个人问题的产生受社会环境和个人心理因素的影响,在调查、分析和解决问题的过程中,应同时从这两种因素着手。个案工作的知识和理论日趋完善和专门化,越来越需要与团体工作、社区工作和社会行政管理等方面的工作相结合。

(二)个案工作在中国的发展

个案工作从20世纪20年代就开始从国外引入我国。1921年,美国的浦爱德女士在北京协和医院创办了社会服务部,宣传并传授个案工作方法。北京第一公共卫生事务所、北京精神病院、北平怀幼会(为被弃婴儿寻找寄养家庭的福利机构)、北京伤残重建中心先后开展了个案工作。协和医院社会服务部还培养了数以百计的社会个案工作者。随后北京的燕京大学、辅仁大学、清华大学,成都的华西协和大学,福州联合大学,南京的金陵大学、金陵女子文理学院,上海的沪江大学等院校,相继开设了社会个案工作课程。

1979年,中国社会学重建后,北京大学、中山大学社会学系开设了社会个案工作的课程。民政部门长期以来在担负的多种社会工作中,也广泛开展了实际的社会个案工作,取得了社会福利包户服务、农村包干扶贫等经验,并开始重视社会个案工作专业知识和技术的应用。

到了21世纪,随着社会、经济等多方面改革的不断深入,我国社会成员面临着越来越多的社会、经济、人际关系、心理等方面的压力,社会局部矛盾不断产生,增加了社会成员之间的冲突与纠纷。在这样的背景下,我国各级政府部门不断强调个案工作的重要性,不断地为个案工作提供必要的支持,一些相关组织与机构开始有意识地转变社会工作的方式方法,从客观上促进了个案工作在我国的发展。工会、共青团、妇联和民政部门等在社会工作中逐步树立起个案工作的理念,开始运用专业的个案工作方法,协助个人或家庭解决矛盾和问题。近年来,许多专业的社工服务机构也开始为服务对象提供个别化、多元化的社会工作服务。

现阶段我国社会个案工作的主要内容包括以下几个方面:青少年人格建立和成长问题,婚姻家庭矛盾的解决,贫困问题的缓和与解决,老年人服务,心理和医疗健康服务,等。围绕着这些工作内容,我国个案工作的模式和方法也在不断改进发展。目前,主要的个案工作模式包括心理社会模式、任务中心模式、危机介入模式、个案管理模式、心理动力模式、以人为中心模式、行为修正模式、理情行为模式、叙事治疗模式、结构家庭治疗模式以及系统家庭治疗模式等。我国个案工作更加强调管理化与技术化,注重结合运用心理学、社会学等多学科知识,注重个案工作服务技术的标准化、程序化与独特性。

相对于发达国家而言,我国的个案工作仍然处于起步阶段。一些相关从业人员和机构接受了全面的、系统的个案工作训练,开始运用新的理论和技术开展社会个案工作。但是,绝大部分社会个案工作者仍然缺乏必要的个案工作知识与技巧,在开展工作时仍然沿用传统的社会工作理念和方法。我国个案工作的专业化程度仍然有待进一步提升。

二、个案工作的内涵、本质和构成要素

(一)个案工作的内涵

个案工作是一种从个人或家庭的改变着手,以良好工作关系为基础,以专业价值为引导,综合运用个人发展和人际关系的相关知识和技术开展个别化服务,帮助个人或家庭预防和解决有关问题,促进个人或家庭发展的社会工作方式。个案工作强调助人自助,协助服务对象应对问题,和服务对象共同分析、解决问题,恢复与培养服务对象的自助能力。

个案工作过程是一个信息交流的互动过程,注重信息交流和有效互动。个案工作者需要灵活运用沟通交流技巧,和服务对象建立起一种信任关系,从而实现工作双方的互动,有效地协助服务对象。要找出服务对象的问题根源,引导服务对象解决问题,培养服务对象的自主能力,帮助服务对象建立健康的人格,从而激发个体潜能,扩大社会福利。

个案工作具有注重以个人为工作对象,注重建立一对一的专业助人关系,注重个人和社会两方面的调整,兼顾问题形成的内因和外因,注重知识基础等特点。具有帮助个人或家庭善用社会资源,帮助个人或家庭挖掘潜能,帮助个人或家庭为适应新的生活转变做准备,帮助个人或家庭处理突发性的危机事件等作用。

(二)个案工作的本质

个案工作的本质是协调服务对象与社会环境之间的适应状况,恢复和增强个人或者家庭的社会功能。这种社会功能的恢复包括个人或者家庭具备基本的摆脱困境的能力。个案工作既关注个人或者家庭对周围环境的影响和作用,也注重周围环境对个人或家庭的影响。个案工作的焦点是使个人或者家庭具有处理困境的基本能力,并能够与社会环境相互促进,形成良性互动,持续改善个人或者家庭的适应水平。

恢复个人或者家庭的社会功能只是个案工作的一部分,个案工作同时还关注发挥个人或者家庭的潜在能力以及运用个人或者家庭周围的环境资源。社会工作者相信,每个人都是有能力的,这种能力不仅包括摆脱困境的能力,还包括其他方面的能力。增强个人或者家庭的社会功能也是个案工作本质的一部分,它包含以下三个方面的重要内容:一是个人或者家庭自身拥有的能力。个案工作关注服务对象自身拥有的能力,帮助服务对象充分发掘和运用自身的资源,扩展发展的空间。二是个人或者家庭运用周围环境资源能力的提高。三是个人或者家庭困境解决能力和问题预防能力的同时提高。

(三)个案工作的要素

个案工作的基本要素包括价值理念、服务对象、个案工作者、问题、专业关系、

环境和机构等。个案工作的价值理念是承认人的独特性和价值,尊重人的个性。这种价值理念是个案工作的灵魂与思想基础,是个案工作的行动指南。个案工作的服务对象是个人或家庭,个案工作者是社会工作服务机构内,受过专业训练的为服务对象提供服务的人员。通常,一个好的社会工作者需要具有社会学和心理学等多学科知识,需要熟练掌握人际关系处理技巧,需要具有一定的实践经验。个案工作中的问题是指服务对象与社会工作者共同关注的事件或矛盾,问题的背后往往隐藏着服务对象的内在需要。专业关系贯穿于社会个案工作的整个过程当中,良好的专业关系有助于实现个案工作的目标。个案工作是在一定的社会、经济、文化条件下开展的,必须将服务对象放入具体的环境中进行分析,以找准工作的突破口与方向。

三、个案工作的内容与原则

(一)个案工作的内容

虽然个案工作专家和学者对个案工作的具体含义的理解不尽相同,但他们都强调个案工作的以下特点:一是个案工作是个别化的社会工作方法;二是个案工作的基本价值理念是尊重个性、承认人的价值和独特性;三是个案工作融科学性、技术性、艺术性于一身;四是个案工作的服务对象是感到生活困难的个人或家庭;五是个案工作需要动用资源;六是个案工作能够同时提高个人和社会的福利水平。

(二)个案工作的原则

开展社会个案工作,需要遵循相应的原则,这些原则主要有:

1.个别化原则。个别化原则要求将案主看成独特的个人,重视案主对困难和问题的感受与看法,要求社会工作者认同和了解每个案件的独特性,并运用不同的原则和方法来帮助案主达成较好的适应。

2.接纳原则。所谓接纳原则,就是说社会工作者要能够接纳他人,尊重、欣赏个人和团体的差异,承认案主有自由表达情感,包括负面情感的权利,并应十分投入地聆听案主的述说,对案主的唠叨既不阻止,也不责备。

3.承认原则。承认原则就是承认案主作为一个人的价值,以及具有发展潜能和改变的能力,要求社会工作者不能以轻视、反感、责备的态度对待案主,应抱有尊重的态度,帮助案主从困难中解脱出来,以更有效的方法来面对自己的问题。

4.理解关怀原则。案主常常希望自己的感受或表达的情感,能够得到社会工作者的了解、支持,并能引起共鸣,理解关怀原则即要求社会工作者在实施个案服务的工作中进行适度的情感介入。

5.非评判原则。非评判原则是指社会工作者在实践中不能简单地否定服务对象,不能以自己的价值文化观念去批判服务对象。要求社会工作者能够以非评判的态度了解案主及其问题,而不是审视他、评判他、给他下结论。

6.案主参与及自决原则。即尊重案主自我决定的权利,不能由社会工作者代替案主做最后的决定。要求社会工作者处于分担、支持、提示的地位,他可以告诉案主如何获得帮助,但该建议是否被采用则应由案主自己来决定。

7.保密性原则。就是保守案主在专业关系中所显露的秘密。它要求社会工作者一方面对不必要的事项不要深究,另一方面对资料应注意保密。具体的处理方式就是不向他人透漏案主的姓名、资料,不向他人提及会谈的过程及内容,不让他人旁观。

第三节 小组工作

小组工作是社会工作的基本方法之一,也称为团体工作,指以团体或小组为对象,并通过团体或小组的活动为其成员提供社会服务的方法。其目的是促进团体或小组及其成员的发展,使个人能借助集体生活加快自身的社会化,协调和发展个人与个人、个人与团体和团体与团体之间的社会关系,发挥团体或组织的社会功能,促进社会的进步与健康发展。

一、小组工作的定义与特征

小组是在社会工作者引领下,将两个及以上且具有共同需求或相近问题的服务对象组织在一起而开展互动性活动的群体。小组工作是以具有共同需求或相近问题的群体为服务对象,通过小组活动中组员之间的互动和经验分享,帮助小组组员改善其社会功能的一种专业社会工作方法。

小组工作的动力源自小组内外各种要素间的相互作用而形成的一种作用力。小组工作的场域即各种社会关系联结起来的社会场合或社会领域,其中包括社会行动者、团体机构、制度和规则等因素。亲密的、面对面的交往以及直接互动和合作的小组,主要包括家庭、邻里和儿童游戏玩伴等。首属小组对个人成长发展影响最深远,人的很多品质都是在此小组中获得并加以强化的。

我国各级人民政府、企事业单位与群众组织都鼓励人们根据自愿的原则,参加一定的团体(小组)或组织活动,利用团体(小组)成员间的相互影响、相互帮助、相互促进,使个人社会化。显然,小组工作不仅是一种团体活动或经验,还是一种群体工作的过程,是一种社会工作方法,一种治疗和援助。

小组工作的特征主要表现在四个方面:(1)小组是由组员和工作者组成的关系体系。在这个复杂的关系体系中,有工作者和组员的互动,更多的是组员彼此之间的互动。(2)小组工作的目的是在互动过程中,组员间通过彼此分享、分担、支持、教育、治疗等,实现态度和行为的改变。(3)小组工作既是过程,也是组员改变的方法和手段。(4)小组工作都有明确的目标。不同模式下的小组工作,目标是很不相同的。

二、小组工作在我国的发展

在革命战争时期,中国共产党领导与组织了众多的革命进步团体,团结了广大的人民群众,这些社团或组织在宣传马列主义、毛泽东思想,提高群众政治觉悟,支援革命战争方面发挥了巨大的作用,对中国革命做出了贡献。

中华人民共和国成立后,人民政府、企事业单位与群众组织都鼓励人们根据自愿的原则,参加一定的团体或小组活动,利用团体成员间的相互影响、相互帮助、相互促进,使个人社会化。政府部门和民间建立了种类繁多,适合不同年龄、职业、文化程度与兴趣的社团或小组,开展各种团体(小组)活动与社会活动。

例如在少先队、少年宫中成立了许多少年儿童感兴趣的团体;在高等学校中,大学生建立了诸如摄影社、集邮社、书画社、诗社、合唱团等多种学生社团。

工会小组是工人阶级的群众组织,在社会生活、生产与工作中发挥了重要的作用。老年人、残疾人和其他社会群体中也成立了各种性质、各具特色的社会团体和文化组织,吸引广大群众参加。

小组工作的方法,在这些社会团体和组织中得到了一定程度的应用。在团结人民、教育人民、关心人民、调动人民群众积极性、发扬人民群众当家作主精神和社会民主等方面,起了积极的作用。

三、小组工作的功能、伦理与原则

(一)小组工作的功能

德国科学家克莱因认为,小组工作的功能有八个:一是康复功能,即针对有问题的组员,帮助其在情绪、行为、态度和价值观等方面回复到原来状态的过程。二是能力建立。小组成员在小组中成长和发展的过程,是一种透过教育和技能培训提升意识和自信心的过程,而不是治疗的过程。三是社会矫正功能。小组工作过程是协助违反社会秩序、道德规范或侵犯他人利益的"问题"组员做出改变的过程。四是社会化。即小组工作过程是帮助组员学习社会规范和人际关系技巧的过程。五是预防功能。预防是对可能发生的困难做预测,并提供人们所需要的环境支持。六是社会活动。小组通过鼓励组员参加社会活动,使个人学会领导、服从、参与、决策等,并承担社会责任。七是解决问题。小组工作可协助组员做出决定并解决问题。八是社会价值。小组可以鼓励组员实现其社会价值。

(二)小组工作遵循的伦理与原则

伦理就是人伦道德之理,指的是人与人的关系和处理这些关系的规则。2018年1月17日《民政部关于发布<社区社会工作服务指南等5项推荐性行业标准>的公告(第397号)》和2019年10月28日民政部发布的《社会工作者职业道德指引》,对小组工作的伦理和原则都进行了明确的规定,成为我国社会工作者工作时的基本遵循。社会工作者的伦理,就是要遵守社会主义核心价值观和《社会工作者职业道德指引》的要求,"遵循以人为本、助人自助专业理念,热爱本职工作,以高度的责任心,正确处理与服务对象、同事、机构、专业及社会的关系"。

小组工作的原则:一是民主原则。即应创造有利于组员参与和投入的小组氛围,鼓励和引导组员自由充分地参与小组决策和活动,据此培养组员的民主意识和交往能力。二是互助原则。应促使组员彼此关注,加强互动,建立互助、合作的关系,共同实现小组目标。三是增能原则。即帮助组员建立自信,协助组员运用自己的能力来实现自助,改变自己的生活,并以个人层面的改变,促进群体和社会层面的变化。四是个别化原则。在小组中了解每一位小组组员的独特性和特别的需求,有针对性地设计干预方案,目标要因人而异。五是差别化原则。在小组设计中,应差别化地对待每个小组,相信每个小组都是独特的,在服务设计中,要根据每个小组的特定要求来设计其需要的服务。

四、小组工作的支撑理论与模式

(一)小组工作的支撑理论

1.小组动力理论

在使用小组动力理论时,应注意了解小组工作的过程是一个充满动力的过程,以及这个过程中的各种影响因素及其相互作用;注重创造民主的气氛,为小组带来积极的动力,带来工作效果;促进小组动力的产生,并通过积极的小组力量影响个体的改变。

2.场域理论

在使用场域理论时,应注意了解组员的每一个行动均受到行动所发生时的场域的影响。在小组工作中要重视此时此地,重视当时环境对成员行为的影响。要创造一个有利于小组成员成长的场域空间。

3.符号互动理论

在使用符号互动理论时,应注意深入地理解小组工作就是一个符号互动的场域,小组组员在这个场域中经过与他人之间的互动而实现社会化。促进组员在小组活动中的互动和真实的回馈,帮助组员感知他人对自己的反映和评价,形成更全面的自我意识、自我形象和自我评价。通过探讨个人的首属小组以及首属小组中的人际关系对个人目前的人际关系模式及非适应性行为的影响,帮助组员获得更深入的自我觉察。

4.社会学习理论

在使用社会学习理论时,应注意推动组员在活动中进行观察、模仿和学习,增加个人的适应行为。促进小组组员彼此分享经历和经验,以提供丰富的强化资源。强调在学习过程中认知的重要性,肯定小组组员的尊严和能动性。

5.社会支持网络理论

在使用社会支持网络理论时,应注意理解组员面对环境能否适应,最重要的是看其拥有资源的多少。动员和发展小组中的社会资源,推动组员之间彼此支持,从而建立组员和小组的社会支持网络。

(二)小组工作模式

(1)社会目标模式。以培养组员的社会责任感,实现社会整合,推动社会变迁为主要目标。激发组员的社会意识及参与意识。社会工作者主要扮演影响者的角色。

(2)互惠模式。关注组员、小组和社会环境之间的关系,通过三者的相互影响,增强个人和社会的功能。促进小组成员间的互动,形成相互支持。社会工作者主要扮演协调者和使能者的角色。

(3)治疗模式。以解决个人问题作为小组工作的主要目标;重视小组过程与个人治疗目标的一致;社会工作者主要扮演治疗者和专家的角色。

(4)发展模式。以促进组员和小组的共同成长为主要目标;注重为组员提供成长发展的机会;社会工作者主要扮演使能者的角色。

五、小组工作的过程与技巧

小组工作的理论研究者提出,小组是一个有生命的发展周期,有着自身的发展规律、过程以及技巧。

(一)小组工作的过程

前属期阶段,也就是第一阶段,是小组工作的开始。小组成员刚刚进入小组,试图尝试与素不相识的他人建立初步的关系,但他们的心理状态是观察和探求身外环境,对他人既接近又回避,处于矛盾的困境。社会工作者的鼓励有助于促进成员考察、改善外部条件,帮助他们尽快适应。社会工作者鼓励成员表达他们对小组和其他人的期望。社会工作者在这时可通过组织一些有助于成员们相互了解的项目,帮助他们成为熟人,但成员之间还比较难以合作。

小组工作的第二阶段为权力和控制期。小组的成员们与其他人慢慢熟悉之后,开始发现在小组中如何得到安全感和回报,将试着通过权力竞争与控制的过程,认识和确立自己在小组中的角色。在这个过程中成员间的互相影响增大,会形成小组成员在小组中不同的角色、地位、关系,并形成小组组织的初步结构。个别成员如果不能从小组中感受到安全和满足就会在这个阶段退出。

小组工作的第三阶段为亲密期,在这个阶段,小组成员更为亲密了。他们更开放,关心小组,关心其他成员,投入感增强。成员们开始公开地比较小组生活与家庭生活,会出现同胞式的竞争,也会发生从家庭成员到小组成员的移情,同时开始意识到小组的经验在他的成长过程中的重要性,开始思考小组的发展目标。

小组工作的第四阶段为分辨期(差异期),这是形成良好小组的时期。小组成员彼此熟识和聚合,能接纳其他成员的个性、实力、态度和需要,对小组有较高的认同。家庭式的情感减弱,小组的规范和标准成为行为的参考。成员之间权力的竞争和情感波动趋于缩小,能够相互支持,自由地沟通。成员们更联合、更客观、更合作,能提出更现实的建议或计划,并实施大型的方案、项目。

小组工作的第五阶段为分离期,在这个阶段,小组目标已经实现。成员们面临分离,开始在其他地方寻找新资源以满足他们自己社会性的、娱乐性的和职业性的需要。在转移和打破已经建立的成员间的默契关系中会出现许多焦虑,如内聚、反对小组解散、情绪反复、逃避现实等。

(二)小组工作的技巧

(1)沟通。小组工作者是促进内部沟通和外部沟通的桥梁,自身要与成员沟通,也要促进成员之间的沟通,并且与小组的外部环境,如机构、社区等进行沟通。

(2)鼓励。小组工作者要鼓励组员参与小组活动,激发组员对小组的兴趣,以帮助小组应对所面临的环境与需要解决的问题。

(3)介入。小组工作者要能够组成小组,介入小组出现的问题、冲突、突发事件等,把握和推进小组工作进程,在目标实现后结束小组。

(4)活动。为了实现小组工作的阶段性目标和最终目标,需要设计丰富多彩的小组活动方案,以使小组工作顺利开展,小组工作者要愉快地投入其中。小组工作者要给小组各种活动订立指标,并做出评估。

(5)资源。为实现小组的目标,小组工作者要善于调动社会上的各种资源,包括人力的、机构的、新闻媒体的以及社区的资源。

第四节

社区工作

社区工作即社区社会工作,是指以社区组织、社区发展、社区服务为内容的社会工作的基本方法,也是指在党和政府的领导下,社会工作机构依靠社区力量,利用社区资源,强化社区功能,解决社区问题,促进社区政治、经济、文化、环境协调和健康发展,不断提高社区成员的生活水平和生活质量的过程,也是建设管理有序、服务完善、环境优美、治安良好、生活便利、人际关系和谐的新型社区的过程。

一、社区工作者的职业伦理与社会责任感

社区工作是社会工作的一种,也是社会工作的三大传统方法之一。它既是一项事业,也是一个专业、一门艺术。社区工作者面对的是整个社区的居民,要求通过专业的技巧和方法对社区事务和人际关系进行有效有序的协调,使社区保持健康的状态和良性发展。

(一)社区工作者的职业伦理

社区工作者的职业伦理由社会工作专业的自身规范所规定。几乎所有国家和地区的社会工作专业权威机构都制定了社会工作伦理守则或职业道德守则。涂尔干将伦理分为两种:一种是适用于所有人的伦理;另一种则是适用于特定团体的伦理。社会工作的伦理守则属于第二种,人们称其为专业或职业伦理。

专业伦理至少有四种功能:一是指明该专业的核心价值观,并为专业人员的日常工作行为提供具体规范和标准。二是专业人员在工作过程中遇到某些职责冲突或伦理矛盾时,能够遵循专业伦理守则。三是为社会公众提供理解社会工作专业职责的伦理标准。四是提供一套评价或衡量系统,评判专业工作的优劣,尤其用于裁决业界中的不道德行为。美国社会工作者协会最新修订的《伦理守则》(2017年)洋洋数万言,详尽规定了社区工作者的日常行为规范。这套守则为社区工作者的行为和决策列举出了基本的价值观、原理及准则,这些准则以美国社会工作的价值观作为基础,包括服务取向、社会公义、人的尊严和价值、对人际关系的重视、诚信等项。香港社会工作注册局于1998年10月订立的《工作守则》,也列明了社区工作者与其服务对象、同事、所属机构、专业及社会建立专业关系时的道德行为标准,其应用范围包括社区工作者以社工身份所从事的一切相关活动。必须承认,我国内地与美国社会和香港地区有不同的历史观和价值观,因此社会

工作者所奉行的职业伦理也会有所不同,这就要求我国一方面需要探求境外社区工作者伦理守则在中国的可行性,另一方面还要根据自己的情况尽快制定出符合民族文化和社会发展的社会工作伦理守则。2017年1月20日民政部发布《社区社会工作服务指南》,提出社区社会工作者应确立社会主义核心价值观,掌握与社区有关的法律、法规、政策,为社区社会工作者的工作提供了基本遵循。

(二)社区工作者的社会责任感

社区工作者对自己在社会中所处的地位和应有的职责具有清楚的认识。即每个个体无论处于多么困弱的状况,都有其生存、安全、社交、自尊和自我实现的权利和需要。社区工作者以社区和居民群体为服务对象,以完善和发挥工作对象的社会功能为己任。社区工作者的宗旨和目标是帮助社区解决社会问题,使社区获得应有的福利和能力,而不是为个人或小团体赚取金钱或私利。社会工作作为一种提供社会救助或救人自助的特殊服务,并不向求助者收取费用。社区工作属于"非营利"事业,来自政府资助和私人捐助的经费主要用于公共福利和基础设施建设。社区工作者必须具备一种崇高的理想,以务实的方法满足服务对象的需要,服务社区,贡献社会。

二、社区工作的服务内容

社区工作者应根据社区发展特点和社区居民需求,综合运用个案工作、小组工作、社区工作等方法,分类推进社区工作,在城市社区重点开展针对老年人、儿童和青少年、流动人口、残疾人、特困人群的社区照顾、社区融入、社区矫正、社区康复、就业辅导、心理疏导、家庭治疗、危机介入等服务;在农村社区以留守儿童、留守老人和留守妇女为重点,开展社区照顾、社区融入、家庭支持、社会保护、生计发展、文化建设、能力提升等服务,解决城乡社区突出的社会问题,强化社区居民个人及家庭的社会功能,提升社区居民的自治水平,增强社区的发展能力。

(一)统筹社区照顾

社区工作中的统筹社区照顾主要包含以下服务:为社会救助对象提供社会融入、能力提升、心理疏导等专业服务,解决救助对象因心理行为偏差引发的个人和社会问题;为老年人,特别是留守、空巢、失独、病残、失能、高龄老年人提供生活照顾、精神慰藉、情绪疏导、危机干预、关系调适、社会参与等服务;为儿童和青少年尤其是农村留守儿童、困境儿童提供生活照料、救助保护、学业辅导、情感关怀、成长支持等服务;为农村留守妇女提供安全教育、技能培训、能力提升、关系调适等服务;为残疾人提供生理、心理、精神与社会康复等服务;为精神障碍患者提供救治、照料、家庭支持、社区康复和社会融入等服务;及时报告家庭暴力或疑似家庭暴力案件,为家庭暴力受害人提供紧急救助、临时庇护、情绪疏导、资源链接和社会支持等服务;协助做好社区居民健康管理以及医院转介患者的社区治疗与康复服务。

(二)扩大社区参与

社区参与是指社区居民自觉自愿地参加社区各种活动或事务,表达自己的意见和建议,并影响权力持有者决策的行为。其最初的内驱力来自对利益或民权的追求。扩大社区参与的服务内容,一是协助社区党组织和社区居民自治组织开展社区需求调查,参与策划、执行社区服务项目与活动。二是协助社区党组织和社区居民自治组织,动员和组织社区居民参与社区协商。三是培养社区居民参与社区公共事务的意愿,提升参与能力,拓展参与空间,建立参与机制。四是协助社区党组织和社区居民自治组织培育社区社会组织和社区骨干,提供咨询、培训、能力建设等服务。五是组织策划社区志愿服务项目,引导社区居民参与社区志愿服务,协助社区党组织和社区居民自治组织开展社区志愿者的动员、招募、培训、使用、登记注册、服务记录与证明等工作。

(三)促进社区融合

社区融合是指社区的人和接触的环境关系融洽。社区工作者为促进社区融合发展而开展的主要服务有:协助社区党组织和社区居民自治组织与相关政府部门、社会组织、驻区单位和业主委员会之间建立良好协作关系。参与建立社区居民的互助团体和支持网络,组织社区居民进行互助和自助,推动形成理性平和、宽容接纳、诚信友爱、平等尊重的居民关系。帮助外来人口适应社区环境,促使本地居民接纳外来人口,增进社区团结。帮助拆迁安置、棚户区改造、政策移民、灾后重建等新建社区内的居民适应新环境,建立支持性社区关系网络。参与社区居民矛盾调解,预防、化解社区矛盾。

(四)推动社区发展

社区工作者在推动社区发展方面,主要开展的服务内容如下:

协助社区党组织和社区居民自治组织发动社区居民参与制定、实施社区发展规划。培育社区共同体精神,开展文化素质与家庭美德、公民道德教育,使社区居民形成积极向上的人生观、价值观、世界观;引导社区居民共同参与社区建设,建立健全社区支持网络,加强自身能力建设,增强社区归属感和认同感。开展社区通用性培训,举办面向社区居民的文化、教育和科普等活动,提高社区居民文化素养;协助举办农技推广培训等农业社会化服务活动,增强农村社区居民致富能力。协助完善城乡社区基础设施布局、选址和建设方案,广泛吸纳各方意见,合理利用社区公共空间。协助发掘乡土资源和特色资源,支持发展农村社区特色产业,组织农村社区居民生产互助,促进农村社区可持续发展,积极参与农村扶贫开发。

(五)参与社区矫正

社区矫正是指针对被判处管制、宣告缓刑、裁定假释、暂予监外执行这四类犯罪行为较轻的对象所实施的非监禁性矫正刑罚。社区矫正实施的最初原因是为缓解监狱因罪犯过多而产生的压力。其目的是通过政府、社会以及爱心人士的帮助,使矫正对象改正恶习,并帮助他们重新回归社会。社区矫正其非监禁性刑罚的性质可以使社区服刑人员在不脱离社会、不脱离生活的情况下,借助政府、社区、社会爱心人士以及亲人的帮助,更好地适应社会并且回归社会,实现再社会化。社区矫正服务的内容主要是:疏导社区服刑人员的心理情绪,纠正思想行为偏差,促进社区生活融入,恢复和发展社区服刑人员的社会功能;修复社区服刑人员与家庭和社区的关系,重建社会支持网络;促进社区服刑人员就业,协助符合条件的社区服刑人员申请享受相关就业扶持政策,为社区服刑人员提供就业指导和职业介绍等服务;协调并督促未成年社区服刑人员的法定监护人,帮助其接受义务教育,鼓励有就学意愿的社区服刑人员接受社区教育;协助社区居民自治组织帮助生活困难、符合条件的社区服刑人员及其家庭纳入最低生活保障范围或依法接受其他社会救助,链接社会资源对其进行帮扶救助。

(六)参与社区禁毒

禁毒是指预防和惩治毒品违法犯罪行为,保护公民身心健康,维护社会秩序的工作。或者说,运用行政法令和群众监督的力量,促使吸食或注射鸦片和代用麻醉剂者戒绝瘾癖,限制和取缔种植、收贮、制造、运输、贩卖毒品和毒具行为的一项社会风俗改造工作。社区工作者参与禁毒,开展服务工作的内容:一是组织开展毒品预防教育,特别是为处于失学、失业、失管状态的青少年提供就业帮助、心理咨询和毒品预防教育等服务;二是为戒毒康复人员提供心理辅导、行为矫正、社会支持等服务,对其进行教育和劝诫,巩固戒毒康复效果;三是为戒毒康复人员链接就业资源,协助其接受职业技能培训和职业指导;四是协助社区居民自治组织帮助生活困难、符合条件的戒毒康复人员及其家庭纳入最低生活保障范围或依法接受其他社会救助,链接社会资源对其进行帮扶救助。

三、社区工作的服务保障

(一)对社区工作者的要求

社区工作者应具备以下资质条件之一:获得国家颁发的社会工作者职业水平证书;具备国家承认的社会工作专业专科及以上学历。社区社会工作者在开展具体工作中,应遵守以下要求:遵守《社会工作者职业道德指引》,掌握与社区有关的法律、法规、政策,具备开展社区社会工作服务所需的基本知识,接受社会工作专业继续教育,不断提高职业素质和专业服务能力,推动多学科合作,与其他专业人士相互尊重、共享信息并有效沟通。

(二)社区工作岗位设置要求

社区工作岗位设置应符合下列要求:每个社区应根据居民数量、构成情况、服务重点、服务复杂性等因素进行社会工作岗位设置和人员配备。大型社区宜依托综合服务设施设立社会工作站(室),或者引入提供社会工作服务的机构。每个城市社区至少配备一名社区社会工作者,每个农村社区宜配备一名社区社会工作者。

(三)社区工作设施设备要求

社区工作服务场所应设置开展社会工作服务所必需的个案工作室、小组工作室、多功能活动室等。社区工作服务场所宜配备计算机、录音机、录像机、音响等硬件设备,满足社会工作者提供服务的需要。社区工作服务场所布置应安全、舒适、温馨,适合服务对象使用。在需求评估、服务推介、服务实施、资源链接、成效反馈、宣传推广等环节应用信息化手段,扩大社区工作服务覆盖范围,减少社区工作服务成本,提升社区工作服务效率。依托社区公共服务综合信息平台等,建立社区工作服务信息系统,对社区居民、社区组织、社区志愿者等进行数据采集、管理、分析、运用,建立社区工作服务数据库。依托社区公共服务综合信息平台等,实现社会工作服务站点或机构内部的服务、督导、评估等管理流程和程序的信息化。应根据《城市社区档案管理办法》的相关要求,对服务对象信息、服务过程记录、服务质量监控记录、服务转介和跟踪记录等服务档案进行管理,对档案进行信息化转化、保存和应用。

第五节
社会工作行政

一、社会工作行政的发展及其与社会政策的关系

社会工作行政是指在社会工作领域的行政活动。1963年美国社会工作协会在组织内增设"社会工作行政组",1976年全美国84所社工学院中35所开设社会工作行政课程,1977年,《社会工作行政》杂志创刊出版。1982年,美国社会工作教育委员会在课程政策声明中明确地将社会工作行政作为一项实务和干预模式。

政策声明提出的实务和干预模式包括:针对个人、家庭和团体的实务、咨询、培训、社区组织、社会计划、项目计划和开发等。

(一)社会工作行政在不同层面的发展

长期以来,西方国家借助于个案工作和小组工作等直接社会工作方法,为社会弱势群体排忧解难,解决了不少重大社会问题。但随着社会问题越来越多,其解决需要越来越复杂的行政程序,单靠直接工作方法,影响范围有限,缺乏在更大范围内对有需求者提供帮助的能力。20世纪50年代后期,伯恩斯等提出社会工作应该干预社会政策,在宏观层面上负起自己的责任,并把社会行政纳入社会工作范围。因为社会行政并不直接提供服务,因此被称为间接工作方法。

社会工作行政最初侧重于从宏观的、政策的角度考察社会福利服务,并借助行政体系推进社会福利的落实,大大提高了社会工作的效能,从而在社会福利和社会工作体系中占有重要地位。20世纪70年代以后,各类社会工作机构和非政府组织不断发展成熟,在这些机构和组织中形成了一套较为合理和高效的管理模式与方法,微观社会行政产生,并为这些机构和组织更好地利用社会资源,开展社会工作提供了极大的帮助。

(二)社会工作行政与社会政策的关系

社会政策是指国家运用立法、行政手段制定的基本方针或行动准则,如人口政策、劳动就业政策、社会保险政策、环境保护政策等。其目的在于加强社会保障,改善社会福利,稳定社会秩序,使社会各组成部分之间协调发展,促进社会进步。社会工作行政与社会政策的联系十分紧密。

1.社会工作行政是社会政策的执行过程。社会工作行政是把社会政策变为社会服务的活动,当社会政策被执行、落实时才真正具有意义,没有社会工作行政的过程,社会政策只能是一纸空文,没有任何价值。

2.社会工作行政是社会福利的传递过程。社会政策是一个国家或机构为解决社会问题,增进成员福利,实现社会进步所采取的基本原则和方针。它将社会福利思想转化为具体的条文,并通过社会工作行政的手段加以实施。

3.社会工作行政对社会政策进行检验和修订。社会政策通过社会工作行政贯彻执行,其是否合理,由社会工作行政过程加以检验,并根据具体的实施情况进行合理修订,以便政策更加趋于合理和完善。

二、社会工作行政的含义

基德尼夫认为,社会工作行政是将社会政策转化为社会服务的过程;这个过程是双向的,一是将社会政策变为具体服务;二是积累经验,以建议修订社会政策。斯基德莫尔认为,社会工作行政是机构内的工作人员将机构政策转换成服务的行动过程。最常用的方法为计划、组织、人事、指导、控制等。王思斌认为,"社会工作行政也叫社会福利行政或社会行政,是指依照行政程序,妥善利用各种资源,实施社会政策,以向有需要者提供社会服务的活动"。对此,史柏年教授提出了不同观点。2013年,史柏年在《社会工作行政涵义辨析》一文中指出,"社会工作行政、社会行政、社会福利行政是属于不同范畴的概念,具有不同的含义和理论体系,有必要把它们区别开来"。史柏年教授提出"社会行政、社会福利行政和社会工作行政是三个具有递进性从属关系的概念"。社会行政是最大的概念,它是针对整个社会系统的运行所进行的协调与管理,包含公共安全、交通、教育、卫生、住房、婚姻家庭、人口计生和社会保障等方面的行政工作事务。社会福利行政是中间的概念,是社会行政的主要部分,它只涉及上述各社会领域中与社会福利有关的事务方面的行政工作内容,而不涉及社会行政其他方面的内容。社会工作行政则是最小的概念,是社会福利行政中只涉及专业社会工作服务的那部分内容,也就是说,社会工作行政是社会福利行政体系中开展的涉及社会工作专业服务的行政性事务的总称。

从这个角度出发,史柏年对于社会工作行政做了如下界定:社会工作行政是一种间接的专业方法,它是通过对组织(即社会工作机构)科学有效的行政管理,以最大化满足社区和民众社会需求的专业活动。根据这个定义,社会工作行政具有以下含义:

1.社会工作行政是一种间接的专业方法,而不是一个行政部门。它与其他行政部门(包括社会福利行政部门)的根本区别在于它的专业性,即使用社会工作的专业方法,为有需要的人提供(间接)服务。正是从这一点出发,王思斌将中国的社会工作分为"专业社会工作"和"实际社会工作"。而"实际社会工作"的特点就是它的"行政性"和"非(半)专业性"。

2.社会工作行政的服务对象是组织,即社会工作机构,而不是接受服务的案主。它是通过对组织进行有效的行政管理来实现机构目标的。

3.社会工作行政借鉴社会公共行政的工具和方法,内容包括组织、计划、领导、评估、人事、财务、督导等,但是在具体运用时,又有其社会工作专业独特的理论视角和价值伦理。因此,在讨论社会工作与社会行政二者之间的关系时,必须先对"社会行政""社会福利行政""社会工作行政"三个名词加以辨别。

三、社会工作行政的功能

社会工作行政的功能可以从两个角度来分析:一是它对社会运行的影响,即社会工作行政的社会意义和效果;二是对政策实施过程的影响,即它对政策实施的具体作用。

(一)社会工作行政管理

社会工作行政管理是指一种连续的、动态的、机构成员将社会政策转化为社会服务的过程,透过这个过程将社会政策转化为具体的社会服务,并使用实务经验来修正政策。社会工作行政管理涉及领导者与其他成员,包括计划、组织、人事、领导与控制等方面,人力与物力资源的发掘、安置、协调与合作是其重要内容。

(二)社会工作行政的社会效果

1.增进社会福祉。作为实现社会福利最大化的一种措施,社会工作行政实际上是社会政策追求社会公平的表现。它是社会财富再分配或公平分配的执行者,有利于实现社会服务资源的有效配置。

2.满足弱势群体的需要。社会工作行政是在社会政策的指导下,结合社会工作方法,对困难群体给予物质的和精神的帮助及支持。在社会工作行政过程中,工作人员秉持社会福利和社会工作的理念,尊重服务对象,同他们一起去解决生活中的问题,并且发展他们的能力,满足他们的需要。增强弱势群体的生活能力是社会行政的重要功能。

3.促进社会公平,维持社会秩序。社会政策具有很强的政治功能,即通过社会财富的再分配缓解财富的初次分配差距过大造成的后果,缓解某些社会成员的经济生活受到严重损害的状况。

第六节
社会工作的督导、咨询与研究

社会工作督导是一种专门的训练方法或程序。社会工作咨询是由资深的咨询者向受咨询者提供的指导。社会工作研究是运用社会研究的一般方法,研究社会工作对象需求的种类和满足途径等的活动。社会工作督导、咨询和研究,都是社会工作实务的间接性方法。

一、社会工作督导

(一)社会工作督导的定义

社会工作督导是专业训练的一种方法,它是由机构内资深的工作者,对机构新进入的工作人员、一线初级社会工作者、实习学生及志愿者,通过一种定期和持续的监督、指导,传授专业服务的知识和技术,以提高其专业技巧,进而促进他们成长并确保服务质量的活动。

社会工作督导的对象包括新进入社会服务机构的社会工作者,服务年限较短、经验不足的初级社会工作者,在社会服务机构实习的社会工作专业学生,社会服务机构的非正式人员,主要是志愿者。

社会工作的督导者为机构内资深的工作者。他们必须受过充分的专业教育,具备相应的实际工作经验,熟知机构的政策,熟知可以利用的各种资源以及有关条件的限制。督导者对受督导者的感觉和反应十分敏感,在适当的时候给受督导者提供帮助和指导。督导者的基本态度是真诚、信任、尊重与关怀。

(二)社会工作督导的方式

社会工作督导的方式主要有个别督导、团体督导以及同事、同仁或同辈督导等几种。

(1)个别督导。个别督导是社会工作督导训练中较常用的一种方式,也是最早使用的一种督导训练方式。其一般通过督导者与被督导者一对一、面对面地定期举行讨论会的方式进行。讨论的内容主要涉及社会工作者为案主提供服务时遇到的各种专业程序和技术上的课题,也包括业务学习、行政及社会政策方面的难题。

(2)团体督导。团体督导一般由一位督导者与一些被督导者组成一个小组,通过定期、持续地举行小组讨论会的形式进行。这种小组讨论会通常一周、两周或一个月举行一次,持续时间为一至两年。为便于控制以取得实际的效果,小组规模不宜过大,三五人或七八人比较适宜,一般不要超过十人。小组讨论的内容主要涉及工作者在开展专业服务过程中遇到的各种问题或难点,每次由小组中的一人或两人以书面或口头的形式提供工作记录和主要问题,让督导者及小组其他成员事先阅读、了解,然后由督导者主持小组讨论,以深入了解有关情况,寻找解决问题的各种有效途径。小组成员可根据自己的实际情况和工作需要自行选择、决定使用的方法和技术。

(3)同事督导。与团体督导相似,同事督导也是通过定期、持续地举行小组讨论会来进行。所不同的是,同事督导小组的成员应当是更成熟的、更有实际工作经验的,能够对所讨论的内容做出重要贡献。同事督导虽然没有指定的督导者,但也有一人主持会议的进程。这位主持人可以是团体中的一位成员,也可以是一位行政人员。讨论的内容要经过小组成员共同认定。每个成员利用团体讨论获得对个案深入、全面的了解。对工作者工作能力和职责履行结果的评价不是此类团体的职责,而是要由社会工作机构的行政人员来做出。

(三)督导在社会工作中的意义

(1)保证服务机构的正常运行。社会工作是通过机构提供服务的,社会服务机构无论规模大小,都需要建立科层管理体系,来保证不同部门能够充分地协调和整合。机构通过建立督导制度,赋予督导以行政上的权威和责任,有助于工作的顺利完成。

(2)提高服务质量。从服务对象角度看,他们通过求助或转介的方式来到机构,希望能够获得高质量的服务。建立督导制度,可以保障服务质量的提高,保障服务对象的权益。

(3)促进服务人员成长。从被督导者的角度看,学校专业知识的教育和短期的职前教育,并不能满足社会工作者在实务工作中的需要,只有通过定期、持续的督导,社会工作者才能够结合服务经验体会及实践专业知识和方法。此外,大多数社会工作者都希望在服务中不断成长,能够更加熟练地开展服务工作,督导和继续教育就是实现组织机构的工作人员发展的有效措施。

(4)促进专业发展。社会工作专业是一个持续发展的专业,社会工作者必须适应这种变化,并提供有效服务来解决社会问题和满足社会需求。只有这样,该专业才能获得社会的肯定和认可。借助严格的督导制度,社会工作者可以获得相关知识和技能的训练,更好地胜任工作,从而也能促进社会工作专业的发展。

二、社会工作咨询

(一)社会工作咨询的含义

咨询是通过某些人头脑中所储备的知识经验和通过对各种信息资料的综合加工而进行的综合性研究开发。社会工作咨询是社会工作的间接工作方法之一,即由具有丰富社会工作专业知识和实际经验的社会工作者和其他专业的专家,向在社会工作专业服务或工作过程中遇到问题而需要帮助的受咨询者,提供所需要的社会工作知识和技术的指导,以提高受咨询者的专业素质,帮助他们积极有效地处理所遇到的工作难题,提高服务的质量。

社会工作的咨询者,既可以是其他专业的资深人员或专家,也可以是社会工作者;既可以是在同一部门工作的其他专业的同事,也可以是其部门的工作人员。所谓的"受咨询者",既可以是社会工作者,也可以是其他专业人员或公众。有的学者将社会工作的服务对象即"案主"也包括在"受咨询者"之中,这其实是一种广义的理解。

(二)社会工作咨询的目标和原则

1.社会工作咨询的目标。社会工作咨询的目标,应当是通过咨询者的指导,使受咨询者充实其应当具备的知识和技术,增进其工作能力,能对案主的处境和问题做出适宜的反应并加以妥善处理,能以比较弹性、明智、灵活的方法去适应可能碰到的各种新问题、新情境,能对复杂、疑难的问题做出正确判断并能创造性地加以解决,并能在开展服务的过程中与同事密切配合、充分协调,从而达到提高服务素质,增进案主福利的最终目标。

2.社会工作咨询的原则。为了实现社会工作咨询的目标,在开展社会工作咨询时,必须遵循一些基本的原则。由于咨询者对受咨询者并不具有强制性与约束力,为了使咨询能够取得实效,社会工作机构或者有关部门,应创造一种舒适、轻松、热情的环境和条件,使受咨询者愿意接受咨询,主动学习,自觉改变。由于受咨询者都是成人,成人学习的主动性和选择性都较强,咨询者在开展工作时,应当运用科学的原则,以启发、引导为主,促使受咨询者产生改变的意愿和专业职责感,并不断地付诸行动。

(三)社会工作咨询的种类

(1)以服务对象为标准划分。一是以社会工作者为对象的咨询;二是以其他专业人员或公众为对象的咨询;三是以案主为对象的咨询。

(2)综合性划分。一是以案主为中心的咨询;二是以受咨询者为中心的咨询;三是以方案(计划)为中心的咨询;四是以支持为中心的咨询;五是以研究为中心的咨询。

三、社会工作研究

(一)社会工作研究的一般界定

社会工作研究是社会科学研究的一种。对社会工作研究,学界有两种不同的理解,一是把它理解为关于社会工作的研究,二是把它理解为发展社会工作的研究。第一种理解实际上是把社会工作当作一种社会现象和对象而进行研究。这种研究可以是多角度的,如从社会学、政治学、经济学等角度进行研究。第二种理解是为了发展社会工作的理论、方法和知识,以便更有效地推进社会工作的科学研究。我们采用后一种理解,把为了发展社会工作而进行的科学研究称为社会工作研究,它与关于社会工作的其他学科的研究在所用理论和概念体系、研究方法及目的诸方面有区别。

实际上,就是在上述关于社会工作研究的一般界定之内,社会工作者们也有不同的关注点。比如芬克认为系统地寻求未知答案,或系统地验证某些假设,并将之用于社会工作领域者,即社会工作研究。这里显然强调社会工作研究的科学的一面,即将社会科学研究方法用于社会工作过程中。波兰斯基把社会工作研究定义为将社会福利工作计划、组织或机构之功能与方法的效力加以精密的探索与科学的检定,寻求一般原理与法则以发展社会工作的知识、技能、观念与理论的活动。它是一种实用技术,能使社会工作知识和技术更为有效与科学化。与前者相比,这一界定对社会工作研究做出了更加清楚的刻画。

(二)社会工作研究的层次

社会工作研究可以分为两个层面,即理论研究与应用研究。理论研究的目的是发展人类行为与社会运行的理论,应用研究则以解决社会问题、改进社会现状为己任。社会工作研究主要属于应用研究,这是由社会工作的学科性质决定的。但是,这并不意味着社会工作就不涉及理论问题,或不进行理论研究。如前所述,社会工作理论有解释理论、介入模式理论和实践理论。对社会工作的指导思想、工作模式和方法进行研究也属于理论研究之列,只不过它不是纯理论研究。

社会工作的咨询者,既可以是其他专业的资深人员或专家,也可以是社会工作者;既可以是在同一部门工作的其他专业的同事,也可以是其他部门的工作人员。比如,要在某贫困地区推广扶贫项目,就必须对该地区进行科学研究;要进一步推进城市社区服务,就要对社区居民需要、社区服务进行科学考察,并提出改善工作的建议。有些科学研究是针对某一特殊问题的,并不一定能从中概括出理论。

社会工作研究在理论层次上,指的是社会政策和社会行政研究以及社会工作的制度分析;在社会服务提供过程层面指的是具体的社区结构、社会互动、服务过程、服务传递的研究;在技术层面上指的是情境性的助人技巧研究。显而易见,上述研究不是互相分隔的,而是有机地联系在一起的。

(三)社会工作研究的必要性

社会工作是否需要研究? 有人认为,社会工作最重要的价值理念是:只要有爱心,助人总是有成效的。也有人认为,社会工作坚持个别化原则,每次社会工作的任务、背景都不同,难以通过研究总结出共同的规律。还有人认为,我国社会工作基本上是行政性的,即执行社会政策,因此进行社会工作研究的必要性不大。这些实际上都是误解。助人价值观对于社会工作来讲尤其重要,但助人毕竟是复杂的人际互动过程,不去认真分析影响互动效果的心理、文化及社会因素,助人活动就难以取得预期效果。经验对于社会工作者是十分重要的,若经验能上升为理论,并指出它的使用范围,则会更加有效,就可以成为社会工作者的共同财富,推动社会工作的发展。可以说,没有科学的研究,只凭经验摸索不利于社会工作的发展。长期以来,我国社会工作人员在为国分忧、为民解愁方面做出了贡献,但由于缺乏科学研究,缺乏理论积累,这就使得我们的社会工作还停留在经验水平上。另外,没有社会工作研究,也不利于确立社会工作的学科和专业地位。

(四)社会工作研究的功能

社会工作是科学的助人活动,社会工作研究对于改进社会工作十分必要。社会工作研究的主要功能如下:

（1）了解社会需要，设计社会服务。社会服务的展开是以社会需要为基础的，社会需要的强度决定着应该制定何种政策和措施向有需要的人提供帮助和服务。要使社会服务具有科学性和针对性，就必须对社会需要作科学的调查研究，探讨提供服务的路径，并对服务方案进行科学的评估和选择。这些都必须以科学的社会调查和对调查资料的科学分析为基础。在社会问题比较严重、投入的社会服务资源比较巨大、服务项目较新的情况下，社会工作研究尤为必要。

（2）了解服务对象，推进社会服务。社会服务是在复杂的社会、文化等环境条件下社会工作者与服务对象互动的过程。这个过程受到文化、心理等多种因素的影响。鉴于此，认真研究服务对象所处的社会系统，研究他们的问题发生史、生活史和支持系统等，对实施社会服务十分重要。随着服务的开展，社会工作者与服务对象之间的互动将不断出现新的情况。社会工作者只有及时地、客观地认识这种情况才能有效地将服务推向前进。社会工作研究就是在这方面做出的科学而积极的努力。

（3）了解服务进展，不断改进服务。随着服务的推进，服务对象的生活状态、心理状态和需要会发生相应的变化，相关的社会、经济、政治等因素也可能发生变化。另外，社会服务常会遇到一些新问题，也可能有需要改进之处。为了改善和进一步推进社会服务，必须对已开展的服务进行评估，对新发生的情况进行研究。

（4）发现新的问题，倡导调整政策。社会服务是在一定的政策框架下进行的，社会工作不但具体地实施社会政策、满足服务对象的需要，而且可能会在服务中发现新问题。这些问题可能是政策执行中的问题，或原来并未认识到的问题，也可能是新产生的问题。如果这些问题影响面大，就必须通过完善政策来加以解决。因此，社会工作研究在政策倡导方面发挥着重要作用。

（5）总结实践经验，促进理论发展。社会工作实践需要理论指导，社会工作要想发展，就要对实践经验进行总结。要实现社会工作经验的积累，发展社会工作理论，就必须要对社会工作实践经验进行科学提炼与分析，对之进行梳理和概括，这就需要进行社会工作研究。另外，社会工作实践可以检验理论是否正确，然而这种检验和评判只有借助于科学研究才更加有效。

///////////////////////////////////////

小结

社会工作实务的方法一般分为直接服务方法和间接服务方法两个大类。直接服务方法是指给受助者直接提供社会服务的方法，通常包括个案工作、小组（团体)工作和社区工作。间接服务方法是指对受助者实施帮助前的社会工作活动形式,通常包括社会工作行政、社会工作督导、社会工作咨询和社会工作研究等。个案工作是社会工作实务的基本工作方法之一,主要为社会生活功能失调的个人提供特殊服务,使其对周围环境有良好的适应性。小组(团体)工作是以具有共同需求或相近问题的群体为服务对象,帮助改善其社会功能的一种专业的社会工作方法,已形成社会目标模式、互惠模式、治疗模式、发展模式。社区工作是社会工作的三大传统方法之一,它既是一项事业,也是一个专业、一门艺术。社区工作者通过专业的技巧和方法对社区事务和人际关系进行有效有序的协调,使社区保持健康的状态和良性发展。社会工作行政在具体的服务工作中,既提供直接性的社会服务,又提供间接性的社会服务。社会工作督导是一种专门的训练方法或程序。社会工作咨询是由资深的咨询者向受咨询者提供的指导。社会工作研究是运用社会研究的一般方法,研究社会工作对象需求的种类和满足途径等的活动。社会工作督导、咨询和研究,都是社会工作实务的间接服务方法。

自测题

1.填空题

(1)社会工作实务的方法一般分为(　　　　)方法和间接服务方法两个大类。

(2)1979年,中国社会学重建后,北京大学、(　　　　)社会学系开设了社会(　　　)工作的课程。

(3)目前,主要的个案工作模式包括(　　　　)模式、任务中心模式、(　　　　)模式、个案管理模式、心理动力模式、(　　　　)模式、行为修正模式、理情行为模式、叙事治疗模式、结构家庭治疗模式以及系统家庭治疗模式等。

(4)个案工作的基本要素包括价值理念、(　　　)、(　　　)、问题、专业关系、(　　　)等。

(5)小组是在社会工作者引领下,将两个及以上且具有(　　　)或相近问题的服务对象组织在一起而开展(　　　)活动的群体。

(6)伦理就是(　　　)道德之理,指的是人与人的关系和处理这些关系的(　　　)。

(7)小组工作的原则有(　　　)原则、互助原则、增能原则、(　　　)原则、差别化原则五大原则。

(8)在使用场域理论时应注意了解(　　　)的每一个行动均受到行动所发生的(　　　)的影响。

(9)社区工作是社会工作的一种,也是(　　　)的三大传统方法之一。它既是一项事业,也是一个(　　　)、一门艺术。

（10）美国社会工作者协会修订的（　　　　　）（2017年）洋洋数万言,详尽规定了（　　　）的日常行为规范。

（11）2017年1月20日,（　　　）发布（　　　）。

（12）社区参与是指（　　　）自觉自愿地参加社区各种活动或事务,表达自己的意见和建议,并影响（　　　）决策的行为。

（13）社会工作行政是指在（　　　）领域的行政活动,它是针对社会工作的（　　　）活动而言的。

（14）社会政策是指（　　　　）运用立法、行政手段制定的（　　　）或行动准则。

（15）社会工作行政在具体服务工作中,既提供直接性的社会服务,又提供（　　　）的社会服务。

（16）社会工作行政管理是指一种（　　　）的、动态的、机构成员将（　　　）转化为社会服务的过程。

（17）社会工作的督导者必须受过充分的（　　　　）,具备相应的实际工作经验,熟知机构的政策,熟知可以利用的各种（　　　）以及有关条件的限制。

（18）咨询是指通过某些人头脑中所储备的（　　　）和通过对各种信息资料的综合加工而进行的（　　　）研究开发。

（19）社会工作是科学的（　　　）活动,社会工作研究对于改进（　　　）十分必要。

2.判断题

（1）社会工作实务的直接服务方法有个案工作、小组（团体）工作、社区工作、社会工作行政四种。（　　　）

（2）个案工作的本质是协调服务对象与社会环境之间的适应状况,恢复和增强个人或者家庭的社会功能。（　　　）

（3）小组工作的动力源自小组外各种要素及其之间相互作用而形成的一种作用力。（　　　）

（4）社区工作者不需要对自己在社会中所处的地位和应有的职责具有清楚的认识。（　　　）

（5）社区矫正是指针对被判处管制、宣告缓刑、裁定假释、暂予监外执行这四类犯罪行为较轻的对象所实施的非监禁性矫正刑罚。（　　　）

（6）个别督导是社会工作督导训练中偶尔使用的一种方式,也是最早使用的一种督导训练方式。（　　　）

（7）社会工作的咨询者,既可以是其他专业的资深人员或专家,也可以是社会工作者;既可以是在同一部门工作的其他专业的同事,也可以是并非在同一部门工作的人员。（　　　）

3.思考题

(1)社会工作实务具体方法的基本特点有哪些?

_____

_____

(2)个案工作服务的原则有哪些?

_____

_____

(3)如何在小组(团体)工作中获得成长?

_____

_____

(4)社区工作者专业的技巧和方法有哪些?

_____

_____

_____

参考文献

[1]王思斌.社会行政[M].北京:高等教育出版社,2006.

[2]史柏年.社会工作行政涵义辨析[J].社会工作,2013(2).

了解社会工作实务模式的内涵和特征,掌握心理社会治疗模式、行为治疗模式、家庭治疗模式、自助小组模式、社区服务模式的流程和方法,重点掌握社区服务模式的运用技巧。

试用萨提亚家庭治疗模式改善沟通的技巧,帮助有心理障碍的案主重拾生活的信心。

第五章

社会工作实务常用模式

◇◇◇◇◇◇◇

　　社会工作实务模式是从社会工作经验中提升出来的一种相对固定并且具有普适性的社会工作方式和方法,它是连接理论与实践的桥梁,也是社会工作者开展服务的依据。在社会工作发展历史上,出现了各种各样的实务模式,随着时代的发展,有的模式逐渐退出社会工作服务领域,而新的模式又在实践中产生。社会工作实务模式的类型很多,常用的模式主要有心理社会治疗模式、行为治疗模式、家庭治疗模式、自助小组模式、社区服务模式等,它们都是在相关理论支撑下,通过广泛深入的实践逐渐发展并相对固定下来的社会工作方式方法,在服务案主、助人自助中发挥了重要的作用。

模式就是解决某一类问题的方法论,把解决某类问题的方法总结归纳到理论高度,即成为模式。模式有不同的领域,建筑领域有建筑模式,软件设计领域也有设计模式。当一个领域逐渐成熟的时候,自然就会出现多种模式。社会工作作为一门新的学科,经过人们的不断实践,也产生了一些独具特色的常用模式,成为社会工作专业发展的基石,在社会工作实务中发挥着重要的作用。

第一节

社会工作实务模式概述

社会工作实务的常用模式,主要指的是从社会工作经验中提升出来的一种相对固定并且具有普适性的社会工作方式和方法,它们是连接理论和实践的桥梁,了解这些常用模式,将十分有助于社会工作实务的开展。

一、社会工作实务模式的定义

社会工作实务模式指的是在社会工作实务开展过程中逐渐形成的普遍性工作方法。尽管社会工作服务对象非常多样复杂,但渗透其中的专业工作方法却具有一定的共性,这就是社会工作实务模式产生的基础。

二、社会工作实务模式的特征

一般来说,社会工作实务模式本身具有以下基本特征:

(一)普适性

社会工作实务模式的一个基本特征就是源于实践,同时又高于实践。社会工作实务模式的提炼使社会工作超越了感性摸索的主观局限而进一步走向专业化的普遍推广。在实际服务过程中,尽管社会工作的服务对象可能是老人、青少年或儿童,他们各自面临的问题也大相径庭,但仍可以摆脱这些表面差异,采用统一的工作模式,如行为治疗模式目前在各种行为偏差人员的辅导与治疗中的应用就非常广泛,心理治疗模式也曾一度成为社会工作实务的主导模式应用于各种服务对象之中,并取得了显著疗效。

（二）中介性

社会工作实务模式是连接理论与实践的桥梁,从而决定了它的中介性特征。这种中介性特征又进一步导致了社会工作实务模式的双重特征:一方面具有强烈的理论特色,另一方面又具有鲜明的实践导向。也正是因为这种中介性,才使得社会工作摆脱了感性经验色彩,跨入了专业发展的通道。

（三）专业性

目前的社会工作实践更多地具有感性化、主观化、个体化特征,这意味着专业化程度还不足。原因就在于我国的社会工作没有发展出一套本土化的工作模式。由于本土化专业服务模式的缺失,许多社会工作者不得不简单地照搬国外的社会工作模式,由此陷入了专业发展的误区。

（四）历史性

社会工作的专业发展具有明显的历史性特征。在一百多年的历史发展过程中,社会工作逐渐从个人化的慈善行为上升为制度化的专业学科,中间经历了学科的阶段性发展。作为社会工作发展成果之一的社会工作实务模式也由此打上了生动的历史痕迹。在社会工作初创时期,因为弗洛伊德的精神分析理论占据了主导地位,所以心理社会分析逐渐成了社会工作实务的主导模式,后来因为行为主义以及人本主义心理学的阶段性影响,行为主义和人本主义也先后成为社会工作实务的主导模式。目前社会工作的理论视野逐步拓展,多学科的交叉影响日益扩大,这导致行为治疗模式逐渐成为当今社会工作的主流模式。社会工作发展的专业历程表明,社会工作始终是一个不断发展的专业学科,社会工作实务模式也将不断发展。

（五）本土性

社会工作的服务对象是人,而人是具体的,是历史和文化语境中有差异的人。这意味着社会工作的服务模式不可能全球统一化,而应该是充满了区域差异性的。实际上社会工作的模式化追求一直面临着全球化与本土化的矛盾冲突。随着社会工作实践的深入及社会工作的发展,二者之间的差异也在逐渐缩小,在追求理论统一性的同时,本土化的努力始终没有停止。也正是因为这种努力才导致了社会工作实务模式的多样化,推动了社会工作专业本身的进步。从这个意义上来说,我国社会工作目前对国外社会工作实务模式的简单沿用,其实也是本土化历程中的一个阶段性特征。这种本土性正是我们创新发展社会工作的持久动力。

三、社会工作实务模式的意义

(一)专业化的象征

社会工作之所以区别于日常化的经验型助人活动,上升为专业化的学科,工作模式的形成是其中一个重要原因。也正是因为多种社会工作实务模式的形成,社会工作者才能在服务不同对象的过程中,摆脱经验化和主观化的困扰,取得专业性的服务效果。同时,社会工作实务模式的不断出现,也使得社会工作进一步走向了职业化的道路。

(二)服务工作的依据

因为有了社会工作实务模式,许多新的社会工作者才可以省去自我摸索的漫长时期,直接接纳既有的专业成果。同时,这些社会工作实务模式又成了社会工作专业活动开展的路标,引导社会工作行走在专业的发展道路之上。

(三)专业评估的指标

社会工作是一种职业化、专业化的活动,对社会工作者进行专业评估就成为必需,而评估社会工作者的主要标准就是专业性成效。因此,在具体服务活动开展过程中是否采用专业服务模式,就成为一项重要的评估指标。

(四)专业发展的阶梯

社会工作的专业发展除了理论的更新之外,很重要的一个表现就是新的社会工作实务模式的发展和创造。一百多年来,社会工作专业发展的一个重要表现就在于社会工作实务模式越来越多样化。具体到每个社会工作者来说,推动社会工作专业发展很重要的一个努力就在于将个人的主观化、经验性实践提升为专业性服务模式。这些具体的社会工作实务模式构成了社会工作专业发展的坚强基石。如果仔细阅读社会工作的专业发展历史,就很容易发现,社会工作的每一个进步最终都具体体现在特定的社会工作服务模式的创建之上。

四、社会工作实务模式的内容

在近百年的社会工作专业实践过程中,先后产生了许多社会工作实务模式,我们不可能也没必要把所有的社会工作实务模式一一列举出来,一是因为有些曾经非常重要的社会工作实务模式迄今为止已经逐渐淡出;二是因为社会工作的实践本质上是一种本土化的具体实践,因此对于社会工作实务模式的选择主要还是建立在现实的需求之上;三是因为社会工作方法众多,模式多样,而常用的方法和模式则是比较有限的几种,因此对于社会工作实务模式的介绍是选择性的。选择的标准,一方面基于社会工作的国际性普适经验,另一面则着眼于本土社会工作实践结果。从这个双重标准出发,对于社会工作模式的介绍主要集中在个案工作、小组工作和社区工作上,同时考虑到社会工作既有的历史成果以及最新的探索成就。

一般来说,对于社会工作实务模式的介绍,主要是从三大方法入手,这是因为个案工作、小组工作和社区工作是最常用的工作方法。大致说来,比较常用的个案工作模式有心理社会治疗模式、任务中心治疗模式、行为治疗模式、人本主义治疗模式、现实治疗模式、认知行为治疗模式、格式塔治疗模式、危机干预治疗模式、存在主义治疗模式、女性主义治疗模式等。本书选择心理社会治疗模式、行为治疗模式、家庭治疗模式、自助小组模式、社区服务模式几种主要模式进行解析。

与个案工作相关的还有一种家庭社会工作,常规教科书一般将家庭治疗的方法归入个案工作方法之中。但目前看来,这种归纳已经越来越不合时宜,因为家庭治疗无论是在治疗方法、治疗对象还是治疗原则等方面都已经成熟起来,其独特性越来越突出,与传统个案工作的差别也越来越明显,因此我们主张家庭治疗方法不再归入个案工作,而是与个案、小组和社区并列成为独立的专业的社会工作方法,并选择家庭治疗中最为常用的结构家庭治疗模式和联合家庭治疗模式予以介绍。

小组工作尽管发展比较晚,但目前小组工作的探索和运用却发展很快。在日常社会工作实践中,小组工作的实际应用效果越来越突出。在小组工作中,比较常用的工作模式是社会目标模式和互动模式,其他还有过程模式、行为主义模式、任务中心模式等。小组工作模式大致分为两类:一类是专属于小组工作的模式;另一类则是个案工作模式在小组工作层面的再次应用。本书主要介绍自助小组和成长小组两种基本模式。

社区工作被认为是最具社会效果、最富专业影响力的一种社会工作方法,但我国目前对社区工作的探索依然处于起步阶段。美国学者罗斯曼在对美国社区进行研究的基础上,主张社区工作模式可以分为地区发展模式、社会计划模式、社会行动模式三大类。显而易见,罗斯曼研究的是美国20世纪70年代的社区,对于21世纪的中国社区来说,还有许多水土不适的地方。考虑到我国社区发展的具体情形,我们不采纳罗斯曼的观点,而是将社区工作模式区分为社区服务和社区发展两种。

社会工作是一个非常年轻的专业学科,在主要工作方法和具体实务模式上一直保持着探索姿态。需要注意的一点是,随着实践的发展,我们不再以方法的不同来区分社会工作,而更多地根据服务对象的差异来划分社会工作,这是一个很深刻的变化,其意义在于从服务对象入手,社会工作就变成了多种方法对不同对象的综合运用,而不是传统社会工作中不同方法在不同对象身上的应用。社会工作因此不再被不同的工作方法割裂,而是被相同的服务对象所统一,整体的社会工作观取代了分裂的社会工作观。单独的社会工作方法被整合的社会工作方法替代,这是社会工作模式发展的最新趋势。

心理社会治疗模式

心理社会治疗模式最早可以追溯到1928年,美国的精神病理社会工作者玛丽杰·雷特重新翻阅了里士满在《社会诊断》中讨论的个案,结论是有一半以上的案主都呈现出明显的精神上的症状。她由此断言,个案工作将不可避免地涉及心理学。从专业角度看,心理社会治疗理论的产生应在1930年左右,首先创造并使用"心理社会"这个词的是美国的富兰克·汉金斯。1937年,美国哥伦比亚大学的戈登·汉密尔顿则在他的《个案社会工作的基本概念》一文中,首次采用了"心理社会治疗理论"一词,并进行了系统阐明,这意味着心理社会治疗模式的形成。

一、心理社会治疗模式的理论基础

心理社会治疗模式一度被认为是理论内容最丰富、理论涵盖最宽广的社会工作治疗模式,这主要是因为其广泛吸收了众多流派的理论,集大成于一体。具体来说,心理社会治疗模式的主要理论基础如下:

(一)心理分析理论

弗洛伊德的心理分析理论从基本理论到主要方法都对心理社会治疗模式产生了深远影响,这种影响集中在弗洛伊德人格三结构、心理防御机制和早年生活经验等几个思想观点之上。人格结构的理论是弗洛伊德心理分析的基本构成。在弗洛伊德看来,人格结构可以被划分为三个组成部分:本我、自我和超我。这三重人格分别遵循不同的原则,履行不同的任务,共同构成了完整的人格。

本我类似于弗洛伊德早年所说的"无意识",代表着各种原始的本能,这种本能与生俱来,贯穿于所有的冲动之中,表现为性欲、攻击性冲动以及饥饿等即时性欲望。本我遵循的是"快感原则",相对来说,本我更多地体现于人类早年,随着社会化程度的提高,本我的直接冲动逐渐丧失了主导性地位。

自我处于本我和超我之间,是连接二者的一座桥梁。随着儿童的逐渐成长,自我慢慢被唤醒。尽管自我产生于本我之中,但自我更加类似于弗洛伊德早年所说的"意识"。自我遵循的是"现实原则",它努力追求的是本我的冲动和理想原则下超我的折中。

超我在儿童五六岁时形成,超我包括良心和自我理想两个组成部分。超我代表的是社会道德和生活理想,是自我的努力方向,超我遵循的是"至善原则"。

本我、自我和超我三者的有机协调构成了一个理想的人格结构,但在现实之中,本我可能是被压抑的,超我可能无法实现,自我也可能出现问题,这就导致了人格结构的矛盾冲突,由此出现了各种人格偏差问题。

为了解决这种冲突,弗洛伊德又进一步提出了人格中的自我防御机制。所谓自我防御机制,即人格内在矛盾冲突的自我消解机制。正是由于心理防御机制的存在和应用,我们才可以直接或间接地消除内心中的矛盾冲突。具体来说,弗洛伊德提出了补偿作用、投射、转移、否认、理想化、幻想等多种防御机制。

此外,弗洛伊德还认为,人的成长历程主要包括口唇期、肛门期、性器期、潜伏期、生殖期等五个阶段。其中,每个阶段都分别对应着特定的发展任务,每个阶段的发展都会进一步影响下一阶段的发展。如果某一阶段的发展任务无法完成,这种被阻断的欲望就会被压抑下来,并会在今后的某个发展阶段重新以另外的形式表现出来,并对该阶段的顺利发展产生不利影响。这最终形成了弗洛伊德非常重要的一个结论:童年生活经验将对成年生活产生重大影响。

(二)人在情境中理论

心理社会治疗模式关于人的假设主要是建立在系统论基础之上的,按照心理社会治疗模式的观点,理解一个人不能够仅仅从生理因素出发,还必须充分考虑到心理和社会这两个重要因素。换句话说,心理社会治疗理论认为,人的行为是生理、心理和社会三重因素综合作用的结果。也正因为如此,对一个人的行为进行分析就应该充分考虑到这三重因素的综合作用。不是把人看作孤立的个体,而是把人放到特定的情境中来理解就成了心理社会治疗模式的必然选择。

除了这两个重要理论之外,心理社会治疗模式还非常注重社会角色理论、沟通理论、自我发展理论等。很显然,心理社会治疗模式非常关注个体在社会中的成长问题。

二、心理社会治疗模式的理论取向

从心理社会治疗理论的理论构成可以看出,心理社会治疗模式立足于生理、心理和社会三重因素的综合分析与协调,由此协调个人与社会环境的关系,推动个人内在自我需求的真正实现。

(一)关于人的基本假设

人的行为受到生理、心理和社会多重因素的共同影响。人的行为是可以认知的,也是可以被改变的。人的早年生活经验会对现在或未来的生活产生重要影响。人的行为是可以被预测的。

（二）行为分析具体原则

人的当前行为往往受到早年生活经验的潜在影响。当前社会环境的不适会引发案主的行为问题。人的行为出现问题是因为人格结构出现了内在问题。

（三）关于治疗的价值取向

要尊重案主、接纳案主。应该承认案主的需要，并以案主为中心；应该承认案主自决的权利，引导案主自我成长；应该鼓励并协助案主通过改变环境来改变自我；应该尊重案主的差异性，多强调个性化治疗。

三、心理社会治疗模式采用的主要方法

心理社会治疗模式所采用的方法可以被划分为两大类：直接治疗和间接治疗。所谓直接治疗指的是直接对案主本人开展治疗。所谓间接治疗则指的是不直接对案主本人进行治疗，而是通过对案主本人生活的环境进行改变，从而达到对案主本人进行治疗的活动。

相应地，直接治疗主要是在案主和社会工作者之间直接展开，而间接治疗除了涉及案主和社会工作者之外，还进一步扩大到了案主的重要他人。事实上，日常社会工作的开展往往并不仅仅依靠直接治疗，也并不仅仅依靠间接治疗，而更多地表现为直接治疗和间接治疗的综合运用。

（一）直接治疗

直接治疗的方法可以进一步划分为两种：反思性治疗和非反思性治疗。反思性治疗对案主的要求相对较高，主要是通过评论、发问等方法来鼓励和推动案主自我反省、自我解决问题并达到自我的满足和实现。

1.反思性治疗

反思性治疗也被称为反思性讨论或者反思性沟通动力技术，主要包括人在情境中、心理模式动力、人格发展三种方法。

（1）人在情境中。人在情境中的反思性讨论主要是帮助案主对特定情境进行反思，最终达到对自我的认知与修正。人在情境中的具体发展，贯穿着案主从外在到内在、从被动到主动这样一个变化的过程。一般可以将这个过程按照先后顺序划分为六个阶段：第一阶段：外在反思，主要针对他人、健康以及情境等因素。第二阶段：由外在反思向内在反思阶段转化，但介于二者中间，主要引导案主对特定行为的决定、后果以及变通可能进行反思。第三阶段：内在反思，推动案主深入进行自我反思，加深自我认知。第四阶段：帮助案主反思自身对于特定情境或环境的反应。第五阶段：更进一步的内在自我反思，引导案主进行自我评估，纠正错误的自我形象，建立良好的自我意向。第六阶段：补充性反思，主要帮助案主对社

工以及相关治疗进行认知与反思,从而理解、接受并参与到具体治疗活动中。

（2）心理模式动力。这主要是致力于帮助案主寻找自己错误行为的动力原因。心理社会治疗理论坚信,人的当下行为主要是受早年生活经验的影响,因此,心理模式动力反思往往会对案主行为背后的原因,甚至早年时候的生活经验进行深度反思,最终寻找到偏差行为产生的内在原因。心理模式动力反思是弗洛伊德理论投射到心理社会治疗模式中的一个浓重阴影。

（3）人格发展。人格发展反思很显然是心理模式动力反思的进一步推进,行为的深层原因其实在于人格本身。人格发展反思使案主从对行为的认知深化到对行为背后的人格进行反思,这是案主行为问题得到真正解决的根本,弗洛伊德的人格结构理论是其内在的理论支持。

2.非反思性治疗

非反思性治疗与反思性治疗有着明显不同,比较而言,非反思性治疗不是案主自决的,而是通过外在力量推动案主内在发生变化的一种方法。非反思性治疗的技术手段主要是外在性的和间接性的。一般来说,非反思性治疗的主要技术手段包括支持、直接介入、探索—描述—宣泄等三种。

支持是社会工作者对案主表达正面强化的一种方式,是社会工作者对案主的积极增强行动。支持主要有物质手段和非物质手段两种。非物质手段主要包括肯定、接受、同情、信任、悦纳、保证等技巧,以此来肯定案主、强化案主。物质手段则包括各种实物支持。支持是非反思性治疗的第一步。

直接介入其实质就是社会工作者对于案主的问题直接进行干预,从而迫使案主修正偏差行为。直接介入有多种方式,社会工作者应根据案主的不同情形灵活确定究竟采取何种方式。大致来说,根据案主问题的严重程度,社会工作者直接干预的强度也会不同,按照干预强度由小到大的顺序,直接介入的手段依次有强调、提议、忠告、逼迫、实际干预等五种。表面看来,直接介入可能与尊重案主以及案主自决有冲突,但其实不是,因为案主之间自觉与自决程度并不一致,有的案主没有足够的自觉和自决能力,对社会工作者依赖性太强,对这些案主采取直接干预的方式可能相对更好一些。

探索—描述—宣泄主要是指社会工作者帮助案主进行自我情绪认识和管理的过程。这三个阶段指的是在社会工作者帮助下,案主对自己的情绪逐渐开始了解全面,进而能够描述清楚,最后进行彻底宣泄的过程。

（二）间接治疗

所谓间接治疗其实就是曲线治病。因为种种原因,有的案主可能无法或不愿意直接接受社会工作者的治疗。心理社会治疗模式认为,每个人都是生活在特定环境之中的,人们的行为往往受到环境的深刻影响,因此,人们可以暂时避开案主,直接对案主生活的环境进行改变,然后通过环境的改变进一步促成案主本人的改变。

在间接治疗活动中,社会工作者本人所担的任务和扮演的角色与常规情形有所不同。大致说来,在环境改变过程中,社会工作者所充当的角色主要有以下几种:资源寻找者、资源提供者、资源创造者、信息传译者、案主中间人、案主保护人等。

四、心理社会治疗模式的优缺点

(一)优点

心理社会治疗模式的影响是巨大的,而且是卓有成效的,正因为如此,心理治疗模式的优点也就显得非常突出。

1.开放性

心理社会治疗模式最大的特征就是体系的开放性,它广泛吸收了心理学、社会学、人类学等诸多学科的观点,这使得心理社会治疗模式在解释案主问题时显得非常丰富、深刻和具有说服力。

2.多维性

这种多维性主要表现在对案主问题解释范围的深广维度上,心理社会治疗模式既避免了纯粹心理学的解释,也抛开了单纯社会学的解释,而是将案主放到特定情境中,注重心理和社会的多重解释,强化生理、心理和社会的行为分析三合一模式。时至今日,社会工作的许多流派依然采用了这种三维行为解释策略。

3.深刻性

心理社会治疗模式接受了弗洛伊德的心理分析理论,强调早年生活经验对于当下生活的重要影响,这使案主问题的分析突破了现在的时间限制,深入到了遥远的过去,有利于对案主问题的真正了解,有助于问题本质的真正显现。

4.技术性

心理社会治疗模式非常强调专业技巧的运用,并且挖掘发展了许多专业服务方法,这些技术方法确保了社会工作者能够对不同情形之中的不同案主,分别做出科学的分析。

正因为具有诸多优点,心理社会治疗模式一度成为社会工作的主导模式。其所确立的工作原则、开创的工作方法、设计的工作流程常常成为社会工作的参照标准。

(二)缺点

尽管心理社会治疗模式广为众家赞誉,但是,批评的声音同样也有,概括起来,批评的目标主要围绕以下几点展开:

1.专业特质模糊

博采众家之长是心理社会治疗模式的优点,但众多不同流派和学科的融合,的确也在一定程度上淡化了心理社会治疗模式的独特性,以至于有人不无讽刺地将心理社会治疗模式贬为大拼盘。

2.过于注重过去经验

心理社会治疗模式比较强调早年生活经验对当下行为的影响,这虽有一定的道理,但也不尽然,因为还有许多行为只是现在发生的即时性行为,不一定具有早年生活的影响,而且大部分人主要是生活在现在和未来,而不是依然停留于过去和现在。

3.技术过于烦琐

心理社会治疗模式很为自己的丰富治疗技术手段自豪,但是多样的技术治疗手段除了带来良好的治疗效果之外,同时也耗去了大量的治疗时间,而且过于精致的治疗技术抬高了心理社会治疗模式的门槛,对于社会工作者和案主双方都产生了较高的要求,这造成的双重不良后果就是:一方面阻挡了部分案主接受服务,另一方面也阻碍了部分社会工作者开展服务。

尽管如此,心理社会治疗模式依然是值得鼓励和发扬的,它为社会工作留下的遗产相当丰厚,时至今日社会工作依然在受惠于它。目前大部分社会工作者都采用心理社会治疗模式的基本方法对服务对象进行分析和治疗。

第三节
行为治疗模式

一、行为治疗模式的理论基础

表面看起来,行为治疗模式是与心理社会治疗模式针锋相对的,二者之间应该有本质的区别,其实不然,行为治疗模式和心理社会治疗模式至少有一点是相同的:二者都是心理学刺激之下的产物。心理社会治疗模式是与弗洛伊德的心理分析息息相关的,而行为治疗模式则与另一个心理学流派——行为主义密不可分,因此,对行为治疗模式的探讨首先应该回到行为主义心理学的历史发展中去。

行为主义也被称为行为学习,从名称可以看出,这是一个不同于常规心理学流派的学说。事实上,行为主义的产生既可以说是心理学史上的一次革命,也可以说是心理学史上的一次叛逆。因为行为主义无论是在研究对象还是研究方法上,都完全不同于以往的心理学。

在具体的研究对象上,行为主义认为,传统心理学主要以心理为研究对象,但心理是内在的、不可观察、难以捉摸、无法度量的,因此,也是难以进行研究的。心理学的真正研究对象应该界定为行为,因为行为是外在的、可观察的、能够测量的,而且,行为本质上就是外显的心理,心理实质上就是内隐的行为,心理和行为的本质是统一的。也正因为如此,行为主义者们对弗洛伊德所津津乐道的无意识毫无兴趣,他们将人类的外显行为界定为心理学的研究对象。在具体研究方法上,因为研究对象发生了根本变化,相应地研究方法也产生了必然的改变,传统的心理学研究主导方法——内省法被彻底摒除,取而代之的是观察法,即对外在行为的观察。这个变化深深挑战了传统社会工作对于人的看法。

从历史发展的角度来看,行为主义流派有三个重要代表人物。

(1)华生。与巴甫洛夫一样,美国心理学家约翰·华生被认为是行为主义的创始人,归纳起来,华生的理论主要包括以下几个观点:

第一,行为是心理学研究的目标。华生非常明确地宣布,传统的心理学是错误的、无意义的,因为它的研究对象是不可观察、不可分析、不可研究的无意识动机和认知过程等,它的研究方法因此也是无法比较、难以把握的。他主张心理学的研究应该建立在对公开的、外在的、具体的、人类行为的观察研究之上,这才是心理学走向科学化的必然选择。

第二,环境塑造行为。行为主义否定了心理,认为人只是一连串行为的复合体,相应地,人的行为产生的原因就无法从内在心理寻找,只能从外在环境得到解释。华生认为外在环境的影响是行为发生的唯一因素,因此,只要改变环境就可以相应地改变人的行为。这是一种典型的环境决定论。

第三,刺激——反应模式。华生否定了弗洛伊德对本能的强调,否定了遗传对行为的影响,否定了心理对行为的改变,他主张外在环境的刺激导致了行为结果的改变,也就是说人的行为本质上是外在环境刺激的结果。相应地,我们可以从外在环境的刺激来预测行为的发生,反过来,也可以从行为的改变来推测外在环境的改变。

(2)斯金纳。美国当代心理学家伯尔赫斯·弗雷德里克·斯金纳被认为是行为主义的第二代代表人物,斯金纳接受了华生的思想,同时,又将华生的思想继续向前推进了一大步,事实上也正因为有了斯金纳的努力,行为主义才真正得以进入社会工作领域,并演化为行为治疗模式。

在巴甫洛夫和华生的古典条件反射理论基础之上,斯金纳进一步提出了操作性条件反射理论。在斯金纳看来,我们的行为可以操作外在的环境,从而产生一定的结果,这个结果的本质将会决定我们的行为重复出现的可能性。简单地说,如果最后的结果是积极的奖赏,那么,我们的行为重复出现的可能性就会增加;反过来说,如果最后的结果是消极的惩罚,那么,我们的行为重复出现的可能性就会减少。

斯金纳的操作条件反射理论是对华生理论的具体化,相对来说,斯金纳的理论更加具有操作性,也更加具有解释力。斯金纳的理论对于人的行为改变机制进行了非常简洁而又清晰的解释,他的理论在家庭、学校和社会等众多领域中都有广泛应用,在偏差行为矫治方面斯金纳的理论应用尤其广泛。此外,斯金纳强调积极的奖赏对于行为的改变作用要远远大于消极的惩罚,这个思想在当代社会中也被广为接纳。斯金纳简洁明快地揭示了人类行为的发生机理,同时,又为我们提供了一种简洁明快的行为改变方法,就此而言,斯金纳的贡献是非常伟大的。

(3)班杜拉。美国心理学家阿尔伯特·班杜拉被认为是行为主义的第三代代表人物,如果说华生和斯金纳解释了人类行为的客观机制的话,班杜拉的杰出贡献则在于进一步强化了人的行为不同于动物行为的本质,并且进一步将行为的直接刺激拓展为间接刺激,正是因为班杜拉,行为主义才最终走出了生物学的阴影,真正被人类文明社会广泛接受。班杜拉的思想主要有以下几点:

第一,观察学习。传统行为主义对行为的理解是建立在直接的环境刺激基础之上的,班杜拉则发现了人类行为改变的另一种机制:可以通过观察学习从而改变行为选择。换句话说,我们不必接受直接的环境刺激,我们通过观察和模仿他人的行为同样也能达到对自我行为的修正。这是一个很了不起的发现,它进一步揭示出了改变人类行为的另外一种重要机制。

第二,替代强化。班杜拉认为,在观察别人的行为时,尽管我们自身没有受到具体的刺激——奖励或惩罚,但是,我们可以观察到别人同样行为的结果——奖励或惩罚。我们会将这种可能性推导到我们自身的行为,并因此改变自己的行为。这种强化作用并没有直接作用在我们自身,只是一种替代强化,但所起到的作用却与实际强化相同。

第三,认知的重要性。班杜拉认为,传统行为主义过于强调外在环境刺激对于人类行为的直接作用,忽视了人本身的认知和选择的能动性。事实上,在外在环境刺激和人类行为改变之间,还有行为主体对这种刺激本身的认知和选择作用。人并非像动物或机器人一样只是机械地、被动地对外在环境刺激做出反应,而是主动地、选择性地做出相应改变,这个发现将人的尊严保存了下来,从而使人与动物真正区分了开来。

第四,交互决定论。传统行为主义过于强调环境的作用,从而蜕变为简单、机械、庸俗的环境决定论。班杜拉则相反,他反对这种环境决定论,强调人本身的主观能动性,他认为,人是积极的、能动的,人并不是外在环境的奴隶,不是外在环境的单纯反映者,人同样对外在环境的刺激进行选择、组织和转化,人与环境相互成为彼此的决定者,人的行为是认知、行为、环境等多重因素连续、相互作用的结果。

二、行为治疗模式的工作流程

托马斯认为,行为治疗模式的实际开展过程可以划分为十二个具体步骤:

第一步,列出问题范围。社会工作者将案主所有可能涉及的问题不论大小全部开列出来,目的在于使自己和案主对于即将遇到的问题有一个全面的认识。

第二步,选择并确定问题。经过讨论选择,确定社会工作服务将要面对的主要问题,目的在于明确具体的服务目标和努力方向。

第三步,要求合作。当问题明确之后,要求案主给予充分的合作,并对于已经诊断和矫正过的行为能够有一个充分的认识。

第四步,探究问题。社会工作者帮助案主对问题本身进行深入的分析诊断,使案主和重要他人对问题有一个清晰的认识,明确问题产生的真正原因。

第五步,收集基本资料。进一步收集与案主问题相关的详细资料,对于问题本身进行详细的了解,包括问题及不良行为发生的地点、时间、次数、严重性等,为进一步的介入做好充分的准备。

第六步,识别可控制的环境。了解案主问题产生的具体环境,明确案主问题行为产生的环境刺激因素,以便更好地消除不良的环境刺激,更好地控制行为的发生。

第七步,评估积极的环境资源。详细了解案主生活的环境,区分有利于案主行为改变的良性环境资源,通过这种积极环境资源的利用,推动案主行为的矫正。

第八步,确定行为目标。社会工作者和案主共同确定行为矫正的目标,为行为矫正打下良好的基础。

第九步,制订矫正计划。为案主行为的改变制订切实可行的计划,使案主对自己的行为改变有一个明确的计划和步骤。

第十步,介入。社会工作者用专业的社会工作方法对案主进行介入,使案主的偏差行为得到真正的矫正和切实的改变。

第十一步,评估。对案主行为矫正的结果和社会工作者所采取的专业方法进行全面评估,反省专业介入的实际效果。

第十二步,跟进。对案主进行持续的跟进服务,必要时需再对案主进行专业介入,帮助案主维持行为矫正的良好结果。

三、行为治疗模式的主要技巧

到目前为止,相对来说,已经被证明比较有成效的行为治疗方法主要有反映性技巧、操作性技巧和综合性技巧三种。

(一)反映性技巧

反映性技巧主要针对的是反映性行为,是建立在古典性条件反射基础之上的。具体技巧主要包括反条件反射、循序减敏法、嫌恶疗法、休克疗法等四种。

反条件反射主要是建立在行为与环境的刺激反应基础之上的,即为案主重新创造一个积极的条件反射,从而取代原来的消极条件反射,也就是用积极的行为反应取代消极的行为反应。比如一个小孩每天都睡得很晚,我们就鼓励小孩早睡,只要睡得早就奖励,慢慢地,小孩就养成了早睡的习惯,晚睡的毛病自然就被早睡的习惯替代了。

循序减敏法主要是将行为矫正的大目标细分为一系列具体目标,通过相互抑制作用,按照一定的顺序,帮助案主逐渐脱离原来的消极行为。比如一个人每天都要抽一包烟,为了帮助他戒烟,我们先让他每天只抽半包烟,然后每天只抽五支烟,逐渐递减,直到他最终彻底戒断为止。

嫌恶疗法顾名思义就是用一种令案主感到嫌恶的不愉快条件反射,去替代原来感到快乐的不良条件反射。也就是用一种令案主感到不快乐的行为,去抑制案主原来感到快乐但却属不良的行为反应。这种方法在戒烟、戒酒、减肥等多个领域应用很广。国外有的地方为了让违章司机遵守交通规则,抓到违章后就让司机天天看违章行车造成的惨剧,这种悲惨的景象深深地印在司机脑海中,让司机感到痛苦不堪,于是就不再违章了。

休克疗法是一种应用很广的治疗方法,主要包括想象的和真实的两种治疗方法。休克疗法是在短时间内让案主大量面对他曾经非常焦虑或恐惧的环境刺激,通过极端的刺激使案主最终对原来的不良环境刺激产生抵抗作用。这种休克疗法目前不仅在个人行为矫正上广为应用,而且在社会变革等宏大主题上同样应用很广。当然,休克疗法具有一定的风险,这要求社会工作者对案主本人有清醒的了解,同时,对于单位时间内的不良刺激能够有高超的掌控能力,以免对案主造成伤害。比如小孩子学游泳,一开始往往对水有一种莫名的恐惧,不敢下水,有经验的教练不会长时间劝小孩下水,他会趁小孩不备,突然把他扔到水里,小孩受到惊吓,喝两口水,哭两声,反倒发现其实下水也没什么可怕的,于是,就开始到水里游泳了,这就是休克疗法的一个应用。

(二)操作性技巧

操作性技巧主要针对的是操作性行为,它的主要技巧包括正增强、负增强、消减、差别增强、相继渐进法、系列分解法、惩罚等多种。

正增强主要是对于案主特定行为给予积极强化,从而维持或增加该行为的出现频率。日常生活中的奖励是最普遍的正增强方法。

负增强与正增强正好相反,主要是通过给予案主负面的消极刺激和强化,从而帮助案主减少或抑制该行为的出现频率。剥夺与惩罚是日常生活中比较常见的负增强形式。

消减也是刺激反应的一种直接表现,主要是通过减少与特定行为相关联的刺激或强化,从而削弱或禁绝该行为的发生概率。

差别增强是指面临多重行为发生时,分别针对不同情况,对于不同行为采取不同的刺激或强化,从而抑制某些行为,强化另一些行为,这是正增强和负增强的联合应用。

相继渐进法主要是对某个特定行为一下子很难达到时采取的一种渐进式方法,通过不同的刺激反应,逐渐接近真正的目标。

系列分解法主要是在目标相对比较大,难以一下子完成时所采取的化整为零的变通方法。儿童学习大动作时经常采用这种分解的方法。这种方法不同于相继渐进法的地方,在于其着眼于目标本身的分解,而相继渐进法则是着眼于与目标相关的非目标,通过非目标达到真正的目标。

惩罚很显然就是直接对行为本身进行惩罚,从而迅速消除不良行为。但应该注意的是,在行为矫正中,斯金纳非常明确地指出,奖励的效果要明显地好于惩罚的效果。现代教育理念中崇尚表扬,反对批评就是具体的证明。

(三)综合性技巧

综合性技巧是由拉扎鲁斯所提出的。他认为对于行为的分析不应该只采用简单的刺激——反应模式,而应该是多元的整体的系统分析,因为人的行为不是由单一因素所决定的,而是七种因素的综合作用结果,这七种因素分别是行为、情感反应、感官知觉、心像、认知、人际关系、药物饮食等,这些因素相互作用,共同构成了一个互动系统,对行为的治疗必须充分考虑这七个因素的综合作用。

综合性技巧很显然主张行为治疗应该采用综合的方法,在具体工作程序上,综合性技巧首先要求对案主的七个要素进行综合评估。其次,要对不同要素之间的相互关系进行评估。最后,根据案主的行为特征灵活采用多元化的介入方法。

四、行为治疗模式评估

行为治疗模式也是应用非常广泛的一种社会工作模式,它的优点和缺点一样突出,它与心理社会治疗模式一样引起了广泛的关注,这种关注里面既有赞扬,也有批评。归纳起来,行为治疗模式引起广泛关注的主要有以下几点:

(一)关于人的假设

传统行为主义将人简化为消极被动的机械存在,行为主义理论也因此沦为环境决定论,尽管班杜拉重新把人的主观能动性引入进来,但总体来说,行为主义依然将人简化为行为的复合体,这一方面导致了行为治疗模式简洁的优点,但另一方面也的确出现了将人矮化、简单化的趋势,这也是行为治疗模式广受质疑和批评的主要原因。

(二)对社会工作价值观的挑战

行为治疗模式因为信奉行为的刺激——反应模式,所以传统社会工作中所强调的对案主的尊重以及案主自决的原则,在行为治疗模式里被摈弃,这种颠覆性的影响究竟是革命抑或是破坏,也是争论的焦点所在。

(三)行为治疗的非历史性

行为治疗模式认为,案主的行为应该是当下的、可观察的,而且,通过改变环境刺激就可以改变行为本身。所以行为治疗模式既反对心理对行为的作用,又反对早年生活经验对行为的影响,而是坚持环境决定一元论。这种过于极端的判断,引发了心理社会治疗派以及其他许多社会工作流派的激烈批评。

(四)治标不治本的行为矫正方法

行为治疗模式追求短平快的治疗效果,不对行为的深层原因进行追索,这有点儿类似于外科手术。越来越多的证据表明,人的行为的发生不仅仅是由于外在环境的单纯刺激,还包括主体本身的认知选择作用,而这则是行为治疗模式所忽略的,也正因为如此,当代社会工作的发展新趋势是行为治疗模式逐渐被认知行为治疗模式所取代,个中原因很清楚,认知行为治疗模式不仅继承了传统行为治疗模式的优点,而且进一步将行为主体的主观能动作用引入,很显然,这才是比较科学的行为治疗模式。

第四节
家庭治疗模式

家庭治疗是以家庭为对象实施的团体心理治疗模式,其目标是协助家庭消除异常、病态情况。家庭治疗的特点在于不着重于家庭成员个人的内在心理与状态的分析,而将焦点放在家庭成员的互动与关系上,从系统角度去解释个人的行为与问题,强调个人的改变有赖于家庭整体的改变。

一、家庭治疗模式的发展

多年来,为保护医患关系的隐秘性,治疗者一直反对将患者的家人纳入到治疗之中。弗洛伊德流派的治疗者将真实的家庭排除在治疗之外,而试图揭示无意识、具投射性的家庭特点。罗杰斯流派也远离来访者的家人。医院的精神病医生也不鼓励家人来访,因为这些人可能会破坏医院的良好氛围。19世纪20年代至50年代的一些集中性进展导致了一个新观点的产生,即家庭是一个生动的系统,一个有机的整体。"家庭系统"这一新的名词由此应运而生。家庭治疗在医院精神病学、小组动力学、人际精神病学、儿童指导运动以及精神分裂症研究的发展之下得以发展。20世纪七八十年代是家庭治疗的黄金时期。

我国家庭问题研究发现,家庭环境与儿童的学习障碍、自我意识、问题行为及个性相关,父母的教养方式对子女的学业成就有影响。儿童的行为问题,如攻击反抗、违纪越轨、焦虑抑郁、孤独退缩及各种身体不适等,可以预测青少年期与成人期的种种问题。研究还表明不良的家庭社会因素会增加患神经症的风险。父母不良的养育方式,如拒绝、偏爱及过度保护,易使子女患神经症。国外研究表明,家庭治疗针对各种精神疾病患者均有较好的疗效,有助于协助家庭适应其发展历程中的各种困难,恢复正常的家庭结构,提高各种精神疾患的生活质量。例如,一项对于精神分裂症患者的父母的语言及非语言行为的管理的研究表明:父母有必要有技巧地管理精神分裂症患者,这对精神分裂症患者有良好的支持作用。另外有研究发现,家庭合并抗精神病药物治疗精神分裂症优于单纯用抗精神病药物,并能矫正病人的某些病态人格。

系统家庭治疗是最早传入我国的,家庭治疗师在与神经症家庭会谈时,常常感受到一种来自父亲(母亲)的强大力量,他(她)的价值观成了家庭的强势力量,并且往往符合当时社会的主流价值观。这种力量从正面看是家庭对自身命运的强烈关注,从负面看是一种强加于家人的"超价观念",使家庭内部弥漫着冲突和压力,这恰恰是促使孩子以"病"来使得家庭压力移转的动力所在。一旦孩子的症状出现,家庭冲突就会因家长的刻意控制而有所减弱。

另外,还有不少治疗师分别对其他精神疾病,如躁郁症、人格障碍、心理因素所致的生理障碍(摄食障碍、心因性呕吐)、儿童期精神障碍(包括学习技能障碍、抽动障碍、品行障碍)等进行了家庭治疗,均表明该项治疗适用于中国,且效果良好。

二、家庭治疗模式的主要流派

(一)鲍恩的家庭系统治疗

这一理论由鲍恩首先提出,因此也被称为鲍恩理论。他倾向于把家庭当作一个系统去理解,而不是将其当作一套干预的方法。他在理论中提出了六个重要概念:自我分化、三角关系、核心家庭情感程序、代际传递、情感隔离、社会情感过程。其中"自我分化"是鲍恩的核心理论,强调个人处理压力的能力。自主性和独立性差的人往往都对家庭过分依赖,这样很容易造成个人的抗压能力弱化。"三角关系"是鲍恩提出的另一个重要概念,他认为导致情感三角活动的主要因素是焦虑。焦虑的增加会使人们更加需要彼此情感的接近,当双方之间出现问题时,被害人的感觉会促使个人去寻求其他人的同情,或者将第三方拉入冲突之中。第三方的卷入,可以将焦虑分散在三角关系中,从而使焦虑得到缓解。鲍恩的这个理论是对家庭治疗的重要贡献,也成为家庭治疗的启蒙性观念。在家庭治疗的先驱中,鲍恩的家庭治疗是对精神分析原理的拓展,并为在家庭治疗中研究人类行为和问题提供了更为广阔的视野。

(二)结构派家庭治疗

梅纽因于20世纪60年代早期开始他的家庭治疗职业生涯。当时他发现有问题的家庭共有两种模式:一些家庭缠结,处于混乱并且紧密的相互联结中;另一种家庭则脱离,孤立并看似无关。这两种家庭类型都缺乏对权利的清晰界线,过于纠缠的父母过分卷入到他们的子女之间,由此丧失了父母的领导权和控制权。结构派家庭治疗有三个最基本的组成要素:结构、亚系统和界线。结构派家庭治疗主张治疗者必须适应家庭以真正地"加入"到家庭中。挑战家庭所偏爱的关系模式往往会引发家庭的阻抗。相反地,若治疗者开始理解并接受家庭,家庭更可能接受治疗。一旦实现了最初加入家庭的目标,结构派治疗者便开始使用重新组织的策略。

治疗师主要通过增强松散的界线以及放松僵硬的界线以达到打破功能不良的结构的目的。1981年,梅纽因搬到纽约并成立了当今非常著名的梅纽因家庭治疗中心。结构派家庭治疗的一些简单实用的技术值得介绍,如模仿、行为促发等。模仿是指以效仿行为、举止、风格等方式加入家庭,治疗师可能谈到个人经验,这些做法有时候是自发的,有时候是设计的,但无论如何,它们通常能增加治疗师与家庭的关联。行动促发是指治疗师将外在的家庭冲突带入治疗会谈中,使得家庭成员可以展示其处理方法,治疗师也可以观察其过程,并且开始找出修正其互动和使家庭结构改变的方法。

(三)策略派家庭治疗

对策略派治疗影响最深远的是米尔顿·埃里克森,尽管这一影响是在他去世后才产生的。在20世纪70年代中期到80年代中期,策略方法吸引了很多家庭治疗师。原因之一是其注重实务,以问题解决为中心,这不仅成为策略派的魅力,同时也成为其迷惑人的地方。埃里克森的才能得到广泛的赞美,然而非常遗憾的是很多治疗者都没能掌握可预见的治疗原理,相反他们只是模仿埃里克森"非同一般的技术"。策略派治疗表现出对来访者的强烈控制,它从独特的思维角度出发,表现出鲜明的创造性和操作性。与此同时,策略的出现会掩盖抵抗并且会激发家庭改变。90年代处于主导地位的认知行为治疗方法提升了认知的地位,使认知的地位超出了行为,并且鼓励治疗师与来访者进行协作,而不再是操控来访者。这样的变革使策略派治疗逐渐退出了人们的视线。

(四)经验派家庭治疗

经验派家庭治疗发端于心理学中的人本主义思潮,受表达性治疗的启发,强调了及时的、此时此地经验的作用。在家庭治疗早期阶段,治疗师从个体治疗和团体治疗中借用了一些技术。它从格式塔治疗和会心团体中借用了唤起技术,如角色扮演和情感对质,同时还借用了其他的表达性治疗方法如雕刻和家庭绘画等。在经验性家庭治疗的流派中,出现了两位巨匠:卡尔·惠特克和维琴尼亚·萨提亚。惠特克倡导一种自由的、直觉的方法,目的是打破伪装,解放自我,使每个家庭成员回归真我。他首次把心理治疗运用于家庭中,虽然他曾经被视为独立的,可他最终成为这个领域最杰出的治疗师之一。打破旧习虽然在当时被认为是不可容忍的,然而惠特克依然因为他在家庭治疗中的成就而获得了尊重。维琴尼亚·萨提亚是家庭治疗发展中的关键人物之一。她倡导一种健康的家庭生活,包括开放和共同分享感情、感受和爱。她也因为描述出家庭角色而著名,如"拯救者"和"安抚者",她认为家庭角色的功能是约束家庭中的关系。经验性家庭治疗建立于这样的前提:家庭问题产生的原因和影响结果是情感的压力。系统派家庭治疗师从家庭交往模式的角度看症状行为的根源。从这个角度出发,如果家庭成员最初能了解他们真实的感受——恐惧和焦虑,还有希望和愿望,那么在家庭中尝试做一些积极的改变会更成功。因此经验性家庭治疗从内部入手,帮助个人表达他们真诚的情感,缔造更加真实的家庭纽带。

(五)精神分析家庭治疗

接受精神分析训练的临床医生们是最早从事家庭治疗的,但是当他们开始面对家庭时,大多数人还是在运用系统理论中的深度心理学观点。20世纪80年代中期,家庭治疗师对心理动力学的兴趣有一个复归,主要是客体关系理论和自我心理学。精神分析治疗的关键目的是帮助人们理解他们的基本动机,通过以健康的方式表达这些愿望来解决冲突。弗洛伊德的理论强调性驱力和攻击性冲动,自我心理学聚焦于被欣赏的渴望,客体关系理论专心于对安全依恋关系的需要。但是它们有一个共同的信念:如果家庭中的个体理解并开始解决他们自己的个人冲突,就可以帮助配偶和家庭成员更好地相处。精神分析家庭治疗师较少关注团体和团体成员之间的交往模式,更多关注个体和他们的感受。以探索这些感受为目的的精神分析理论,帮助临床医生理解人们挣扎背后的基本问题。

(六)认知行为家庭治疗

家庭症状被看作是习得的反应、无意识的获取和强化的结果。治疗一般是限定时间的和症状聚焦的。应用于家庭的行为方法是基于社会学习理论产生的,强调行为是由其结果而习得和维持的,同时可以通过改变其结果而发生变化。对于社会学习理论的一个必须补充是蒂博和凯利的社会交换理论,认为人们致力于使人际关系的"回报"最大化,同时使"代价"最小化。行为治疗师集中于改变问题行为的结果,这既是该方法的优点同样也是不足。通过对出现的问题进行思考,行为学家已经足够发展出一系列有效的技术。而另一方面,行为只是个体的一部分,而表现出问题的人又只是家庭中的一部分。

如果未解决的冲突仍然让他们感到困惑,仅仅让他们做出改变是不够的。行为学家很少对整个家庭进行治疗。他们只注意目标行为所在的子系统。然而不幸的是,在治疗中不考虑整个家庭可能造成不良后果。而且,如果改变不是涉及整个家庭,那么新行为不可能强化和维持下去。尽管存在这些不足,但行为家庭疗法依然是解决儿童问题和有问题的婚姻的有效方法。行为疗法的最大优点是坚持进行观察,并对其发生的改变进行测量。第二个进步是从减少或强化具体"标志"行为逐渐发展到教授一般的问题解决、认知和沟通技巧。第三个进步是具有标准化的干预方案,以应付个体和家庭特定和不断变化的需要。

三、比较典型的两种家庭治疗模式

(一)萨提亚家庭治疗模式

萨提亚家庭治疗模式又称萨提亚沟通模式、联合家庭治疗,是由美国首位家庭治疗专家维琴尼亚·萨提亚女士所创建的理论体系。家庭治疗是一种心理治疗的新方法,是从家庭、社会等系统着手,更全面地处理个人身上所存在的问题。萨提亚建立的心理治疗方法,最大特点是着重提高个人的自尊、改善沟通及帮助人活得更"人性化",而不只求消除"症状",治疗的最终目标是个人达到"身心整合,内外一致"。

萨提亚家庭治疗模式将心理治疗扩大为成长取向的学习历程,只要是关心自我成长与潜能开发的人,都可在这个模式的学习过程中有所收获,对现代人的生活具有非常明确的指导价值。正是因为这个特点,她的理论不会因为社会与文化的变迁而失去实用性。萨提亚是最早提出在人际关系及治疗关系中,"人人平等,人皆有价值"的想法的人。

萨提亚家庭治疗模式在诸多家庭治疗理论中一直难以归类。有的教科书将之列为沟通学派,有的将之纳入人本学派,究其原因,在于萨提亚模式不强调病态,而将心理治疗扩大为成长取向的学习历程。萨提亚家庭治疗模式应用范畴包括个人问题、夫妇问题、家庭问题。

(二)叙事家庭治疗模式

叙事家庭治疗模式是受到广泛关注的后现代心理治疗方式,它摆脱了传统上将人看作问题的治疗观念,透过"故事叙说""问题外化""由薄到厚"等方法,使人变得更自主、更有动力。叙事心理治疗不仅可以让当事人的心理得以成长,同时还可以让咨询师对自我的角色有重新的统整与反思。叙事疗法是目前应用比较广泛的现代心理治疗技术,具有操作性强、效果显著等特点,具有较高的推广价值。

叙事心理治疗的创始人和代表人物为澳大利亚临床心理学家麦克·怀特及新西兰的大卫·爱普斯顿。他们在1980年代提出了这一理论,1990年代他们的书籍得以在北美发行,叙事心理治疗开始大为流行。怀特和爱普斯顿在其代表作《故事、知识、权力——叙事治疗的力量》一书中,系统阐述了有关叙事心理治疗的观点和方法。

咨询者和当事人在进行"叙事心理治疗"时,他们所面对的不是一种可以置身事外的"工具"或"技术",而是当事人的生命故事,反映的是当事人的生命态度、生命要求和生命抉择。在这里,对待生命的积极态度很重要,因为同样的事实,由于不同的解读,会释放出不同方向的力量。

第五节
自助小组模式

到目前为止,国际上已经出现了许多小组模式,而我国的小组模式还比较单一,主要建立于对小组成员的帮助之上,因此,侧重通过小组来推动小组成员的健康发展是我们主要的追求。

一、自助小组的含义

顾名思义,自助小组主要强调的是小组成员相互之间的自助行为。在这里,社会工作者更多地退居幕后,小组成员主动走向前台,小组的治疗活动不是由社会工作者自上而下地完成,而是由小组成员平行地完成。对自助小组的定义主要是从小组工作的主要方式和基本目的出发的,目前自助小组的发展越来越多样化,比如进城务工农民组成的"打工者之家"以及癌症患者组成的"癌症康复俱乐部"等。这其中既有小组社会工作本身发展的推动,更与社会的日益多元化和民主化有着密切关系。

二、自助小组的特征

除了具备一般小组的特征之外,自助小组还有以下几个特点:

(一)问题的共同性

一般来说,自助小组的成员具有明显的同质特征,这种同质主要表现在小组成员具有共同的问题而不是共同的身份或年龄、性别等外在特征,问题的共同性进一步导致了目标的共同性,这是自助小组最本质的内在关联,比如妇女自助会、禁酒俱乐部等。

(二)产生的自发性

自助小组一般来说源自小组成员内在的自发性吸引,而不是社会工作者的外在性推动,也正因为如此,自助小组往往具有明显的非专业化色彩,但另一方面,本身问题诉求的共同性反倒成了自助小组最内在的连接纽带,这也可以解释为什么自助小组往往具有较强的凝聚力。

(三)资金上的自主性

因为产生上的特殊性,所以自助小组在资金上往往是小组成员之间的互助共济,以及亲朋好友之间的捐赠,政府以及各种基金的赞助往往并不占多数,至少在初创时期如此。

(四)管理上的民主性

自助小组的成员通常没有等级划分,成员之间更多呈现出来的是一种平等的关系,而且自助小组成员之间的关系往往比较松散,因此,自助小组在管理上民主色彩比较浓厚,平等意识比较强烈,其领导方式多为小组成员共同领导或轮流领导。

(五)强烈的认同感

自助小组成员之间尽管连接形式比较松散,但彼此之间的认同感却非常强烈,小组共同体意识非常明显,这和自助小组成立的方式有密切关系。这种强烈的认同感可以增强小组成员的自信心,为其带来希望。

(六)开放性

自助小组成员的招募往往只是以问题的共同性为主要条件,因此自助小组多呈现出开放性特征,小组成员规模逐渐扩大,目前世界性的自助小组正在出现,匿名戒毒会就是其中最著名的代表之一。

三、自助小组模式中社会工作者扮演的角色

与其他小组不同,社会工作者在自助小组模式中主要扮演的角色有以下几种:

(一)倡导者

在自助小组成立之前,社会工作者可以作为倡导者,积极呼吁,努力倡导,通过与具有领袖气质的案主合作,推动自助小组的产生。当然,社会工作者也可以成为自助小组有意识的设计者。

(二)代理人

社会工作者可以以自助小组代理人身份,了解社区资源,了解相关社会资源,为小组进行资源整合。在社会工作者推动下产生的自助小组,对社会工作者这方面的需求更加强烈一些。

(三)咨询者

一般来说,自助小组都具有明确的问题取向,希望在特定问题上获得帮助,只不过这种帮助是小组成员之间的相互帮助,因为小组成员可能缺乏专业性,这样作为咨询者的社会工作者就显得非常必要了,尤其是在自助小组发展后期。

四、自助小组的现实应用

(一)社会工作者的专业素质要求

尽管许多自助小组是自发产生的,但由于自助小组的社会影响越来越突出,许多社会工作者会有意识地推动自助小组的产生,而且许多自助小组的规模会越来越大,这就对社会工作者的专业素质提出了极高的要求。

(二)成员招募的条件

自助小组成员的招募尽管主要以共同问题为条件,但往往还伴随有其他一些基本要求,比如成员应该有一定的自制能力,成员不应有对他人的危害性,成员应该具备一定的爱心等。对于自助小组来说,成员招募是其中非常重要的一个环节,是其能否成立并开展专业活动的基本保障。比如某个女性戒毒沙龙在成员招募上就非常苛刻,所有成员必须有强烈的戒毒意愿,并且连续一段时间没有复吸等。

(三)专业活动设计

自助小组成员间的联系相对松散,因此专业活动就成了成员之间最重要的连接纽带。丰富多彩而又富有专业特质的活动设计就显得尤为重要。某癌症康复

俱乐部根据癌症病人在生理、心理以及社会适应等方面的问题设计了多样化的活动,由此保障了该俱乐部连续开展活动,并且逐步扩大小组成员。

(四)社会资源整合

自助小组一般来说会逐渐走向健康发展的道路,这必然会导致自助小组规模的扩大以及专业活动上的深入。到了这个时候,仅仅依靠小组本身可能就不太够了,跳出小组走向社会,争取更多的社会支持是自助小组健康发展的必然归宿。比如某女性戒毒沙龙随着小组活动的深入开展逐步走向社会,先后聘请高校教师、心理咨询师、政府官员、医生、禁毒干警等多种社会力量加入进来,有力地保障了戒毒小组活动的持续深入开展。

第六节

社区服务模式

社区服务模式的理论基础来源于社区照顾理论。"社区照顾"的概念最早起源于20世纪50年代的英国,是指一种区别于传统"院舍照顾"的,针对老年人、残疾人等弱势群体的社会福利模式。这种模式能使受照顾者在不脱离自己熟悉的生活环境的情况下得到应有的照料,从而避免受照顾者因离开熟悉的生活环境而出现各种生理和心理上的适应问题。

一、社区服务模式的特点

社区服务模式包括专业服务和非专业服务两部分,专业服务主要包括由政府、社区、营利和非营利机构提供的各种服务;非专业服务则是指由受照顾者的家人、邻里、社区内志愿者提供的服务。

社区服务模式所涉及的对象是社区内不同的弱势群体,其所强调的专业服务和非专业服务涉及不同资源间的整合运用,因此社会工作者在这一理论模式下开展社区服务时,需要协调各种关系,链接各方资源。归纳起来,社会工作者主要扮演照顾者、经纪人和促进者三个专业角色。社会工作者可以通过扮演这三种角色及综合运用相关的专业技巧,在社区内较为顺畅地开展服务。

在社会工作者所扮演的三个专业角色中,照顾者直接为社区居民提供服务,满足他们的一些基本需要。经纪人则主要聚焦于为居民链接各种资源,帮助他们构建社会支持系统。促进者则站在整个社区的层面,营造良好的社区氛围,推动社区的发展。这一服务模式的优点,首先是将社会工作者在社区开展服务的内容结构化,即社会工作者在此三种角色中开展的服务,可以囊括社区服务微观、中观、宏观三个层面,且对每一个层面的服务目的和内容都作了界定。其次,这一服务模式不受服务群体的限制,社会工作者在社区面对各种人群时,均可以在这一模式下,根据其不同的需求,有的放矢地开展服务。

二、社区服务模式的实践路径

为充分说明社区服务模式的实施路径,现以重庆仁怀青少年社会工作服务中心城南家园公租房社区社工站(以下简称城南家园社工站)的实务经验为案例来进行分析。

(一)服务内容

城南家园社工站是重庆仁怀青少年社会工作服务中心承接重庆市民政局的社会工作服务项目后,在重庆市南岸区城南家园中一路社区建立的服务站点。该社工站以社区照顾模式为主要参考模式,以社区中的老年人和青少年为主要服务对象,一方面通过家访、小组活动等形式,帮助独居老年人建立邻里互助网络,减少孤独感,提升生活品质,同时开展恒常服务,带动社区志愿者;另一方面,通过成立社区青少年"梦之队",提升青少年的主人翁意识,让他们学会爱老、敬老,最终实现"少年护航,丰盛晚年"的社区蓝图。

(二)模式运用

常态化服务是指根据社区居民的需求状况,依据社区内现有的场地和硬件设施所开展的恒常性服务。社会工作者在城南家园社工站开展的常态化服务分别为放学时光、家有影院、"夕阳红"音乐会和摊位宣传等四项,其中,放学时光和"夕阳红"音乐会分别针对青少年和中老年群体,家有影院和摊位宣传则面向全体社区居民。

1.照顾者角色。在提供常态化服务过程中,社会工作者扮演的是照顾者角色,即通过直接向社区居民提供多种服务的策略,来满足他们某一方面的需求,对他们进行适切的"照顾"。社会工作者在这一角色下开展服务时所聚焦的主体是作为个体的社区居民,所有的策略都是围绕及时满足社区居民当下的需求这一目的而使用的。这种服务策略能保证社会工作者针对不同问题、不同需求的服务对象开展服务,使服务所产生的效益最大化。

2.经纪人角色。常态化服务能够满足社区居民的一些基本需求,但要想使服务达到更好的效果,满足居民们其他一些更高层次的需求,就不是依靠社会工作者自己的力量提供一些直接服务能解决的了。在这种情况下,社会工作者需要扮演经纪人的角色,通过链接各种资源,为服务对象构建支持网络,来达到服务目的。如社会工作者运用小组工作方法,为社区内有慢性病的中老年人建立慢性病自我管理小组。在小组活动过程中,社会工作者一方面充分利用网络资源,为组员们介绍更多慢性病防治的信息;另一方面通过激发小组的群体动力,引导组员们去交流、分享自己在慢性病防治方面的心得与技巧,以此为大家构建一个资源平台与支持网络,最终达到帮助组员实现自我改变的目的。

3.促进者角色。除了直接为社区居民开展服务,满足他们自身的需求,让他们获得成长外,社会工作者在社区开展服务时还聚焦于整个社区的发展,通过组织大型社区活动等形式,扮演一个促进者的角色,营造良好的社区氛围,以此促进整个社区的成长。如"羊羊得意"喜迎新春游园活动,即是社区工作者在临近春节时基于社区居民的需求,采用社区教育、倡导等策略,构建社区资源平台、促进社区发展而开展的。活动采用游园会的形式,将传统过年习俗融入到游戏中,用春联、窗花、红灯笼等带有传统春节元素的物品,向社区居民们宣扬传统过年习俗,倡导大家过一个传统年。同时,在游戏中让大家彼此熟识,增加邻里之间的互动,提高社区居民对于社区事务的参与度,进而推动邻里互助平台的建设。

通过以上分析,我们可以看到运用这一服务模式在社区开展服务时,是以社区居民的客观需求为准,从聚焦于个体开始,逐渐铺开,一直辐射到整个社区。因此,这一服务模式下的三个角色可分为微观、中观、宏观三个层次。从最开始针对个体的照顾者,到既针对个体又重视群体改善的经纪人,再到从整个社区层面出发的促进者,社会工作者在社区开展服务的脉络就比较清晰了。

三、对社区服务模式的认识

社区服务作为社会工作的一个重要分支领域,一直以工作模式多样、服务对象需求复杂、社区环境多变著称。对于社区服务来说,可能没有一种模式是放之四海而皆准,能被奉为金科玉律的。目前我国社会工作者介入社区服务的时间并不长,各地政府在购买社会工作者服务时有成功的、值得借鉴的经验,也有很多失败的教训。在这种情况下,将一种成熟的社区服务模式运用到社区服务中,以此推动社区服务事业发展是十分必要的。而更重要的是,社会工作者要根据社区的不同情况,去努力探索实践,创建更多的具有鲜明特色的社区服务模式,促进社区的建设与发展。

//

小结

社会工作实务模式是从社会工作经验中提升出来的一种相对固定并且具有普适性的社会工作方式和方法,具有普适性、中介性、专业性、历史性、本土性等特征,它是连接理论与实践的桥梁。心理社会治疗模式以心理分析理论、人在情境中理论为支撑,有直接治疗和间接治疗两类方法,具有开放性、多维性、深刻性、技术性等优势。行为治疗模式是应用非常广泛的一种社会工作实务模式,它把服务过程划分为十二个具体步骤,比较有成效的行为治疗方法技巧有反映性技巧、操作性技巧和综合性技巧。家庭治疗是以家庭为对象实施的团体心理治疗模式,其目标是协助家庭消除异常、病态情况。家庭治疗形成了鲍恩家庭系统治疗、结构派家庭治疗、策略派家庭治疗、经验派家庭治疗、精神分析家庭治疗、认知行为家庭治疗等流派。而萨提亚家庭治疗、叙事家庭治疗则是家庭治疗中的典型模式。自助小组强调小组成员相互间的自助行为,具有问题的共同性、产生的自发性、资金上的自主性、管理上的民主性、强烈的认同感等特征。社会工作者在自助小组模式中主要扮演倡导者、代理人、咨询者的角色。社区服务模式的理论基础源于社区照顾理论,其服务内容有专业服务和非专业服务,社会工作者在这一模式中主要扮演照顾者、经纪人、促进者三个专业角色。

自测题

1.填空题

(1)社会工作实务模式指的是在社会工作(　　　)开展过程中逐渐形成的(　　　)工作方法。

(2)社会工作(　　　)模式的一个基本特征就是源于(　　　),同时又高于实践。

(3)社会工作之所以区别于日常化的经验型助人活动,上升为(　　　)的学科,(　　　)的形成是其中一个重要原因。

(4)从专业角度看,心理社会治理理论的产生应在(　　　)年左右,首先创造并使用"心理社会"这个词的是(　　　)的富兰克·汉金斯。

(5)支持主要是社会工作者对(　　　)表达正面强化的一种方式,是社会工作者对案主的积极(　　　)行动。

(6)行为主义也被称为(　　　)学习,从名称可以看出,这是一个不同于常规(　　　)流派的学说。

(7)休克疗法是一种应用很广的(　　　　)方法,主要包括(　　　　)的和真实的两种治疗方法。

(8)行为治疗模式追求(　　　　)的治疗效果,因此行为治疗模式不对行为的(　　　　)原因进行追索,这有点儿类似于外科手术。

(9)弗洛伊德流派的(　　　　)将真实的家庭排除在治疗之外,而试图揭示(　　　)、具投射性的家庭特点。

(10)经验性家庭治疗发端于(　　　　)中的人本主义思潮,受(　　　　)的启发,强调了及时的、此时此地经验的作用。

(11)萨提亚模式将(　　　　)扩大为成长取向的学习历程,只要是关心(　　　)与潜能开发的人,都可在这个模式的(　　　　)过程中有所收获。

(12)叙事心理治疗的创始人和代表人物为(　　　　)临床心理学家麦克·怀特及(　　　　)的大卫·爱普斯顿。

(13)自助小组一般来说源自(　　　　)内在的自发性吸引,而不是社会工作者的(　　　)推动。

(14)"社区照顾"的概念最早起源于20世纪(　　　　)的英国,是指一种区别于传统"(　　　　)"的,针对老年人、残疾人等弱势群体的社会福利模式。

(15)照顾者的常态化服务是指根据(　　　　)的需求状况,依据社区内现有的场地和(　　　)所开展的恒常性服务。

(16)社区服务作为(　　　　)的一个重要分支领域,一直以工作模式多样、服务对象(　　　)特点复杂、社区环境多变著称。

2.判断题

(1)人的行为受到了生理和社会多重因素的共同影响。(　　　　)

(2)直接治疗主要是在案主和社会工作者之间直接展开,而间接治疗除了涉及案主和社会工作者之外,还进一步扩大到了案主的重要他人。(　　　　)

(3)在间接治疗活动中,社会工作者本人所担的任务和扮演的角色与常规情形相同。(　　　　)

(4)行为治疗模式也是应用非常狭窄的一种社会工作实务模式,它的优点和缺点一样突出。(　　　　)

(5)家庭治疗是以家庭为对象实施的团体心理治疗模式,其目标是协助家庭消除异常、病态情况。(　　　　)

(6)到目前为止,国际上已经出现了许多小组模式,而我国的小组模式也比较发达。(　　　　)

(7)经纪人则主要聚焦于为自己链接各种资源,给自己构建社会支持系统。(　　　　)

3.思考题

(1)社会工作实务模式具有哪些特征？

_____

_____

(2)心理治疗模式的优势是什么？

_____

_____

(3)行为治疗模式的服务有哪些具体的步骤？

_____

_____

(4)社会工作者在社区服务中要扮演哪些角色？如何扮演好这些角色？

_____

_____

_____

参考文献

[1]青翼资料库·个案工作模式之心理社会治疗模式[EB/OL].http:
www.360kuai.com/pc/9931027926cd7353f.

[2]杨驷然,王丽萍.社区社会工作中的"map"服务模式[J].中国社会
工作,2016(3).

第六章

社会工作实务基本技能

◇◇◇◇◇◇◇

　　社会工作是一个以实践为本的专业。社会工作实务技能是社会工作者专业素质的重要组成部分。社会工作实务技能与社会工作者的价值理念、专业判断有直接的关系。因此,在提供专业服务的过程中,社会工作者的自我探索是十分重要的。社会工作的沟通交流是社会工作服务的基本方式之一,社会工作活动策划也是社会工作者的重要技能,社会工作者的技能要求是全面的。通过本章学习,学生可更加了解社会工作的本质和内容,把握社会工作所需的各项能力和知识范围。

在从事社会工作实务时,关键在于和案主建立良好的专业关系。通常有一些基本的行为和技能可以帮助社会工作者更加受人欢迎,在此,我们将重点探讨自我探索、沟通技巧、活动策划技巧等,并通过练习来加深体验,以帮助社会工作者更有信心地与案主建立伙伴关系。

第一节 社会工作实务基本技能概述

一、社会工作实务基本技能的含义

巴克认为,社会工作技能即"善于运用技艺、知识、才能、性格或其他的资源的方法。而一位社会工作者的技能包含:有效的沟通,评估问题与案主的工作能力,结合需求与资源,发掘资源和改变社会结构"。而康尼尔认为社会工作技能是指:一组独立且具体的认知与行动,它源于社会工作的知识、价值观、伦理与义务;具有能促进行为改变的特质;在阶段性实务工作的脉络下,符合社会工作的目的。

其实,社会工作技能也是有效地运用社会工作知识的能力,不应该把它看成是一种技术性或机械性的活动。它是针对不同的需求、人在不同情境中的各种问题,选择和运用不同的方法解决问题的能力。

社会工作实务技能主要指能够通过自我探索、有效的沟通技巧和活动策划解决问题。社会工作者并不是万能的,通才也并不意味着什么都能干。关键在于社会工作者应该知道什么时候运用哪种技能,什么时候需要什么样的资源,什么地方能找到这些资源,以及如何和其他的职业社会工作者合作。这些基本的技能诸如:对自我的探索,有效的沟通技巧,完备的活动策划,和同事建立起相互支持和帮助的工作关系,能遵守适当的组织程序,能及时得到和处理信息,能适时地做出转介,能很好地执行策划,能让他人表达自己的感情……这些实务的基本技能不仅适用于个案,同样,也可以有效地运用于团体、组织、社区中人与人的互动中。而且,它可以始终贯穿于介入模式的整个过程。

从开始准备接案起,到预估、策划、介入、评估、结案乃至跟进服务的整个过程中,无论案主的问题是什么,也不管社会工作者想帮助他/她寻求怎样的改变,都需要运用沟通等技能来与案主建立关系,并向案主介绍你的角色和工作目标,整合各种信息和资源来促成案主的转变。例如,假设案主是一位饱受家庭暴力的女性,一开始她顾虑重重,不知这种家丑能否说出来,这时社会工作者必须善用口头语言和肢体语言来传递关切,用微笑和鼓励使案主消除顾虑,愿意向你倾诉她的一切,从而建立起一种信任的工作关系。同时,社会工作者有时还有必要联络其他的机构,如提供临时避难所,或对使用暴力者进行培训教育等,有时甚至还要为完善保护妇女、儿童免受家庭暴力的政策和法律提出建议,在这些中观乃至宏观层次的介入中,同样都离不开运用社会工作实务技能去跟那些机构及个人建立关系,以及解决问题。

二、社会工作实务技能的内涵

(一)自我探索

社会工作实务是一个社会工作者与服务对象互动的过程。社会工作者与服务对象之间存在着不同的自我观念、需要、价值观、感受、经历、期望和问题,要明白这些区别,社会工作者就必须对自己有一个全面彻底的认识。当我们对自我了解越全面,就越能够降低对所遇到的问题的恐惧,也能对自己和服务对象的行为做出客观的评价。自我了解的过程也就是自我探索的过程,它是伴随着人格或专业成长不断前进的过程,它需要通过进一步的个别咨询、团体辅导、同行督导、参与工作坊及训练等不断深入和完善。自我探索必将逐渐改善社会工作者与同事、服务对象、朋友及家庭环境的互动,有利于社会工作专业服务的有效开展。

(二)沟通技巧

尊重和理解是需要通过语言来传递或表达的,因此,沟通双方运用语言的能力和艺术是取得良好沟通效果的关键。语言是人与人之间信息沟通的桥梁,也是思想感情交流的渠道。而肢体语言如脸部表情、举手投足和眼神有时候可能比有声语言更真实地展示人的内心世界,包括你的身体姿态以及与案主之间的距离远近都在无声地传递着信息。因此,在从事社会工作实践前,学习用恰当的口头语言和肢体语言来和案主交流,将会十分有益。

沟通是服务中的重要环节。进行服务策划时,社会工作者需要与案主沟通服务目标、具体任务、活动方案等。实施策划时,双方又会就操作过程中出现的问题、意外事件、方案的调整等加以探讨。所以,沟通是实务领域中广泛运用的一种工作方式。尤其是在小组工作与社区工作中,沟通更是重要的方式与途径。基本上,小组或社区成员有工作要做时,沟通是他们主要的工作形式。比如,社会工作者欲丰富社区青少年的暑期生活,较好的方法是组织这些青少年进行沟通,让他们面对面地交换信息和意见,以便更好地了解彼此的需求与兴趣,从而获得一个大家认可的建议。因为,沟通可以促进大家的交流,澄清各自的问题,也能带动大家的参与,集思广益去解决问题。

社会工作中一个重要的原则是助人自助,在沟通中,社会工作者与案主双方的地位是平等的,沟通是对案主的认可与尊重。在这个民主的社会中,首要的假定是每个有民事行为能力的成年人都有处理自身问题的权利,没有一个人可以为其他人做决定。沟通是每个人参与及被聆听的一种方法,是一个提出观点、然后根据他人反馈的信息加以调整的过程。

(三)活动策划

策划是预估和实施改变行动的桥梁。当社会工作者完成了预估后,自然就转入策划阶段。策划是在预估的基础上为解决案主的问题而进行的一系列方案的思考和决策过程。策划阶段的重点在于设定介入的目标以及实现这些目标有哪些可能的方案,选择最合适和有效的方案,和案主达成服务协议。因此策划是一个十分复杂而重要的过程。只有社会工作者和案主在不断的磋商中明确了努力的方向和具体任务以及各自应该承担的责任,才能使行动真正获得成效。从某种意义上讲,好的策划是成功介入的必要前提。活动策划通常由两个部分组成:总目标和具体目标。

在进行活动策划之前,首先要设定目标。设定目标的意义就在于:澄清问题所在;促进案主的参与,引导解决问题的行动方向;作为评估的指标。总目标和具体目标是既紧密联系又有区别的,总目标是社会工作者和案主通过共同努力最终期望达到的目标,具体目标是为实现总目标服务的,是具体明确、切实可行、可测量的目标。

活动方案是一种对改变过程进行的整体性考虑,它是为了实现总目标和具体目标而精心设计的一系列行动,包括社会工作者和案主的角色,以及每个人承担的任务和运用的方法、技巧等。

通常,一种问题可以采取不同的方法和途径加以解决,社会工作者在和案主商量的过程中,可以使用头脑风暴法,畅想各种有助于解决问题的方案,尽管每种方法或途径所付出的和得到的结果会有所不同,也不一定非在现实中去一一进行尝试,但集思广益的目的就是在几个方案的比较中,选择最合适和有效的方案,这一过程本身也为案主提供了如何思考和解决问题的路径和榜样,是提升案主力量的过程。

三、社会工作基本技能提升路径

(一)培育社会工作者机构

机构服务的多元化和专业化是未来社会工作发展的一大趋势。结合我国实际,可从两个方面着手培育发展一批专业社会工作服务机构:一是全面推动传统机构的社会工作专业化改革,二是大力扶持民间社会工作服务机构的发展。用业内人士的话说,就是"盘活存量,激活增量"。

1.传统机构的社会工作专业化改革。目前,我国已经拥有了相当数量的社会服务机构,形成了全覆盖、多层次的社会服务网络。全面推动传统机构的社会工作专业化改革,重点在于融入社会工作的专业观念及方法,设置专业岗位,聘用专业人才,开展专业服务。通过这些专业化改革措施,才能更新机构服务观念、服务方法,促成原有的社会服务行业发生"质"的飞跃。

2.培育发展社会工作民间组织。借鉴国外和我国港、澳、台地区社会工作的发展经验可知,民间服务组织是吸纳专业社会工作者的主要载体,也是提供专业服务的主要社会力量。民办社会工作服务机构是以社会工作者为主体,坚持"助人自助"宗旨,遵循社会工作专业伦理规范,综合运用社会工作专业知识、方法和技能,开展困难救助、矛盾调处、权益维护、心理疏导、行为矫治、关系调适等服务工作的民间组织。近年来,我国各地积极探索实践,涌现出一批具有一定规模、管理规范、作用明显的民办社会工作服务机构。但从总体上看,目前我国民办社会工作服务机构的发展还面临总量不足、成长缓慢、服务水平不高、发展不平衡等问题,与日益增长的社会服务需求相比还存在较大差距。

(二)培养社会工作者人才

人才培养(社会工作教育培训制度)是基础,应不断完善我国的社会工作教育体系,加快社会工作的专业化过程。社会工作教育培训制度分为两个层面:一是对大专院校社会工作专业学生的教育制度;二是对目前社会工作从业人员的专业培训。即一方面制定人才培养规划,加快高等院校社会工作人才培养体系建设,抓紧培养大批社会工作急需的各类专门人才;另一方面,确定职业规范和从业标准,加强专业培训,提高社会工作人员的职业素质和专业水平。

1.发展社会工作学历教育

首先,加强社会工作理论体系的本土化建设。如何吸收西方社会工作理论与社会工作理论"本土化"一直是学者们沟通的议题。在积极探索社会工作、总结经验的过程中,不仅要注重本土社会工作的实务积累,而且应该认真研究马克思主义指导下的中国社会工作理论框架。

其次,强化师资队伍建设。专业人才的培养有赖于高质量的师资队伍实施专业化的知识和技能培训,针对目前专业师资力量薄弱的情况,各类高校应积极引进高素质的专业教师,并采取多种方式,包括通过与西方和港澳台社会工作教育机构的交流与合作,对现有师资进行继续教育。

再次,强化实践教学。社会工作作为一门实践性很强的专业,除了要求学生掌握专业理论、概念等知识外,更重要的是培养学生运用专业知识直接为社会提供服务的技能。一门专业只有在它的服务功能获得社会承认以后,才能真正具有专业权威。这种技能的培养,依赖于经验的传递以及在直接服务案主的过程中获得工作的艺术,技能培养的过程就是专业实习。因此,应注重社会工作实践教学,培养学生的实务能力。

最后,提高社会工作教育国际化水平。在全球化时代,为适应社会工作发展的要求,20世纪80年代以来的西方社会工作教育发生了很大的变化,国际社会工作教育获得了前所未有的重视,已经发展出了新的教学内容、模型和实践。我国社会工作教育应该结合全球化时代的要求,不断更新教学内容、教育模式和教育实践。

2.接受社会工作继续教育

《社会工作者职业水平评价暂行规定》实施以来,民政等系统的许多工作人员通过了全国社会工作者职业水平考试,获得了"助理社会工作师""社会工作师"的称号。但这种通过突击复习、考试而成为社会工作者的人,显然并没有系统掌握社会工作的知识体系,况且社会在变化,社会工作的知识更新较快。因此,有必要对社会工作者实施继续教育,使其保持良好的职业道德,不断更新、补充知识,提高专业水平和能力,提高服务质量。社会工作者继续教育内容安排根据岗位需要而定,以提高社会工作者的理论水平和分析、解决实际问题的能力为主,注重针对性、实用性和科学性,主要包括相关理论知识,专业价值观和伦理,相关法律法规、规章及政策以及社会工作实务等。

第二节
自我探索

一、认识自我

(一)关于"自我"的论点

要进行自我探索,首先要对"自我概念"有比较清楚的掌握。根据罗杰斯自我论中关于"自我概念"的论述,"自我概念"有以下一些要点。

"自我概念"是指个人对自己的整体了解和看法,包括个人的态度、意见、知觉反应或价值观等。

"自我概念"是主观性的,个人对自我的看法未必与客观实际相符。

"自我概念"是可以学来的,生活适应良好的人往往知道如何适当地调适和改变个人的自我概念,以符合环境的实际需求。

在变化多端的主观世界里,需要拥有一个积极、正向、稳定而健康的自我概念,才不致迷失方向。

在个人成长过程中,某些对当事人有重要意义的特殊人士(如父母、师长、亲朋好友等)对当事人自我概念的形成具有深远的影响。

基于上述关于"自我概念"的论述,我们认为"自我"可以涵盖三个层面:现实我(真正的我)、理想我(希望中的我)、客观我(别人眼中的我)。这三个自我如果能交互运作,充分发挥各自的功能,健康的我就会出现。"现实我"与"理想我"的距离越近,个人的适应会越好;在与别人交往的过程中,"客观我"可以提醒我们应做怎样的调整。

(二)自我认识

一般来说,自我认识的范畴包括外表和举止、爱好和厌恶什么、性格、长处和短处、价值观、感受、感受的敏感度等。我们可以通过一些练习来增加对自我的认识。

练习一:外表和举止

(1)你通常如何打扮自己? 职业形象? 休闲? 还是其他?

(2)用五至十个形容词形容你的性格。

(3)你的外表与你的性格是否相符? 如果相符,程度如何? 如果不相符,你能说明原因吗?

借上述练习,增加对自己外表和举止的认识。

练习二:爱好和厌恶什么

作为一名社会工作者,能对人发自内心的喜爱是十分重要的,也是社会工作服务中不可或缺的品质。一个能对人有真诚喜爱的人,往往对服务对象持乐观的态度,他们较能容忍人性的弱点并以温情善待他人。他们对人有兴趣,并尝试了解别人的行为,反省他们的行为背后的动机、感受和表达的看法。请关注以下的练习。

(1)在什么情境下,你会有发自内心的对人的喜爱?

(2)什么类型或什么品质的人,是你不能接受和感到厌恶的?

练习三:性格

个人的性格,通常来说就是一个人的特质和脾性。认识自己的性格,是认识自我的关键。

(1)你通常是如何介绍自己的?

(2)你通常用哪些形容词来描述自己的性格?

练习四:长处和短处

长处和短处不单指性格上的优缺点。在评价一个人的长处和短处时,不能脱离现实情境而随便地做出正面或负面的判断。任何人的长短处,都是相对而言的。

(1)作为一名社会工作者,你有哪些长处和短处?

(2)你如何看待自己的弱点？又如何改善自己的弱点？

练习五:价值观

个人的价值观通常包括了他所持有或批评的信念和原则,也与个人的道德标准和行为取向有密切的关系。在社会工作服务中,社会工作者必须清楚认识自己的价值观,并防止用自己的价值观来影响或强加给服务对象。

(1)你如何看待违纪违法的青少年？

(2)你认为社会工作者能否承担社会控制和社会服务的职责？

练习六:感受

感受是个人特质的重要组成部分。在面对日常外在刺激的反应时,感受扮演着重要的角色。对自我感受的程度了解越深,越能提高社会工作服务中对自己和服务对象的感受的敏感度。

练习七:感受的敏感度

(1)当你遇到别人的误解时,你通常有怎样的感受？

(2)当你被服务对象接纳的时候,你是怎样的感受？

自我认识是一个持续的过程,伴随人的一生。为了与服务对象有更好的专业关系,社会工作者必须不断省察、发现和探索内在自我。

二、自我探索的实践成长

自我探索是对自我认识的深入发展,社会工作者在实践中要懂得如何接纳他人以及进行自我肯定,这是专业成长必不可少的一部分。

(一)接纳他人

所谓接纳,是指社会工作者应包容案主的感受、想法和看法,包括其优缺点、积极和消极的情绪、建设性和破坏性的态度和行为等。接纳他人是社会工作者必须具备的十分重要的素质。接纳他人意味着社会工作者在社会工作实务中能够超越偏见及歧视,接受有不同的外表、背景、态度和行为的人。

社会工作者会经常接触社会功能失调的服务对象,常常会与之产生价值观上的冲突,也会对一些观念和行为无法理解和接纳。同时,社会工作者在开展工作时,也可能会遭遇其他行业人士的误解或排斥。因此,时常警觉于自己接纳他人的态度,并不断提升自己接纳他人的程度,是社会工作者必备的素质。如果社会工作者能够超越偏见和歧视而接纳他人,就能够比较顺利地实践专业价值与伦理;如果缺乏接纳他人的素质,那么社会工作者可能就无法胜任社会工作。

以下问题,可以帮助社会工作者对于自己接纳他人方面进行一定程度的反思。

(1)你曾经是否有被完全真诚接纳的经历？如果有,那是一种怎样的感觉？

这种感觉如何影响了你的行为？

（2）你曾经真诚地接纳过他人吗？如果有，你认为你具备了怎样的素质？你有怎样的感受？

（3）你认为如何发展接纳他人的能力？什么原因会造成不宽容他人的态度？

（4）当你无法宽容他人时，你是如何与他们互动的？你觉得结果如何？

（5）你现在接纳他人的态度对社会工作专业造成何种正向与负向的影响？

（二）自我肯定

自我肯定，是社会工作者与服务对象实现有效互动的重要因素。自我肯定表现为社会工作者在表达意见时有肯定、新颖的见解，包含了富有价值的知识、意见和感受。当社会工作者有较为正向的自我肯定时，他在服务过程中的反应便是积极的、主动的，既充满自信，又对人充分尊重。否则可能会过分被动，或者具有一定的攻击性。

（1）以下问题可以帮助我们对自我肯定的特质做出一定程度的反思。

（2）你认为一个具有自我肯定能力的人应具有怎样的特质？

（3）在你的工作中，通常怎样表现出你的自我肯定能力？有怎样的感受？

（4）通常在什么情境下你会表现出否定或者被动的言语或行为？你有怎样的感受？

（5）你的性别、家庭背景、成长经历如何影响你表达自我肯定的能力？

（6）你与具有攻击性、自我否定的人相处时通常有怎样的反应？

（三）自我评价

"自我评价"是指个人对于自身的看法，是个人对于自我价值的判断。

"自我评价"是个人"内在对话"的外在体现。通常来说，一个内在对话时真实、喜爱、接纳、支持感受多的个人，通常有比较正向、比较高的自我评价；而不真实、不喜欢、无价值、不接纳、不支持的自我对话，常常带来较低的自我评价。

一般来说，一个有较强正向自我评价的社会工作者，在开展社会工作实务过程中，会有较强的处理和应对各种压力的能力，也能比较有效地处理各种问题。但如果是一个自我对话比较负面，自我评价较低的社会工作者，他带给服务对象负面影响的可能性就较大。所以，反思自己的自我评价方式，对于调整自己的工作状态，减少对服务对象的伤害，是十分重要的。

以下问题，可以帮助社会工作者对于自我评价做进一步的反思。

（1）你认为具有正向自我评价的人通常有怎样的特质？

（2）你认为一个人的自我评价与他的成长经历有怎样的关系？

（3）你认为怎样的自我对话与正向的自我评价有关？

（4）你通常对正向自我评价或负向自我评价的人有怎样的反应？

（5）你认为自己是有怎样自我评价的人？

（6）你的自我评价对你的工作开展有怎样的影响？

（7）你可以用怎样的方式去改善你的自我评价或内在对话？

第三节

沟通技巧

当双方关系稳定后，谈话经过社会工作者的引导逐步深入下去，不可避免地会进入实质性的阶段，即与案主沟通有关问题。在这个过程中，社会工作者要与案主一起分析问题的前因后果，交流彼此的看法与意见，并努力达成对解决问题之方案的共识。这个过程是一个互动的过程，发生于两位或多位参与者之间，是一种信息传递与接收的动态过程。其中，任何一个环节出现问题都可能影响沟通的效果，甚至导致沟通的失败。而相关技巧的运用，则可以引导社会工作者有针对性地处理沟通中可能出现的问题。

一、沟通技巧的类型

沟通技巧又分为支持性技巧、引领性技巧、影响性技巧。

（一）支持性技巧

支持性技巧是指社会工作者通过肢体语言及口头语言的表达，令案主感到被尊重、被理解、被接纳，从而建立信心的一系列技术。支持性技巧主要有专注、倾听、同理心、鼓励与支持等。

1.专注

专注是指社会工作者面向案主、愿意和案主在一起的心理态度。在某些人生的重要时刻，陪伴是非常重要的。当社会工作者以专注的神情面对案主时，案主就会感觉"他与我同在""他在专心地陪伴我"，这无疑会给案主带来心理上的支持，增强面对困难的勇气和信心。优秀的社会工作者都会注重培养自己专注的能力。专注技巧既表现为通过生理上的专注行为来表达心理上的专注，也表现为心理上的专注带动生理上的专注。生理上的专注行为主要表现在如下几个方面：

（1）面向案主。社会工作者以一种参与的态度面对案主，这种表现意味着"我愿意帮助你""我愿意留在这儿陪你"。

（2）上身前倾。坐在椅子上，上身略微前倾。前倾的姿势意味着"我对你和你说的话感兴趣""我对你是友好的"。

(3)开放的姿势。双手放开而不是抱住双肩。

(4)良好的视线接触。沟通中社会工作者应与案主保持稳定、坦诚的视线接触,而不是眼睛盯在别处或四处巡视。

2.倾听

主动倾听是指社会工作者积极地运用视听觉器官去搜集案主信息的活动。专注与倾听是不可分开的,是同一种行为的不同侧面。完全主动的倾听包括三方面的内容:

(1)倾听案主的话语信息。社会工作者在沟通中的一个重要职责就是鼓励案主多说话,自己多倾听。社会工作者的倾听不是盲目的,而是有目的的,在倾听时要注意分辨案主叙述中的经验部分、行为部分和情感部分。

(2)观察案主的身体语言。有声语言不可能完全独立地传递信息,总有身体语言相伴左右。人在说话时,脸上总有一定的表情或手势、动作,身体语言往往对有声语言起着辅助和强调作用。与有声语言相比较,身体语言在传递信息中有更大的优势,如可以独立传递信息,从案主双腿不停抖动就可以知道案主内心的紧张和不安。而且,身体语言还可以起到戳穿有声语言伪装的作用。因此,社会工作者在沟通中必须仔细观察案主的身体语言,发掘其传递的信息。

(3)解读案主其人。倾听的最深层意义在于解读案主这个人,包括他的生活、行动及问题等。社会工作者用眼睛观察了案主的身体语言,用耳朵倾听了他的话语信息,但这还不够,还必须在此基础上动用自己的大脑,迅速地进行思考判断,解读案主整个人。

3.同理心

同理心是指社会工作者进入和了解案主的内心世界,并将这种了解传达给案主的一种技术与能力。同理心包括情绪同理和角色同理两个层面的内容。情绪同理即同感,是指社会工作者如同亲身体验一样感受案主的感受,是一种感受他人状况的能力。角色同理是指社会工作者了解案主的生活情境、参考构架及观点的能力。角色同理要求社会工作者尽量放下自己的参考构架和文化背景,站在案主的角度去理解案主的问题及其相关的行为。同理心作为一种沟通技巧,由三个要素组成:一是觉知的能力,包括感动的能力和理解能力。要想感同身受,就得先了解案主、懂得案主、理解案主。正确感知的基础,首先是培养自己对事物的敏感性,提高感受能力。二是语言表达能力,包括说话能力和肢体语言表达能力。一般来说,陈述句式和征询句式的效果比较好。三是传达的及时性。同理心的传达必须是及时的,迟到的表达将失去意义,提前的表达,会影响同理的准确性、正确性和全面性。什么是传达的最好时机,这要依具体情境而定,需要社会工作者去自行把握。

4.鼓励与支持

鼓励是指社会工作者通过恰当的话语和身体语言,去鼓励案主表达他们的感受和看法的技术。鼓励的技巧可以达到让案主表达、支持案主去面对心理上的挣扎、增强案主自信及创造彼此信任的专业关系的目的。鼓励应该在社会工作者觉察了案主的退缩行为之后运用。社会工作者通过专注与倾听,发现案主沉默、逃避目光接触、避免直接对话、吞吞吐吐等情形时,应当给予及时的鼓励。鼓励案主继续表达可以用话语,如"请继续""你说得很好",也可以用身体语言给予支持,如身体前倾、微笑地注视、点头、用手示意、眼神鼓励等。

(二)引领性技巧

引领性技巧是指社会工作者引导案主具体、深入地探索自己的经验、处境、问题、观念等的技巧。运用引领性技巧的目的是促进案主在相关主题上做出较为具体、深入的表达和探讨,增进社会工作者对案主的认识和了解。引领性技巧主要有澄清、对焦、摘要等。

1.澄清

社会工作者引领案主对模糊不清的陈述作更详细、清楚的解说,使之成为清楚、具体的信息。澄清也包括社会工作者解说自己所表达的不甚清楚的信息。沟通本来就是困难的事情,每个人的内心都是一个独特的世界,不是通过几句话就可以了解的。社会工作者与案主之间的沟通不是一般的人际沟通,而是要深入地互动,社会工作者必须对案主有较全面、深刻的了解才能真正按照其需要提供帮助。

2.对焦

对焦是指将游离的话题、过大的谈论范围,或同时出现的多个话题收窄,找出重心,并实现顺利沟通。对焦可以减少跑题、多头绪的干扰,使之能够集中在相关主题上进行深入、具体的沟通。但社会工作者在运用对焦技巧时应注意避免与鼓励技巧的冲突,鼓励技巧主张让案主多说话,尽量表达自己,这就免不了会出现谈话漫无边际的情况,因此,对焦技巧的运用不可生硬,应根据偏离主题的程度及所持续的时间,来决定在恰当的时机进行对焦。

3.摘要

摘要即社会工作者把案主过长的谈话或不同部分所表达的内容进行整理、概括和归纳,并作简要的摘述。摘要技术的运用,可以帮助案主理清自己混乱的思路,突出其在想法、感受、行为、经验上的特点或模式,使案主对自己有较清晰的了解。另外,社会工作者做完摘要后,还应向案主查证摘要是否准确,容许案主否定、接纳或更正摘要内容。

(三)影响性技巧

影响性技巧是指社会工作者通过影响案主,使其从新的角度或层面理解问题或采取方法解决问题的技巧。影响性技巧主要有提供信息、自我披露、建议、忠告和对质。

1.提供信息

社会工作者基于专业特长和经验,向案主提供所需要的知识、观念、技术等方面的信息。社会工作者首先要了解案主的知识背景,分析其对信息的敏感能力和接纳能力,再选择适当的方式提供信息。

2.自我披露

社会工作者可以选择性地向案主披露自己的亲身经验、处世方法和态度等,从而使案主能够借鉴他人的经验作为处理自己问题的参考。自我披露可以引导案主从其他角度去思考问题,或参考他人的方法解决自己的问题;自我披露还可以为案主树立坦诚沟通的榜样,社会工作者的坦诚开放、与人分享自身的经历和感受的做法,会感染案主,使其愿意表露自己的内心世界;自我披露对促进工作关系也十分有利,社会工作者的自我披露可以拉近与案主的心理距离,发展融洽的专业关系。

3.建议

建议是指社会工作者对案主的情况、问题有所了解和评估后,提出客观、中肯和有助于解决问题的意见。在个案沟通中,社会工作者通过对案主问题及相关信息的了解,会发展出具体的解决案主问题的思路,社会工作者应该向案主提出这些意见。但是,社会工作者首先需要考虑清楚意见或方法的可行性,背后的理念及理论的正确性。而有时如何向案主提出这些建议比方法本身的意义还要重大,如果社会工作者生硬地强行要求案主按照自己的意见做,违背案主的个人意愿,反而会造成不进反退的后果。因此,如何向案主提建议非常重要。

4.忠告

忠告是指社会工作者向案主指出行为的危害性或案主必须采取的行动。例如,"如果你还是每天翻查你丈夫的包,他会觉得自己不被尊重,会严重影响你们夫妻之间的感情"。忠告通常针对的是一些比较严重的事件或行为,但是,是否严重是一种价值的、道德的判断,是很主观化的。因此,社会工作者一定要反复斟酌自己的判断,而忠告之后,社会工作者应该耐心地讲清道理,提供案主不知晓的知识和视角,使案主有所领悟。

5.对质

对质是指社会工作者发觉案主的行为、经验、情感等有不一致的情况时,直接发问或提出质疑的技术。通过对质,社会工作者可以协助案主觉察到自己的感受、态度、信念和行为不一致或欠和谐的地方。

二、沟通技巧的创新

尊重的态度和理解是需要通过语言来传递或表达的,因此,沟通双方运用语言的能力和艺术是能否取得良好沟通效果的关键。人与人之间的沟通和互动是借助于有声语言和无声语言(肢体语言等)来进行的。有声语言是人与人之间信息沟通的桥梁,也是思想感情交流的渠道。而肢体语言如脸部表情、举手投足和眼神有时候可能比有声语言更真实地展示人的内心世界,包括身体姿态以及与案主之间的距离远近都在无声地传递着信息。因此,在从事社会工作实践前,学习用恰当的有声语言和肢体语言来和案主交流,将会十分有益。

(一)有效运用语言符号

第一,把话说得悦耳,悦耳的声音会令人心情舒畅。第二,把话说得清楚,必须让人明白所要传达的意思,这就要求沟通者思维有条理,吐字清晰,把意思说明白。第三,把话说得准确,要完整地表达句意,说话用词尽量科学准确。第四,把话说得恰当,说话必须符合特定的身份和场合。第五,把话说得巧妙。例如,如何说好第一句话? 怎么才能开启对自己有利又令对方愉悦的话题? 一般的原则是寻找对方感兴趣的区域和自己熟知的区域,而要避开对方忌讳的区域和自己的无知区域。

(二)巧妙使用身体符号

身体符号包括人的眼神、面部表情、身体姿势、动作及仪表等。专家认为,在人面对面的信息沟通中,有65%的社会意义是通过身体符号传递的。身体符号具有无伪装性的特点,人可以言不由衷,但强装笑脸总会露出破绽。人们可以通过恰当的身体符号向沟通对象表达自己对对方的尊重、接纳、关心,更可以通过细心地观察对方的身体符号解读其内心世界。

(三)适当运用环境符号

环境符号是指能够传递信息的时间和空间因素。时间在传递信息中具有不可替代的作用。与人约会姗姗来迟,传达给对方的可能是不认真、时间观念不强、不重视等信息,进而会引起对方很多的心理活动:失落、不信任、不愿意合作等。空间因素是指人与人之间的距离、位置以及沟通场所的气氛。谁都知道远远地打招呼表示热情与友好,与人擦肩而过没有任何表示说明彼此的敌意或冷淡。一般而言,人与人之间相隔0~15厘米是亲密距离,其语意是亲密而热烈;15~75厘米是个人距离,语意是亲切友好;75~215厘米是社交距离,语意是严肃而正式;215厘米以上是大众距离,表明彼此之间没有心理上的联系。要注意的是,一些特殊的场合如拥挤的公共汽车上则是例外情境。由此可见,应该视与交往对象的关系,把握与人沟通的距离。

三、沟通的典型方法

下面我们就根据个案、小组、社区三个不同层面的社会工作来分析沟通中可能出现的问题。在个案工作中,由于个性、家庭环境、受教育程度与文化背景的差异,社会工作者与案主对问题的理解及分析、处理问题的能力都有所不同。而差距往往是带来分歧的内在因素,它会阻碍沟通的进展。在小组工作与社会工作中,由于参与沟通的人数较多,社会工作者如未能有效领导、控制沟通的进程,平衡相互之间的关系,往往会使沟通在歧义与争执中流产。

所以,社会工作者在有效引导一次沟通前,需要做好充分准备。比如,可以做如下的考虑:从前期的谈话看,案主的主要问题与成因是什么?案主是否认为这是他/她的主要问题?我如何才能让案主开口说出他/她的真实问题?案主会怎么看待他/她的问题呢?这个问题如果触及他/她的痛处,我该怎么与他/她探讨呢?如何引导组员来共同参与沟通?大家对这个问题的沟通、反应不热烈,或沟通中出现冷场,怎么办?如果组员对问题的探讨争论不休,又该怎么办?

可见,要成功地引导一场沟通,还是较有挑战性的。不成功的沟通不仅会使问题得不到解决,还会拉开彼此的距离,破坏专业关系,影响服务的进展。所以,社会工作者有必要认真学习一些专门的技巧,以帮助自己有效处理沟通中出现的问题。由于沟通的技巧在小组与社区工作中意义更为重大,本节也更侧重于宏观层面的分析与介绍。当然,实际上,这些技巧无论在宏观、微观层面都可以有针对性地加以运用。

这组技巧主要包括有效提问、邀请与鼓励、头脑风暴、领导等。总的来说,沟通的目的主要有四个:一是培养大家对沟通话题的兴趣,鼓励大家参与到沟通中来;二是帮助案主或组员了解谈话的主题,澄清各自的观念与想法;三是增进案主或组员间的了解与认同,在不同的意见中协调彼此的关系与利益;四是在充分沟通的基础上,集思广益,达成彼此认同的最佳沟通方案。

我们应该都有与别人沟通问题的经历,知道它的大致程序。如先提出问题,当这问题是彼此都感兴趣、并愿意沟通的问题时,沟通便得以进行下去。但在社会工作中,有时话题是社会工作者设计的,案主、小组成员、社区居民可能不一定有足够的认识与了解,因而,在打开话题时,可能存在一定阻力。此外,有的话题可能是案主或某些组员回避的话题,但社会工作者因为工作需要而提出了,案主或组员就会转移话题甚至以沉默应对。如不先解决这个问题,沟通就难以进行。有效提问技巧就是用来防止或解决这类问题的技巧之一。

(一)有效提问

可能有的人会觉得,提问是一种很自然的事,不需要太多的技巧。那我们先来看以下几种提问,并体会一下它们的异同。例如:"最近还因家务事引起冲突吗?""最近的冲突是什么原因引起的呢?""为什么最近你们又有冲突了呢?""最近的冲突是由于你丈夫工作太忙,心情不好引起的,还是由于你丈夫又克制不了自己的脾气引起的呢?"第一个问题是一种封闭式的问题,对方可能会以简单的"是"与"不是"作答,从而限制了沟通。第二种和第三种提问是典型的开放式提问,可以给对方自由回答问题的空间,但第三种提问容易让对方产生负面感受。第四种提问介于前两种提问之间,给对方一定的阐述空间,但又对话题有较具体的指引,一般是在较了解案主的情况下,才会有这样的提问。一个社会工作者应该了解各种提问形式,并巧妙地加以运用,才能较好地引导沟通的进行。

有效提问就是这样一种技巧,它基于一定的经验与知识,根据对象、场合与谈话进程的不同,艺术地加以提问,以引导服务对象敞开话题,并朝着目标话题迈进。首先,社会工作者应了解问题的五种类型。

第一种是上面提及的开放式提问,它不能简单地用一两个词来回答,这种提问方式有助于激发思考,能防止谈话对象不经过沟通就对问题做出主观的判断。这种问题常用"怎样""什么""为什么"等词开始。

第二种是深究回答型提问,这种问题是为了获得理解和加深谈话对象参与的程度和深度,以发掘更多信息而提出的。社会工作者可以用"描述""告诉""解释"这类词来提问,如:"你能描述一下自己当时的感受吗?"

第三种问题是重新定向型提问,这类问题可在把话题转移给其他人时使用。例如,小组工作中,有组员问社会工作者一个与主题相关的问题,社会工作者可以这样回应:"小王刚才也提到这个问题,你认为刚才的提议怎么样? 其他人对这个问题是怎么想的?"

第四种问题是反馈和阐述型提问,在需要进行总结,或对已经沟通的问题进行阐明时,可以用这种问题。比如,"我们已经沟通了一段时间,有谁能对此总结一下吗?"这样的提问有助于大家在同一时间一起了解问题的状况。

第五种问题是封闭式提问,即前面所列举的那一类提问。缺乏经验的新手常常会频繁地使用这种提问;有经验的社会工作者则很少使用这种提问方式。

一般,社会工作者较常使用前面四种提问方式,这有助于获取更多、更具体的信息,也可以避免谈话受限于个人思维模式。只有在较特定的情况下,才会使用封闭式提问。

为了有效地进行提问,社会工作者需要注意以下九点:①初期和开导阶段应针对所有谈话对象提问。②要注意给谈话对象一定的时间去考虑所提出的问题。③当谈话对象回答问题后,要感谢他/她的意见,如果可能或者必要的话,对其回答进行深究。④在合理的时间内,如果没有人回答,则从谈话对象中寻找非言语信号,找出谁希望参与和回答问题,然后,直接请他/她回答。⑤如果没有人回答问题,考虑重新组织和表述问题或者询问是否需要对所提问题进行澄清。⑥避开有倾向性的问题。⑦避免太多的"是/非"问题,因为它们限制了沟通。⑧避免问题让谈话对象产生防卫和对立的情绪。⑨抑制住通过"点名"提问来获得人们的注意和处罚他们不专心的想法,这样的行动只会导致谈话对象的怨恨和更加不积极的参与。

(二)邀请与鼓励

实际上,有效的提问往往和邀请与鼓励相联系,它们在沟通中是两种相辅相成的技巧,都鼓励谈话对象的参与及投入,以共同推动沟通的顺利进行。邀请是指社会工作者通过身体姿势、面部表情、声音和话语等语言或非语言信息,向谈话对象暗示,或直接邀请谈话对象加以表述,参与到正在进行的沟通中。鼓励也是指社会工作者通过语言与非语言方式,如声音、手势等影响谈话对象在沟通中自由地表达自己的观点、想法与感受。无论是鼓励还是邀请,都意在激发或增进谈话对象的表达信心与勇气,支持案主超越自身的心理障碍,更积极地参与沟通。在需要时,也提供对沟通方向的建议。

在运用邀请与鼓励技巧时,社会工作者首先以开放的肢体语言、轻松的态度等,向谈话对象表示愿意做一个倾听与交流者。在谈话时,要注意观察案主或小组成员的行为表现,如遇到沉默、逃避眼神接触、避免直接对话等情况,社会工作者应理解他/她的心态,接纳其退缩或逃避的情绪,同时,也可以用鼓励与邀请技巧去回应。社会工作者可考虑直接运用鼓励的话语,或微笑额首等肢体语言,让回避、退缩的谈话对象感受到支持与鼓舞,进而再邀请他/她参与沟通。若还有第三人的话,如小组其他成员,可以让第三人来邀请该谈话对象,这样可以让该谈话对象获取更多的支持,同时也促进小组间的融洽关系。

一般,在建立关系的初期阶段,案主与社会工作者还比较陌生,又处于陌生的环境中,需要较多的鼓励与支持。当关系取得进展后,案主开始表述其内在的个人经历与感受,这时可能会产生矛盾与挣扎的心理,社会工作者不宜直接进行邀请,而可以给予较多的鼓励与支持。当案主开始谈论他/她关心的问题时,社会工作者只要专注地倾听就可以了。在小组或社区工作中,由于群体的压力,谈话对象会害怕在大家面前说错话,或怕别人议论,容易紧张与退缩。社会工作者更应以温和的态度、亲切的声调、鼓励的话语来消除谈话对象的负面感受或情绪,适当地赞扬他/她的行为,引导他/她逐步加入沟通中。不过,这种鼓励要避免过于笼统、模糊,也要避免说夸大不实的话,此外,还要避免重复使用相同的句子,最好是针对谈话对象所做的具体行为来加以鼓励、赞扬。

(三)头脑风暴

随着沟通的深入,焦点开始停留于如何解决问题上。一种被证明较有用的解决方法是头脑风暴法。这种技巧鼓励每个沟通者平等地参与,在公平、信任的基础上,倡导个人自由地建议、设想,以促进思想和意见的爆发。一般,在小组与社区工作中,头脑风暴技巧运用较广泛。尤其在5~8人组成的小组中,头脑风暴常常是最为有效的一种解决问题的工具。此外,头脑风暴技巧在小组建设的过程中也十分有用。因为这种技巧鼓励大家接纳彼此的观点,自由地畅想,这种开放的参与氛围,有助于小组成员产生相互的信任,增进小组凝聚力。

那么,如何来运用这种技巧呢?许多有关团队工作与人际沟通方面的书籍都对此做了较具体的指引,下面我们援引其中一种观点加以介绍

严格设定进行头脑风暴的时限,如12~20分钟。

每一个团队成员按照顺序表述自己的想法。引导者应鼓励团队成员表达他们的观点,尽管他们的观点可能会"跑题"或者是荒谬的。

在听取意见、想法时,是不允许进行评价、批评和沟通的(这可能导致人们审查自己的想法或者不利于推动过程中的创造性的发挥)。

团队成员不断地轮流参与是允许的,想法的数量是头脑风暴的目的。

沟通完善。如:鼓励补充完善别人的想法和意见,而不担心"侵占所有权",如一个参与者说完后引导者可以留一段时间让其他人进行补充和贡献他们的想法,而不必等到轮到他们说话的时候。

当所有团队成员都发言之后,引导者问:"这是我们所有能想到的吗?"

运用头脑风暴技巧,有助于获取好的提议,当然,组员间也可能出现分歧。有分歧未必不是好事。因为不同的意见交锋可以扩充大家的知识与经验,也有助于大家更深入地看待问题,反思自己的不足。所以,社会工作者不要害怕分歧,只是注意在头脑风暴前,要引导大家尊重与接纳别人的意见,并约定一个共同的原则:不评判。从而避免分歧带来的争议,以免阻碍沟通的有效进行。在运用这种技巧时,社会工作者要注意让参与沟通的每一个人都敞开心扉,接收所有观点,包括自己的和他人的观点。在这个过程中,要确保鼓励每一个人参与,并尊重每一个人的意见。记住,每一个组员都有贡献,那些性格内向的人可能带来最好的建议。

(四)领导技巧

最后一种沟通的技巧是领导技巧。领导是一种影响他人、控制事物进程与结果的行为与能力。领导者不一定是具有某种职位的人,只要一个人在人际中能影响他人,使别人认可其影响,便能产生实际的领导行为。有的领导者通过他们的人格来影响追随者,而有的领导者则通过其职位赋予的权力,对他人施加影响。不过,大多数领导是五种因素的综合,即奖赏权、强制权、法定权、专家权和模范权。社会工作者主要是通过专家权和模范权来获取领导地位的。这种领导地位在小组工作中表现得更为明显。社会工作者的领导责任是组织小组进行沟通,控制沟通的进程,并帮助小组完成沟通。要做到这些,社会工作者必须具备相应的技巧。首先须有组织小组沟通的技巧。这包括组成与维系小组,确定谈话主题,限制谈话时限,等。其次是控制小组沟通的技巧。这包括对沟通过程中可能出现的各种事件,如冲突、依赖、沉默、解组等,适时地加以干预。再次是引导小组沟通

的技巧。这包括掌握小组沟通的科学程序、把握小组沟通的进程、促成沟通目标的顺利完成等。

在这些技巧的运用中,需注意的有两点:一是把握小组沟通的程序。这些程序有助于小组把重点集中在问题上,并能促进沟通目标的达成。具体而言就是:选择题目,确定问题,分析问题,寻找和评价解决问题的诸种方法,选择一种解决办法。二是处理冲突,化解歧见。首先,应该在冲突发生之前加以管理,避免冲突。其次,冲突发生后,社会工作者应该尽快、直接地处理,以谨慎、公平的方式来探知真相,并加以协调。再次,在冲突难以化解的情况下,可以考虑民主决议。

沟通技巧是一组较具操作性的实用技巧,它最终指向一个目标:促进问题的解决。所以,在运用该技巧时,社会工作者要非常务实。比如:选择话题时要根据谈话对象的兴趣、需要加以适当的选择;在沟通的过程中要随时回应每一个参与者的感受与想法,顾及每一个人的切身利益,最大限度地调动大家的积极性,从而尽可能地使沟通获得最大效益。因此,在沟通中,社会工作者要注意弹性原则,也需要使大家意识到:个人的情感与意见有时应该得到一定的控制,以维护整个集团的共同利益或大多数人的利益。

第四节

活动策划

一、活动策划的策略选择

活动策划通常由两个部分组成:总目标和具体目标;活动方案。

(一)总目标和具体目标

策划中,目标的重要性是显而易见的。正如雷德所指出的,如果社会工作者订立寻常的目标,则会导致"不合理的期待及方向的经常变换"。伍德有同样的结论:如果订立模糊或不合理的高目标,"会使案主较容易经验到残酷及破坏性的体验,如失望、挫折及自己能力、自信的受损"。伍德还发现许多目标的订立存在没有事先与案主协商的情况,在这些情况里,负向的结果可能源自社会工作者与案主各自有不同的目的。因此,在构思活动策划之前,首先要设定目标。设定目标的意义就在于:澄清问题所在;促进案主的参与,引导解决问题的行动方向;作为评估的指标。

目标,其实就是一种期望达到的境界。活动策划涉及两种目标,即总目标和具体目标。莫雷等曾这样来定义总目标和具体目标之间的不同含义:总目标(goal)是案主想要达到的境界的宽泛的总体的陈述,它所表达的是一种想得到的结果,一种理想的境界,或者是一种助人关系的长期目标。它并不一定是可测量的。而相比较,具体目标(objectives)是指案主在其行为和情境方面希望发生的具体变化的清楚表述,它应该是可以观察到并可测量的。社会工作者和案主可以设定很多具体目标来实现一个单一的总目标。

因此,总目标和具体目标是既紧密联系又有区别的,总目标是社会工作者和案主通过共同努力最终期望达到的目标,具体目标是为实现总目标服务的,是具体明确、切实可行、可测量的目标。

(二)活动方案

活动方案是一种对改变过程进行的整体性考虑,它是为了实现总目标和具体目标而精心设计的一系列行动,包括社会工作者和案主的角色,以及每个人承担的任务和运用的方法、技巧等。

通常每一种问题都可以采取不同的方法和途径加以解决,社会工作者在和案主商量的过程中,可以使用头脑风暴法,畅想各种有助于解决问题的方案,尽管每种方法或途径所付出的和得到的结果会有所不同,也不一定非在现实中进行尝试,但集思广益的目的就是在几个方案的比较中,选择最合适和有效的方案,这个过程本身也为案主提供了如何思考和解决问题的路径和榜样,同样也是提升案主力量的过程。

二、活动策划的实施及案例介绍

活动策划的实施主要包括目标的设定和活动方案的设计,下面我们将以具体案例来示范怎样设定合理的目标和设计有效的活动方案。

(一)目标设定

例如:案主小刘因从小和奶奶一起生活,到上学时才回到父母身边,比较调皮,经常挨父母打骂,初中开始小刘和父母的矛盾愈演愈烈。为此,小刘的母亲求助社会工作者,希望能够解决他们这种紧张的家庭关系。社会工作者通过和小刘及其父母交谈,确定的总目标为改善家长和孩子之间的关系,具体目标则为:①父母和孩子每天至少一次在一起交谈半小时。②每周进行一次家庭聚会,内容可以是郊游、外出吃饭、去逛书城、打球或锻炼。③从4月到6月,每两周小刘或父母与社会工作者小周见一次面,以学习亲子沟通的知识和技巧。④5月到6月期间,小刘父母每两周参加一次"帮助你的孩子走向成功"的家长小组活动,以更好地了解自己的孩子在青春期的特点,并学习新的亲子知识和技巧。

在设定目标时,社会工作者需要掌握以下几个要点:

(1)目标的设定是建立在预估的基础之上的,目标要与案主的问题紧密相连。离开案主的问题而设定的目标是不切实际和无效的,因此,社会工作者应明确从问题到目标乃至最后的评估是环环相扣的,要注意前后的一致性。

(2)设定目标的过程是社会工作者和案主在协商中达成共识的过程。案主来机构求助时,有的很清楚他们要什么,也有的可能不清楚自己真正需要的是什么。同样,社会工作者提供服务时,知道自己要帮助案主发生改变,但可能不是很清楚到底要改变案主的哪一部分。因此,很重要的一条,是案主的参与,和案主一起来探讨和确定目标,达成共识。只有这样,才能避免由社会工作者来确定目标,或把自己设想的目标强加在案主身上。案主只有认可目标,才会有改变的动机与动力。而且,社会工作者和案主讨论和确定目标的过程,也是鼓励案主深思问题解决以后自己的未来的过程。这个探索的过程,也是案主增强力量的过程,可以促使其更主动地去实现目标。因此,当案主对问题做模糊的叙述时,社会工作者可以让案主进一步描述"你怎么知道这个特定的问题已经被解决了?",鼓励案主更明确地描述出理想的目标。

当然,社会工作者也应坚持一定的原则,对自己不赞成的某些目标不能轻易迁就案主。如:有时候案主提出的某些目标是和你个人价值观相背离的。当然,价值观是很个人化的,有许多社会工作者在和与他们在人生哲学、伦理道德观、性观念方面大不相同的案主一起工作时,会有强烈的价值冲突。如果社会工作者对案主提出的目标有强烈的不适,最好把他/她转介给那些觉得目标可以接受的专业人员。但必须向案主解释你转介的理由:"我很抱歉无法与你一起朝着这个目标努力,我们俩在这个问题上的价值观差异太大,我的价值观可能会妨碍你寻求帮助。但如果你同意的话,我会帮你获得你需要的服务。"如果你无法转介给他人,你也要明白地告诉案主你的不同看法,并申明你仅能提供你能给予的帮助。

(3)目标的设定应该有先后顺序。有时,案主可能有一系列的问题或需求,会同时提出好几个想要实现的目标,面对这种情况,正如西蒙斯和艾哥讷所说:"要同时对付几个目标就可能陷入困惑和失败。"如果案主真的需要解决很多问题,社会工作者就应该帮助他们排出这些问题或目标的先后顺序。因为,经验告诉我们,为了有效地解决问题,我们必须集中时间和精力在一个或两个问题上,如果多头并进,急于求成,效果恰恰适得其反。社会工作者要鼓励案主开拓思维去思考未来,但也要引导他们在某个时段只朝一个方向努力。至于问题或目标先后顺序的排定,可以考虑案主的哪个问题或需求最迫切需要解决,例如性命攸关的事必先处置,最容易做的也可以先做,或者和案主已达成共识的放在前面,不管哪种顺序,都要在案主认同的情况下才可进行,案主有选择适当之目标的最后决定权。

(4)具体目标的描述应是明确并且可测量的。为了在助人的过程中指明方向,目标要能明确地指向结果,而不是过程或手段。例如"小刘父母将得到社会工作者的辅导",这是对过程或手段的描述,而非结果。什么是辅导所预期的结果呢？社会工作者的辅导将完成什么？一种更好的表述也许是:"从4月到6月,小刘父母将得到亲子沟通知识和技巧方面的辅导,社会工作者小周将帮助他们用正面的、积极的沟通方式来取代训斥和打骂。"在具体目标的叙述中应有几大要素:谁、将做什么、什么程度、在什么条件下、到何时为止。此外,目标还应是可测量的。例如:"让案主感觉更好",即一周内至少有五天晚上睡眠在六小时以上、正常的饮食,而且在"贝克忧郁量表(Beck Depression Inventory)"的得分至少提高百分之十五"。这样的目标表述会更有可测性,在评估时也易于看出其成果如何。

（5）目标的设定应是切实可行的。目标达成的难易程度也是十分关键的因素,假如我们设定的目标太难达到,会使案主遭受失败,增加挫败的感觉。而目标定得太简单、极易完成,案主也会觉得社会工作者的帮助缺乏诚意和水准。因此,目标的设定要考虑案主的能力以及环境中可能存在的对目标达成不利的因素。大多数情况下,案主有能力达到其预定的目标,所以要肯定目标的有效性并表示相信他们一定能实现其目标。但也有些案主喜欢夸大自己的能力,在此情况下,社会工作者要敏感地、有技巧地帮助他们降低目标至现实可行的程度。至于环境的限制,主要是指案主改变过程中环境对其的影响。例如,一位在狱的案主希望服刑完毕能和妻女团聚,可他的妻子不能原谅他的过去,坚决要和他离婚。这种情况下,社会工作者可能会同意帮助案主做其妻子的工作,但如果他妻子态度坚决,不肯接纳他,这样的情况下,社会工作者如果依然同意案主的想法,设定这样的目标是不妥的,那等于要让案主品尝失败的滋味。此外,目标是否切实可行也和机构所拥有的资源有关,如若订立的目标远远超越了机构的资源或能力所及,是不可能实现的。

（6）目标宜用正面的语言表述并强调成长。赫普沃思曾提到:在订立目标时,可着重于案主有利的改变或生命当中累积的收获,以当事人的成长作为目标达成的指标。在叙述目标时,不要把焦点放在案主要放弃的部分。案主通常想要放弃的不良功能行为(如谴责自己、打架、过度吃喝),可能会使他们感受到些许失落,因为那些行为虽引发压力与问题,但对案主而言毕竟在生活中已经习惯了。在心理上,若定义目标是用收获而不是丧失,则较能增强动机并减轻对改变的反抗。例如:要控制自己的脾气,不对孩子大吼大叫,不打骂孩子。如改为正面的语言,可以是"学习新的教育孩子的方法,用正面教育方法与孩子进行沟通"。用正面的语言表述目标,不仅体现了社会工作者对案主的尊重,而且也强调了从积极的角度来帮助案主成长,从心理上也更容易为案主所接受,并成为案主转变的动力。

（二）设计活动方案

例1:社会工作者小萍正在负责一个家庭暴力施暴者小组,帮助他们认识实施家庭暴力的后果,并重新学习如何控制愤怒和解决家庭矛盾的新方法。

社会工作者在和小组成员商讨后,订立了以下活动方案。

7月12日,社会工作者小萍负责放映《案件聚焦》中有关家庭暴力的纪实片,并组织小组成员分享观后的感受和自我反省。

7月19日,社会工作者小萍组织小组成员讨论家庭暴力的原因、性质和后果,并学习相关的法律知识。

7月26日,由社会工作者小萍邀请专家为大家介绍控制愤怒的方法与技巧,并进行半小时的讨论。

8月3日,由社会工作者小萍召集大家学习和讨论解决家庭矛盾的新方法。

8月10日,小组成员将邀请部分家人参加小组总结会,分享感受和体会。

例2:小明,今年11岁,父母4年前来上海打工,1年前把他接到身边,并联系了附近的一所公办小学借读,小明被留了一级,安排在二年级学习,但在学校因为受到歧视和表现不好,几乎每周老师都要向家长告状,小明为此屡屡挨打,班主任老师警告他,如果在学校再不交作业、不守纪律、打骂同学,就请他回家了。小明的母亲求助新希望工作室(一家专为外来务工人员服务的非营利组织),社会工作者小燕负责了此案,经过预估,小燕认为目前存在的主要问题是:小明的学习和在校表现问题,学校歧视外来务工子弟的问题。

活动策划

总目标:小明和学校经过正向互动,在学习上取得较大进步。

具体目标:

(1)到11月30日止,小明在行为上有进步,基本做到遵守学校的规章制度。

(2)到1月20日期末考试结束,小明的学习成绩将有较明显的提高,语文、数学、外语三门主课都能及格。

(3)到1月20日止,小明能与同学友善相处,在班中结交两位朋友。

(4)到1月20日止,学校方面能改善对外来务工人员子女的态度,在教师和学生中形成尊重他人的良好氛围。

活动方案:

(1)10月15日,社会工作者小燕将去小明就读的学校,与校长、年级组长及相关教师进行座谈,探讨外来务工人员子女教育方面的问题和解决办法,并讨论如何形成团队来帮助小明取得学业上的进步。

(2)10月25日,社会工作者小燕将和小明的父母面谈,讨论如何用正面教育的方法帮助小明改变。

(3)10月25日前,小明在家长的监督下将能够完整地背出有关课堂纪律方面的四项条款。

(4)10月至1月期间,社会工作者小燕将每两周和小明见面一次,进行个别辅导。

(5)10月至1月期间,社会工作者小燕将每月和小明的班主任联系一次,询问小明的在校表现、作业完成情况及家长联系手册的情况。

（6）10月至1月期间，小明的父母将每天检查小明的作业和家长联系手册，主动和老师沟通。每周末对记录册上好的表现进行奖励。

以上案例只是非常简单的活动策划，其实，在倡导学校应如何尊重外来务工人员子女，尊重每个学生的独特性上，还有很多工作可做。每个社会工作者的侧重点会有所不同，但重要的是尊重案主的意见。活动策划的关键在于明确每个相关人员的任务与责任，并共同努力来实现策划。当然，策划也不是一成不变的，它可以在实施过程中根据情况的变化而做出适时的调整。

小结

从事社会工作实务，需要社会工作者对自己有比较清醒的认识，只有了解自我，才能在与案主、与同事相处时有明确的角色意识，才不至于在某些情况下失去自我控制而伤害到案主。本章主要介绍了自我探索所需的认识自我、自我成长以及自我评价三个方面的内容。此外，本章还重点介绍了沟通技巧的类型、技巧的创新、典型方法等内容。社会工作离不开活动策划，学生需要掌握活动策划的总目标和具体目标的差异以及如何设定合理的总目标及具体目标，在目标指导之下，设计合理并具备可行性的活动方案。通过本章学习，学生可更加了解社会工作的本质，把握社会工作所需的各项能力和知识。

自测题

1.填空题

（1）"自我"可以涵盖三个层面：（　　　　）、（　　　　）、（　　　　）。

（2）沟通技巧又分为（　　　　）、（　　　　）、（　　　　）。

（3）总目标和具体目标是既紧密联系又有区别的，（　　　　）是社会工作者和案主通过共同努力最终期望达到的目标，（　　　　）是为实现总目标服务的，是具体明确、切实可行、可测量的目标。

（4）（　　　　）表现为社会工作者在表达意见时有肯定、新颖的见解，包含了富有价值的知识、意见和感受。

（5）（　　　　）是指社会工作者应包容案主的感受、想法和看法，包括其优缺点、积极和消极的情绪、建设性和破坏性的态度和行为等。

(6)(　　　　)是指个人对于自身的看法,是个人对于(　　　　　)的判断。

(7)沟通是服务中的重要环节。进行服务策划时,社会工作者需要与案主沟通(　　　　)、(　　　　)、(　　　　)等。

(8)(　　　　)是指社会工作者进入和了解案主的内心世界,并将这种了解传达给案主的一种技术与能力。同理心包括(　　　　)和(　　　　)两个层面的内容。

(9)(　　　　)是指社会工作者引导案主具体、深入地探索自己的经验、处境、问题、观念等的技巧。

2.判断题

(1)社会工作者在沟通中,为达成服务目标,可以按照自己的思路提供服务,特殊情况下可以不用认可案主的个人意见和想法。(　　　　)

(2)支持性技巧是指社会工作者通过身体及口头语言的表达,令案主感到被尊重、被理解、被接纳,从而建立信心的一系列技术。(　　　　)

(3)鼓励是指社会工作者通过恰当的话语和身体语言,去鼓励案主继续表达他们的感受和看法的技术。(　　　　)

(4)对焦是指将游离的话题、过大的谈论范围,或同时出现的多个话题收窄,找出重心,实现顺利沟通。(　　　　)

(5)摘要技术的运用,可以帮助案主理清自己混乱的思路,突出案主在想法、感受、行为、经验上的特点或模式,使案主对自己有较清晰的了解。(　　　　)

(6)社会工作者做完摘要后,不用向案主查证摘要是否准确。(　　　　)

(7)人们可以通过恰当的身体符号向沟通对象表达自己的尊重、接纳、关心,更可以通过细心地观察对方的身体符号解读其内心世界。(　　　　)

(8)有效提问是这样一种技巧,它基于一定的经验与知识,根据对象、场合与谈话进程的不同,艺术地加以提问,以引导服务对象敞开话题,并朝着目标话题迈进。(　　　　)

(9)社会工作者主要是通过强制权和法定权来获取领导地位。这种领导地位在小组工作中表现更为明显。社会工作者的领导责任是组织小组进行沟通,控制沟通的进程,并帮助小组完成沟通。(　　　　)

(10)总目标(goal)是案主想要达到的境界的宽泛的、总体的陈述,它所表达的是一种想得到的结果,一种理想的境界,或者是一种助人关系的长期目标,它并不一定是可测量的。(　　　　)

(11)具体目标是指案主在其行为和情境方面希望发生的具体变化的清楚表述,它不一定是可以观察到并可测量的。(　　　　)

(12)活动策划目标的设定要考虑案主的能力以及环境中可能对目标达成不利的因素。(　　　　)

3.思考题

(1)社会工作者怎样进行自我探索？

_____

_____

(2)沟通技巧有哪些？分别适用于哪些场合？请举例说明。

_____

_____

(3)分析沟通技巧的创新方式。

_____

_____

(4)假设你是一名社会工作者,请你根据身边的具体案例,设计一个可行的活动方案。

_____

_____

[1]吕民璇.社会工作个案研究——方法、探讨与处遇[M].台北:洪叶文化事业有限公司,2002.

[2]林万亿.当代社会工作:理论和方法[M].台北:五南图书出版公司,1999.

[3]宋林飞.社会工作概论[M].南京:南京大学出版社,1991.

[4]王思斌.社会工作概论[M].北京:高等教育出版社,1999.

[5][英]邓肯·米切尔·社会学新辞典[M].蔡振扬,等译.上海:译文出版社,1987.

[6]朱眉华.社会工作实务(上)[M].上海:上海社会科学院出版社,2003.

[7]扎斯特罗,等.社会工作实务——应用与提高[M].晏凤鸣,译.北京:中国人民大学出版社,2005.

[8]白秀雄.社会福利行政[M].台北:三民书局,1989.

[9]彼得·班克特.谈话疗法:东西方心理治疗的历史[M].李宏昀,沈梦蝶,译.上海:上海社会科学院出版社,2006.

[10]黄陈碧苑,廖卢慧贞,文锦燕.交往技巧的运用与分析[M].北京:清华大学出版社,2005.

[11]杜景珍.个案社会工作——理论·实务[M].北京:中国水利水电出版社,2007.

[12]梁伟康.社会服务机构行政管理与实践[M].香港:集贤社,1990.

[13]黄惠惠.助人历程与技巧[M].成都:四川大学出版社,2006.

[14]王刚义.社会工作学[M].长春:吉林大学出版社,1990.

了解社会工作实务不同领域的概念及理论基础,明确各领域的
主要内容,掌握不同领域社会工作的方法,并尝试开展社会
工作。

以学习小组为对象,运
用小组工作法相互介
入,解决相关问题。

第七章

社会工作实务主要领域

◇◇◇◇◇◇◇

社会工作实务的主要领域就是它所开展服务的范围或者区域。我国现阶段社会工作实务的领域,主要包括儿童与青少年社会工作、老年社会工作、残疾人社会工作、家庭社会工作、矫治社会工作等。由于各领域的服务对象有不同特点和需求,因而,每个领域的工作性质和内容均不相同,采取的工作方法自然也不相同。社会工作一般采取个案工作、小组(团体)工作及社区工作方法,这些方法在各领域的运用不同,可结合具体案例,采取相应措施。

我国现阶段社会工作的服务领域主要包括儿童与青少年社会工作、老年社会工作、残疾人社会工作、家庭社会工作、矫治社会工作等。

第一节
儿童与青少年社会工作

儿童与青少年是最富生气、最善于创造的社会群体。同时,儿童与青少年时期也是人生中生理、心理发展特别快、可塑性特别强的时期。这两个时期的成长与发展决定了个体后续的发展。儿童与青少年是国家的希望和未来,做好儿童与青少年的社会工作对促进国家的和谐发展起着积极的作用。

一、儿童与青少年社会工作领域概述

(一)儿童与青少年社会工作的界定

儿童与青少年社会工作是把儿童和青少年作为工作和服务对象,运用儿童和青少年成长和发展的相关规律,以及社会工作专业的理念、理论、方法和技巧,为儿童和青少年及其家庭提供保护、教育和发展等社会福利服务,使他们能够全面健康发展,更好地适应社会生活的专业活动。

(二)儿童与青少年社会工作的理论基础

1.心理分析理论

心理分析理论认为人类的本质是先天的,决定个人行为的力量并非是环境而主要是人的内驱力。大部分行为的背后都潜藏着生物性的驱力,如性与攻击等,它们会依据个人人格成熟程度的不同而以不同的方式呈现出来。弗洛伊德指出:生理成熟过程中引起快乐的器官从身体的一个部分转移到另一个部分(从口腔到肛门到生殖器官),发展阶段中的经历影响着不同个性的最终形成。在社会化过程中,不同的个体的基本需要和渴望在不同程度上得到满足或受到挫折;由于所处的环境不同,每个人会体验到不同的愉快和满足,以及不同的痛苦和心理冲突。新心理分析理论的代表人物荷妮认为:照顾者的溺爱会导致儿童的依赖行为,而照顾者带有敌意的、有虐待性质的,或疏忽的行为会造成儿童期的恐惧感。

心理分析理论对儿童与青少年社会工作的意义,在于早期的经历对个体的成长具有很大的影响,开展儿童与青少年社会工作应该考虑或重视儿童与青少年当

前的状况与过去的成长经历之间的密切联系。

2.心理社会理论

心理学家艾瑞克森把"心理社会"与"危机"的概念结合起来,扩充了弗洛伊德发展模式中的一项原则。艾瑞克森认为:在儿童时期,如果父母允许儿童去做他们力所能及的事情,并给予鼓励、帮助和指导,则儿童逐渐会感觉到自己的能力和树立自信心,并且养成自主、积极向上和奋发进取的人格;在少年期,个体对自我概念和自我形象的关注和意识不断增强,但同时又缺乏对世界的实际了解,缺乏自主、自立能力,思想、情感经常处于一种冲突和混乱的状态之中。因此,克服自我角色的混乱是这一时期所面临的任务。在青年期,个人需要在社会生活中建立良好的人际关系,从中发展出友谊、爱情、亲密合作等,否则就会产生一种孤独感。

心理社会理论对于儿童与青少年社会工作的意义,在于它指出儿童与青少年在不同的年龄阶段有不同人生任务和危机,儿童与青少年社会工作就是要帮助服务对象顺利地处理这些可能面临的人生危机,从而使其不断获得成长。

(三)儿童与青少年社会工作的主要内容

1.儿童社会工作的主要内容

(1)儿童养育和保健。儿童养育包括在饮食喂养、合理营养、居住环境、托儿设施等各个方面给予儿童更完善、更全面和更科学的抚养和培育。儿童保健主要包括两个方面:一是妇婴保健,即利用各种有效措施减少婴儿死亡率;二是指对儿童的卫生工作,即通过健康检查、身体缺点的锻炼及矫治、传染病的预防、健康教育和科学的生活方式的宣传等方式促进儿童健康发育成长,全面提高儿童的身体素质。

(2)儿童照顾和教育。儿童照顾是指在家庭、托儿所、幼儿园、学校等环境中给予儿童生活、学习、成长等各方面的呵护和关怀。儿童教育主要是指通过各种手段和途径使儿童学会认知、掌握必要的知识和思维方式、具备生活中必需的能力、习得初步的社会规范、培养基本的道德品格的过程。

(3)儿童救助和保护。儿童救助主要指对孤儿、被遗弃儿童以及生活困难儿童的救济和帮助。对前者的救助形式主要有儿童福利院教养、家庭寄养和收养等。对后者救助的主要方式是为贫困或单亲家庭提供经济和物质上的救助,以使儿童获得基本的生活保障。儿童保护包括三个层面的工作:一是通过立法和制定政策从制度上规定和保护儿童的各种权利;二是在实际生活中通过具体手段切实保护儿童的合法利益,如生命权、被抚养权、健康权等;三是与各种有关的社会力量(家庭、学校、公安、法院、青少年保护专设机构等)合作,保护儿童的成长,与一切危害儿童身心健康和成长的行为作斗争。

2.青少年社会工作的主要内容

(1)发展性服务,包括:提供青少年休闲场所;举办并设计各种活动,使青少年学习并建立正确的人生目标、培养做事负责任的态度、提升领导及创造能力;提供国内外时事信息服务,使青少年了解世界发展的趋势,并明确自己所应扮演的角色;提供青少年发展中的生理、心理、情绪、行为、人际交往、社会适应等各方面的知识性辅导服务,增进其人际关系、法律常识、性教育、生理保健方面的知识与能力;提供就业信息及就业辅导服务,以拓展青少年的就业能力等。

(2)预防性服务,包括:改善青少年家庭生活环境,为青少年提供服务;提供青少年父母亲子教育服务,以增进父母教导青少年的技巧;改善青少年学校生活环境,加强学校对不适应学业之学生的学业辅导、技艺训练,并发展补充性课程及相应活动;改善青少年社区生活环境,加强社区各组织在青少年社会工作中的合作,整合各类社区资源,为青少年发展提供良好的社会支持;探索建立学校、家庭、社区良性互动的青少年社会工作服务模式;倡导有效的青少年服务和发展政策等。

(3)治疗性服务,包括:提供就学或生活补助,以帮助有困难家庭的青少年正常成长;提供被忽略或虐待的青少年的保护服务;提供安全保护、收容服务及不适合家庭居住的青少年安置服务;提供在身体、情绪、精神等方面功能失调,以及社会人际适应不良等方面的治疗性服务。

二、儿童与青少年社会工作的方法

(一)个案工作法

个案工作法是指社会工作者和服务对象之间进行面对面或一对一的专业服务,帮助他们解决遇到的问题,激发其潜能,改善生活环境,调适社会关系,促进自我成长和发展的工作方法。

个案工作法在儿童与青少年社会工作运用中具有如下特点:一是所制订的方法或方案需符合儿童与青少年这一特定对象认知。二是社会工作者与所服务的儿童与青少年建立良好的关系,尊重和接纳是开展个案工作的前提。三是个案工作具体表现为一对一、面对面的沟通和交流。社会工作者所具备的专业知识和沟通技巧,能促使服务对象打开心扉、勇敢面对并最大限度地激发服务对象的潜能,帮助他们认识问题、认识自己、解决自己遇到的问题。

(二)小组工作法

小组工作法是指社会工作者把服务对象组织起来,运用小组方案和已有资源引导儿童或青少年在小组活动中互动,促进组员之间相互建立关系,以个人需求和能力为基础,获得促进自身成长与发展的经验。

小组工作法在儿童与青少年社会工作运用中具有如下特点:一是针对儿童与青少年特定年龄段的性格特点设计小组活动,有助于培养他们与人交流合作的能力,启迪他们的智慧,从而促进他们的成长与发展,增进他们的社会适应性。二是儿童与青少年在认知及人格等各方面发育还不完善,极易受到他人的影响。社会工作者要在小组建设中营造积极向上、健康乐观的团队氛围,要了解各个组员的社会生活、性格习惯、爱好需求等,提防不良习惯或行为在团体之间传播。

(三)社区工作法

社区工作法是指把儿童或青少年作为社区工作的对象,因为他们的兴趣爱好、生活方式及需求相近,也有一些需要共同面对的问题及社会资源,社区工作者需要帮助他们建立必要的联系,促进他们互助互动,培养他们共同的社区意识及社区归属感。

社区工作法在儿童与青少年社会工作运用中具有如下特点:一是它关注社区内多数儿童或青少年的共同问题及利益等的获取情况,而不是对某一个体的问题进行专业或系统的解决。二是它重视社区作为儿童和青少年家庭、学校以及社会之间的重要纽带的作用,旨在为儿童和青少年创造一个健康美好的成长环境。三是需要社区工作者充分了解所在社区儿童和青少年的年龄结构及比例,了解他们的需求,分析存在的问题、已有资源及可争取的资源,从而制订工作计划与方案。

三、儿童与青少年社会工作案例鉴析

(一)案例背景介绍

小芬是小学三年级的学生,出生前父亲因犯法进了监狱,母亲也弃她而去。年幼的小芬一直由爷爷奶奶抚养长大。爷爷奶奶对没有父母的小芬格外疼爱、百般呵护。因怕小芬被人笑话自己没有父母而受到伤害,所以平日里几乎不让小芬和别的小朋友玩,与亲戚也很少来往。小芬的生活圈里只有爷爷奶奶。上学期间,小芬性格非常内向,喜欢哭,害怕与陌生人交往。

(二)案例分析

儿童发展包含了身体从弱小到强大、智力从低到高、心理人格从无到有以及行为从稚嫩趋于成熟的过程,这个发展过程需要获得不同方面的照顾、引导、支持才能完成。上述案例中,小芬当前的需要主要有以下两个方面:

一是发展成长的需要。儿童在身心发展过程中需要获得关爱、教育和引导。第一是获得良好的家庭生活,得到父母的爱和适当管教,与父母建立良好的亲子关系。案例中,小芬的父母都不在身边,尽管被爷爷奶奶百般呵护,但依然是缺乏爱的。第二是拥有受教育的机会,有良好的教育和学习环境,满足其探索和认知世界的愿望。小芬在爷爷奶奶的保护下性格内向,在学校里不敢与陌生人说话,没有足够的求知欲。第三是获得足够的休闲和娱乐,有安全的娱乐场所,使其形成良好的娱乐休闲态度、方式和行为。小芬的生活场所单一,平日里不和其他小朋友玩,活动内容单调,不利于学习和成长。

二是社会化的需要。儿童的社会化是儿童逐步了解社会、掌握生存技能的重要过程,是人的社会化过程中的第一步。儿童在成长过程中需要通过个人和社会的相互作用,才能获得语言、思维、情感等方面的能力。案例中,小芬基本不与朋友和亲戚来往,生活圈子里只有爷爷奶奶,很容易和社会脱节,需要进一步社会化,才能掌握基本的生存技能,促使自我观念发展,养成良好生活习惯,培养良好道德品质。

(三)介入策略

1.直接介入

(1)开展儿童问题个案辅导。即针对儿童自身的行为问题、人际交往问题、心理健康问题、身心障碍的康复与治疗问题等开展一系列专业服务活动,从而为儿童提供及时有效的情绪疏导和支持、行为指导和矫正,从而预防可能出现的更加严重的问题,保障儿童的健康成长。小芬在爷爷奶奶的过度保护下,已经存在社交问题,社会工作者应该通过个案辅导,鼓励小芬平时多与同学、朋友交流,相互学习,建立良好的人际圈子,对她取得的进步及时予以表扬,增强其自信心。

(2)组织儿童娱乐和休闲活动。娱乐和休闲可以帮助儿童强身健体,促进情绪的放松和调整,增进人际关系和改善社交技能,获得同伴认可,得到自我实现,培养探索、发现和解决问题的能力,凝聚家庭,增进亲子关系。社会工作者可以通过娱乐休闲等活动,带领小芬走出自己封闭的小圈子,逐渐融入社会。

2.间接介入

(1)指导家长科学育儿。这主要是对小芬的爷爷奶奶进行的服务。科学育儿是指向所有儿童的父母和其所在的家庭传播科学育儿理念,并为他们提供具体的科学育儿实践指导和日常育儿问题咨询。爷爷奶奶为防止小芬受伤害就将小芬封闭起来,这样反而不利于小芬的成长,社会工作者应该帮助小芬的爷爷奶奶树立正确的教育方式。

(2)开展合理的家庭辅导。家庭辅导是指以家庭为单位,以全体成员为对象,以改善家庭成员关系为重点,以恢复能够执行健康的家庭功能为目标的专业指导或治疗活动。小芬的父亲入狱,社会工作者可以帮助找到小芬的母亲,让她前去探望小芬,使其明白自己有抚养小芬的法定义务。母爱是孩子成长中最不可或缺的。通过母亲的帮助,促使小芬改变现在胆小、爱哭的性格。

(3)整合社会资源,帮助小芬建立起良好的社会支持网络。与小芬的亲戚进行沟通,建议他们平时多去探望小芬及其爷爷奶奶。与社区沟通,使老人对外界放下戒备,放心孩子跟外界去交流,促使小芬健康地成长。

第二节
老年社会工作

人口老龄化是世界上许多国家都面临的严峻问题。对于发展中国家来说,人口老龄化无疑会影响经济发展与社会现代化进程;而从个体来看,人进入老年期,在身体、生理、教育、福利等各方面都有新的需求。因此,不论是国家政策还是社会组织或团体都在不断采取有效措施应对人口老龄化问题。

一、老年社会工作概述

老年社会工作是社会工作的重要组成部分,老年人问题和人口老龄化是老年社会工作产生的根源,把握老年社会工作的内涵有助于老年社会工作的开展。

(一)老年社会工作的界定

不同学者对其内涵的界定因角度不同而有所差异。梅陈玉婵从强调老年人个人能力出发,认为老年社会工作是运用特定的知识体系和技巧,帮助老年人增强个人能力,并解决其所面临的各种问题的专业服务活动。王思斌从强调社会工作的价值观方面出发,认为老年社会工作是以科学的知识为基础,利他主义为指导,帮助有困难的老人走出困境的活动。

综合不同学者的观点,我们认为,老年社会工作是指运用社会工作的理念、方法和技巧,为老人及其家庭提供生活照料、文体娱乐、生命关怀等社会福利服务,以满足老人需求、提高其生活质量的实践活动。

(二)老年社会工作的理论基础

1.社会撤离理论

社会撤离理论是从西方社会学主要流派之一的功能学派的理论中分离出来的,最早由美国的库明在1961年与人合著的《变老》一书中提出。社会撤离理论认为,人的能力会不可避免地随年龄的增长而下降,老年人因活动力的下降和生活中角色的丧失,希望摆脱要求他们具有生产能力和竞争能力的社会期待,愿意扮演比较次要的社会角色,自愿地脱离社会。在社会撤离理论看来,老年人减少他们的活动水平,减少与人交往,关注内心的生命体验,这会使老年人过上一种平静而令人满意的晚年生活。而且,老年人主动地撤离社会,能使社会权利井然有序地实现交接,社会也不会因老年人的突然死亡而功能受损。

2.活动理论

活动理论与社会撤离理论的基本观点正好相反,认为活动水平高的老年人比活动水平低的老年人更容易感到生活满意和更能适应社会。在老年社会工作者看来,社会不仅应鼓励老年人积极参与他们力所能及的一切社会活动,而且应努力为老年人参与社会活动提供条件。现实的情况是,许多老年人想有所作为而苦于没有机会,一些老年人因退出社会主流生活而患上郁抑症,有些老年人因长期独自一人无人交谈而导致脑退化提前。随着核心家庭和双职工家庭的增多,快速的生活节奏和竞争压力使子女很难抽出更多的时间陪伴老人,所以,鼓励老人自我调适、积极投身社会生活而不是独处一隅,就显得十分必要了。也正因为如此,活动理论一经提出,就受到了普遍的欢迎和接受。

3.连续性理论

连续性理论针对"社会撤离理论"和"活动理论"的不足而提出了自己的理论观点。在连续性理论看来,社会撤离理论片面强调撤离,活动理论一味强调活动,都忽视了个性在人衰老的过程中的作用。连续性理论认为:不论是年轻还是年老,人们都有着不同的个性和生活方式,而个性在适应衰老时起着重要的作用,总是消极或退缩的人不可能在退休后成为积极分子;同样,一贯活跃、自信和参与社会的人在老年时也不可能静候家中。人主要的个性特点和价值观念随着年龄的增长变得更加突出。如果一个人在老年时仍能保持中年时代的个性和生活方式,那么他/她便会有一个幸福的晚年。因此,每个人不用去适应共同的规范,而是应该根据自己的个性来规定标准,这是老年人对生活感到满意的基础。

4.社会交换理论

社会交换理论以行为心理学和功利主义经济学为其理论依据,认为社会互动是一种双方交换的行为,在交换过程中双方都考虑各自的利益,企图根据他们在某方面的利益来选择相互作用,当互动双方都达不到自我目的时,社会互动就会趋向停止。在社会交换理论看来,人们是通过物质财富、能力、成就、健康、美丽等社会认可的资源来确认自己的社会地位的。在社会中,大多数老人掌握的资源比年轻人少,因此,他们的社会地位便相应下降。由于老年人缺乏可供交换的资源,所以他们在社会中只能扮演屈从和依赖的角色。鉴于此,社会交换理论提出,为了保持老年人在社会互动中的互惠性、活动性和独立性,应该让老年人拥有可供交换的资源,让他们感到自己有用,仍能给下一代提供帮助和支持。而且,应帮助老年人意识到他们曾经对社会做出过巨大贡献,他们有权参与社会新资源的分配。受到尊重是他们的权利,也是社会的义务。

(三)老年社会工作的主要内容

凡是协助老年人解决其生活困难或问题、满足其需要,并帮助其进一步发展的服务活动都可以纳入老年社会工作的范畴。具体地说,老年社会工作主要包括以下几方面的内容：

1.老年社会救助

老年社会救助主要指为困难老年人提供经济上的援助，以保障老年人的基本生活，也称作经济供养。社会工作者需要关心处于经济困难中的老年人，通过各种途径为老年人申请和及时获取相关经济或物质帮助，使老年人顺利度过困难时期。

2.老年生活服务

老年生活服务主要指为老年人特别是丧失生活自理能力的老年人提供各种日常生活上的帮助与照料，以帮助其解决和克服生活中的困难，满足其基本生活需要。对于无子女或由于种种原因无法得到子女照顾的老年人，可以帮助他们到养老机构集中养老，也可以居家养老，由社区或志愿人员对他们的生活给予适当照顾。

3.老年家庭关系处理

在多数情况下，老年人都是与子女生活在一起的，并由子女提供照料服务。但是由于两代人在生活方式、价值观念、兴趣爱好等方面存在着一定的差异，容易引发家庭矛盾，从而影响老年人的生活质量。因此，协助老年人处理好与子女的关系，推进老年人与子女间的相互理解与尊重，并调适老年夫妻间的一些摩擦与冲突，以改善老年人的生活环境，发挥家庭的正常功能，也是老年社会工作的重要内容之一。

4.老年心理辅导

老年人在面对逐渐衰退的身体机能、退休以后的生活变化以及随之而来的经济收入减少与社会地位下降、丧偶、患病、家庭变故、亲朋好友生离死别等生活事件时，很容易产生孤独、寂寞、忧郁等精神状况，从而引发心理问题。因此，针对老年人或轻或重的心理不适，社会工作者需要给予辅导以使老年人进行自我心理调适，缓解内心的压力，对生活保持一种健康的心态。

5.老年社会参与和社会融合

这主要是指为老年人提供各种文体娱乐活动服务，鼓励老年人走出家庭，增加社会交往，寻找自己的生活乐趣，以丰富日常生活，老有所乐、老有所为，从而以愉悦的心情安度晚年。此外，老年社会工作还包括老年医疗健康服务、老年教育服务、老年就业服务等内容。可以说，老年社会工作的内容将会随着老年人对生活质量要求的日益提高而不断扩展。

二、老年社会工作的方法

(一)老年个人与家庭工作

针对老年个人与家庭一般可采取缅怀往事疗法、人生回顾疗法、验证疗法。

缅怀往事疗法是指社会工作者引导老人回顾以往成功的事、过往的兴趣及痛苦的经历等,从而帮助老人完成"自我完整"的人生任务。此方法对于老人的抑郁症、自尊和社会化有积极的作用。

人生回顾疗法既回忆一生中的正面事件,也回忆负面事件。它的目的是重新建构老人对人生历程的感悟,使老人对现在的生活更满意。

验证疗法是尊重头脑混乱的老人所感知的世界,运用他所感知的现实,而不是照顾人或社会工作者感知的现实,了解老人想表达什么。明白老人行为的意义,而不是让老人意识到现实是什么样,是应用验证疗法的要旨。

(二)老年小组工作

老年小组工作的独特之处表现在以下三个方面:首先,社会工作者要注意老人身体上的不便和知觉方面的限制。其次,小组带领者自始至终都要扮演一个比较积极的角色。再次,老年小组工作的节奏要比年轻人的小组慢许多。

老年小组工作者应善于构建专门适用于老年人的小组。比如现实辨识小组,其成员一般为轻度到中度认知混乱的老人,工作者可以通过环境中的一些提示,以帮助他们确认时间、方位或者人。再比如组建动机激发小组,以激发那些不再对眼前或将来感兴趣的老人投入小组活动,帮助老人重新与他人建立联系。

(三)老年机构照顾

老年机构照顾的优势表现为:可以为极度衰弱的老年人提供高密度的技术性的服务内容;为老年人提供长期和积极的治疗性服务;为老年人提供居所、饮食和有限度的日常生活照顾及社交活动,降低家属在照顾方面的压力。其缺点是:不可避免的"病态性"的环境,强调"制度"优先于个人,以维持其顺利运转,缺乏人性化的管理;比较容易使老年人产生依赖性,从而加速老年人的退化过程;机构生活比较单一,缺乏变化;有虐待老人、照顾不周的现象。

老年机构照顾工作方法在运用上要注意以下事项:一是入住机构前的沟通与协助,以帮助老年人找到在机构生活的意义和对他个人的重要性,协助家人和朋友与老年人维持一定程度的关系,协助老人维持情绪上的平衡,帮助老人保持一个自认为满意的自我形象。二是基于社区的机构环境氛围营造,机构在人员配置、调度、流程和管理上,必须要营造一个正向支持与合作的工作气氛,不断提升照顾质量,增加老年人机构内的生活品质。三是协助老年人维持原本的身份认同,在提供老年人日常生活照顾时,让老年人仍保持一份他自己的习性,尊重他的语言、宗教信仰、风俗习惯等。四是维护老年人与家人和社区的关系联结,比如鼓励支持家属的参与、定期安排老年人原住社区朋友的造访、动用原有社区熟悉的资源等。

(四)老年社区照顾

老年社区照顾主要分为医疗性照顾和社会性照顾两部分。医疗性照顾主要由医学专业的人负责实施,社会工作者工作的重点是社会性照顾。目前,社区照顾正在由服务导向型向需求导向型转变,即基于服务对象的需求来提供服务。社区照顾的步骤包括:了解本地社区老年人的基本需求;制定相应的服务方案;落实服务方案并追踪和评估服务的效果。

三、老年社会工作案例鉴析

(一)案例背景介绍

肖某(化名),女性,79岁,丧偶,现与55岁的手残疾女儿居住。案主身体健康,经常参加社区活动,爱打鼓,讲究家居整洁,勤劳爱收拾。5年前,案主的家人发现老人性格和行为有些异常:经常手上抓着钥匙却四处寻找钥匙,东西也随处乱放,却常常责怪孙子把屋子弄得乱七八糟,把电视机遥控器放冰箱,下楼忘关煤气,去菜场买菜走到楼下却不知道自己要干什么。

(二)案例分析

对于老人的这些行为,较多的人都认为是年纪大,记性不好,老糊涂的缘故。而实际上,这是一种疾病,是继心血管病、脑血管病和癌症之后,威胁老人健康的"第四大杀手"——阿尔茨海默病,也称老年痴呆症。案主患有中度老年痴呆症。

案主目前面临的问题是近期记忆障碍,不知姓名年龄,不识亲人,认知功能减退。从服务对象的优势上看,案主性格情绪相对稳定,很少出现情绪波动。案主与女儿关系较好,与邻居和社区关系密切。从服务对象的劣势上看,案主记忆力衰退,记不清社会工作者,与社会工作者对话困难。家庭经济条件较差,女儿手部残疾,照顾案主有时不便。社会工作者的目标可定位为:改善案主精神状态,提供情感支持和陪伴,延缓案主病情。

(三)介入策略

(1)建立良好的专业关系。主要任务是收集服务对象相关资料,了解案主生活状况及其需求,制定服务方案,提升案主对社工的信任感,建立专业关系。初次见面,真诚接纳服务对象,与之建立良好的关系,获得信任感;了解和掌握服务对象的相关信息,运用同理心感受服务对象的内心情感,建立信任的桥梁。

(2)建立家属支持小组,形成良好的生活习惯,排查安全隐患。将社区内患者的家属联结起来,成立家属支持小组。促进家属认识此疾病,增强家属的互助及减轻家属的压力,让家属分享照顾患者时面对的困难及照顾经验。社工为案主家属介绍照顾技巧方面的课程,使案主家属掌握护理的技巧。为案主制订每日生活作息表,家属定期与案主交流、散步、参与娱乐活动等。对案主的家庭环境进行安全排查,防止案主在家发生安全问题。

（3）以家庭为本的护理照顾模式,维持患者的基本自理能力。主要任务是针对服务对象存在的问题和需求,进行必要的能力训练。案主失去自我照顾和保护能力,为满足其生理、心理需求,社会工作者应对其生活自理能力进行完全的训练,包括进食、洗澡、穿衣、大小便管理和日常生活的其他技能的训练。家庭护理时应给予充足的时间,多鼓励患者独立完成,必要情况下提示或示范,以免自理能力过早退化。同时注意尊重老人的生活习惯,不要过多指责,伤害其自尊心。家居摆设要安全、舒适。案主缺乏有系统的组织和延续的技巧,家人可以通过各种康复活动,帮助其维持基本的自理能力。

（4）形成家庭志愿者社会生态系统和社会支持系统。首先,社会工作者利用回想治疗方法使案主进行生命回顾:第一,怀旧,怀旧即让案主回顾他们生活中最重要、最难忘的事件,让老人从回顾中重新体验快乐、成就、尊严等各种有利身心健康的情绪,帮助老人找回自尊和荣耀,这一方法可帮助案主调整心态。第二,生命回顾。生命回顾是指通过生动缅怀一生中成功和失败的经历,让案主重建完整的自我。鼓励案主将整个人生的经历尽可能详尽地倾诉出来,以达到内省的目的。通过生命回顾,让案主减轻自责内疚的焦虑心理,重塑自我,找回生命的意义。接着为案主建立志愿者服务队,分组定期探访案主,给予案主及其家庭社会支持,为案主建立社会支持系统。

第三节 残疾人社会工作

在中国几千年的历史语境里,"残"一直与"废"联系在一起,残疾人一般被称为"残废",残疾人自身也因为身体和智力上的各种缺陷,往往会存在孤独与自卑、无助感、偏激、冷漠、焦虑等心理问题。重视开展残疾人社会工作,并构建我国本土化的残疾人社会工作体系,将有利于残疾人融入社会,获得自我完善和发展。

一、残疾人社会工作概述

（一）残疾人社会工作的界定

残疾人社会工作是对残疾人所做的社会工作,是社会工作的重要组成部分。它不同于一般的残疾人服务,而是社会工作者运用社会工作方法帮助残疾人补偿自身缺陷,克服环境障碍,使他们平等地参与社会生活、分享社会发展成果的专业活动。残疾人工作的基本理念是平等、共享、参与。

(二)残疾人社会工作的理论基础

1.供养理论

在各种社会中,对于残疾人,特别是失去劳动能力的残疾人的最初的、甚至认为是最好的办法是把他们养起来。他们的家人或社会通过对残疾人的经济上的供养而表示对残疾人的责任和爱。在经济不发达的社会,这种供养几乎只限于完全丧失劳动能力的残疾人,但在发达社会,对残疾人供养的范围在扩大。尽管不同社会对残疾人供养的内容和水平有所不同,但是一般说来,这种供养大多限于经济方面,或者物质方面,而对他们的精神需求则关心不够。尽管对于残疾人,特别是严重丧失劳动能力的残疾人来说经济上的供养是完全必要的,但这并不是对残疾人进行关照的全部。

2.回归社会理论

回归社会理论是针对将残疾人封闭起来进行供养和照顾产生的弊病而提出来的。将残疾人(特指精神病患者)收养于各种社会福利机构进行照顾,残疾人之间的刺激性的互动,加上管理人员、医护人员对残疾人的消极、冷漠的态度和严格管制会使残疾人处于消极的社会关系之中。因此,应使残疾人(特指精神病患者)处于积极的社会关系之中,其基本方法就是走出封闭。于是改变院舍照顾这种既昂贵、效果又不好的福利模式的呼声,就逐渐为人们所接受。让残疾人回到他们熟悉的社区中去接受照顾,让他们在一般的社会中过正常的生活成为残疾人照顾模式的普遍选择。社区照顾是使残疾人等福利服务对象回归社会的典型模式和比较好的选择。

3.增能理论

许多关于残疾人、老人的供养及照顾理论,在把服务对象看作是脆弱的群体时,忽视了人是有潜能的、是可以改变的这一社会工作的基本价值观念。增能理论则站在人的发展的立场上,认为通过一定的方法,残疾人可以在一定程度上恢复他失去的机体的、社会的功能并有助于他们进入一般的、正常的社会生活。增能不但在于增强其原本丧失的机体的功能,增强他们的生活信心,甚至可以减轻他们对社会的"拖累"。增能理论是以人的发展理论为基础的,它关注人的基本价值的实现。增能的方式是多种多样的,比如:康复可以使残疾人已丧失的功能得以恢复;教育和培训可以发掘他们的潜能;外界生活、活动条件的改善有助于他们展现自己的能力。

(三)残疾人社会工作的主要内容

康复工作是残疾人社会工作的核心内容,其他各项工作都围绕这一核心内容而展开。残疾人康复工作是指综合应用医学、社会、教育等方面的措施对残疾人进行训练和再训练,减轻致残因素对他们造成的后果,最大限度地恢复残疾人的生物机体功能或进行功能补偿,以增强他们参与社会生活的能力和生活自理能力,使他们能够平等地参加社会活动,分享社会发展的成果。残疾人社会工作主要包括四个方面的内容。

(1)医学康复。这是指通过治疗,改善、恢复残疾人的各项身体功能,减轻他们的能力障碍,使他们获得一定限度的日常生活能力,为他们重新参与社会生活提供身体方面的必要条件。

(2)教育康复。这是指对肢残人员进行普通教育和对盲人、聋哑人、智力障碍者进行特殊教育而采取的一切措施,它为残疾人重新参加社会生活提供文化、教育方面的条件。教育康复从生理和精神两个层面对残疾人实施援助:在生理方面,它补偿残疾人生理机能的缺陷,促进他们的全面发展;在精神层面,它为残疾人提供精神食粮,陶冶情操,弥补他们心理上的缺陷。

(3)职业康复。就是以职业训练为中心,通过咨询服务、职业评估、教育、培训和就业安置等措施,使残疾人具备适当的职业适应能力,从而能够进行劳动就业。

(4)社会康复。这是指从社会角度进行医疗、教育、职业康复等工作。通过动员社会上的各种力量,为残疾人的生活、学习、工作和社会活动创造良好的社会环境,使他们能够平等地参与社会生活,并充分发挥他们的潜能,享有与健全人同样的权利和尊严,为社会履行个人职责,做出残疾人应有的贡献。

二、残疾人社会工作的方法

(一)为残疾人提供参与社会生活的机会和平台

每个人都有其优点,社会工作者要积极挖掘残疾人身上的优势,并通过自己的专业手段,引导他们学会生存的基本技能。残疾人虽然部分功能有障碍,但是可以通过其他长处弥补自身缺陷。社会工作者可以通过专业的社会实践活动,使他们熟悉社会发展现状,增强他们的自信心,提升其适应社会的能力。国家和社会要重视残疾人的发展,增加对残疾人社会工作建设的投入,可以提供一些适合残疾人工作的岗位。

(二)丰富残疾人的社会文化活动

社会工作者要以社区为单位积极开展社区残疾人活动。社区可以建设针对残疾人的心理疏导室,引进残疾人娱乐设施,帮助残疾人健康发展。积极的社会活动,能使残疾人融入社区建设,实现社会公平。可以不定期组织开展关于残疾人的社会公益活动,一方面提高全社会的参与度,另一方面在工艺活动中能使残疾人的自身价值得到满足,提升自豪感。

(三)完善残疾人社会福利保障体系

残疾人社会工作者要积极开拓社会福利渠道,通过多种方式,如社会捐助、公益基金等,帮助残疾人获得应有的福利。社会福利保障不仅指经济援助,任何服务型方式都属于社会福利。残疾人社会工作者应该促进社会福利真正为有困难的残疾人服务,让社会福利发挥最大作用。

(四)完善残疾人社会工作相关政策

完善残疾人社会工作的相关政策,对我国保障性法规进行完善和补充,是社会进步发展的需要。完善的政策能够营造一个积极向上的社会环境,通过政策规定使社会活动更加规范化。残疾人社会工作者在服务残疾人过程中起着至关重要的作用,是保障残疾人服务质量的核心。相关政策能促使相关工作者把工作落到实处。

(五)创新残疾人社会工作模式

传统的残疾人工作基本是由健康的工作人员开展,容易给残疾人造成自卑心理。为了改变这种情况,可以创新残疾人工作模式,开展"以残助残"工作,可选取部分积极乐观的残疾人,对其进行专业的训练和培训,助其开展社会工作。一方面,在开展工作的过程中,身患残疾的工作者能更深切地体会对方的感受,能站在对方的角度思考问题。另一方面,可以提升残疾工作者的自信心。

三、残疾人社会工作案例鉴析

(一)案例背景介绍

韩天(化名),男,50岁,离异,精神分裂症一级残障,有一个在读中专的儿子,随案主生活。2011年,案主患结肠癌做了手术,花费了将近三万元。2014年,案主结肠癌复发,但其因家中新房建造,担心母亲负担不起,拒绝住院治疗,后在儿子的劝告下,终于答应住院治疗,但医生表示已经到了结肠癌晚期,无法医治,让案主回家休养。2014年7月22日,案主因疼痛难忍,主动提出入住黄船医院。

案主是精神分裂症患者,有近三十年的患病史,能够坚持服药,近十年病情一直很稳定,案主表达能力和生活自理能力良好。

案主与母亲、儿子及两个弟弟同住,两个弟弟均是精神分裂症患者。案主的母亲70多岁,有高血压、白内障及关节炎,头部曾受过三次伤,以致出现经常性头痛,身体健康状况较差。案主的儿子在广州读中专,日常与案主较少交流,在案主住院期间只去探望了三四次,多数时间都在家里玩电脑游戏。案主的弟弟阿明是工疗站学员,近十五年来病情一直很稳定,但案主入院后,阿明开始出现昏沉、嗜睡的情况,病情开始出现反复。案主的弟弟阿亮精神状态较为稳定,但因其经常喝酒、赌博,病情会出现反复,偶尔会发下小脾气,没有出现攻击性行为。案主家庭的主要经济来源为兄弟三人的挂靠收入及租金收入,但因建新房子负债八万块,家庭经济条件一般。

(二)案例分析

通过与案主母亲面谈后,社会工作者结合案主家属的表达性需求,做出如下分析:

(1)案主住院后的照料问题。案主入院后,由于肠胃问题,无法适应医院食堂饭菜,一日三餐需要家人送。案主的母亲表示,自己的双腿行动不便,且年纪较大,去医院需要经过一段很长的斜坡,身体承受不了。案主的弟弟阿亮虽然行动能力很好,但其只是偶尔帮忙送餐,母亲也无法说服其送餐,因此案主中午多数时候都是啃面包。案主的儿子阿光整天在家打游戏,案主的母亲让其多去探望案主,阿光表示知道了,但很少去探望。

(2)案主的弟弟阿明病情出现反复。案主的母亲表示,案主入住黄船医院时,案主的弟弟阿明病情开始出现反复,整个人显得昏昏沉沉,嗜睡,也没有去工疗站上班,这种情况跟其初次发病的症状一样。

(3)案主母亲面临沉重的照顾压力和精神压力。案主的母亲已经70多岁,身体较差,不仅要操持家务,还要照顾结肠癌晚期的案主,身心承受的压力较大。

(4)临终关怀需求。案主为癌症晚期患者,案主本人及家属都面临案主即将离世的事实,会出现悲伤、消沉等负面情绪。

(三)介入策略

(1)协助案主家属挖掘优势资源,解决案主的照料问题。从专业角度看,个案问题的解决,应先考虑案主个人及家庭内所拥有的资源,如果这些资源无法满足案主的需求,再考虑寻求社会资源的支持。在本个案中,案主的弟弟阿亮精神状态较好,有能力承担送餐任务,是有利于缓解目前困境的优势资源,因此社会工作者与案主的弟弟阿亮进行了面谈,首先肯定阿亮为家庭的付出,如带案主去就医、帮忙取药等,接着指出母亲的身体状况,引导阿亮思考如何解决目前家庭所面临的困境。阿亮表示自己可以承担晚餐的派送。但在社会工作者的后续跟进过程中,发现阿亮并没有遵守自己的承诺,而是以自己晚回家、头痛等理由作为推脱。

家庭内部拥有的资源无法解决案主的照料需求,社会工作者转而鼓励案主的母亲寻求社会资源的支持。案主的母亲作为居家养老服务对象,可以享受居家养老服务员2小时/天的居家服务,但因案主的母亲在应对问题方面不够积极、主动,而是消极、被动地接受现实,自身的能力感不足,迟迟不肯踏出向居家养老服务员寻求支持的步伐。因此,社会工作者运用示范及鼓励技巧,模拟应如何与居家养老服务员进行沟通,强化母亲的自信心,鼓励母亲勇敢踏出寻求支持的第一步。最后,在社会工作者的多次鼓励和支持下,案主的母亲终于主动向居家养老服务员提出自身的困境,表达希望居家养老服务员协助送餐,居家养老服务员也答应了帮忙送餐。

(2)关注案主的弟弟阿明的病情变化,引导其前去复诊。社会工作者向关爱精神病院张院长反馈了阿明的现状,并说明了阿明的病情,张院长表示,阿明十多年来病情一直很稳定,针对阿明近期的病情反复,一方面要鼓励家属带阿明回来复诊,如果家属无法带其来复诊,医院这边也可以提供上门服务;另一方面,家属应关注阿明的服药情况,监督其按时按量服药。

社会工作者来到案主家中,了解到阿明每晚都按时服药,并向案主的母亲及弟弟阿亮反馈张院长的建议,鼓励案主的母亲及阿亮带阿明前去复诊,案主的弟弟阿亮主动承担了带阿明前去复诊的任务。社会工作者在一周内进行了第二次跟进,得知阿明已经到关爱精神病院复诊,只要按时按量服药即可。张院长亦表示,如果阿明病情再出现反复,可及时打电话与其进行沟通。

(3)陪伴照顾案主母亲,共同面对案主患癌症的事实,给予其情感支持。案主身患癌症后,案主的母亲有将近半年的时间,去接受案主不久将会离开人世的事实。社会工作者在与案主的母亲面谈过程中发现,案主的母亲虽然有些悲伤,但情绪还算平稳,对案主即将离世亦有了一定的心理准备。在本案中,社会工作者最重要的一个角色就是作为一名陪伴者,耐心倾听案主母亲的诉说,在案主母亲情绪变得低落时,及时拍拍其手背,并拉着其右手,表示理解其此刻的感受和心情,同时适当沉默,给予其时间平缓自己的情绪。待案主母亲情绪稍微平缓后,社会工作者肯定案主母亲对整个家庭的付出和努力,表示她已经尽自己的能力做到最好了,相信案主也一定能够理解和感受到母亲的辛苦和付出,鼓励案主的母亲在案主剩下的时间里,多陪伴案主,尝试了解案主是否有想要完成的事情,并与其他家庭成员一同帮案主达成心愿,让案主可以开心、无憾地度过生命的最后阶段。

(4)协助案主家属应对和处理案主离世后的悲伤情绪。案主离世后,案主的母亲开始出现失眠、没有胃口等生理变化,案主的母亲一见到社工就表达对案主的愧疚和自责。案主的母亲表示,阿天(即案主)是在凌晨两点多的时候离开的,当时他张大嘴,想说话都说不出来,一定是口渴想喝水,而自己忙着做祷告,却忘了给他喝水,这令自己十分愧疚,阿天在临走前也没能喝上喜欢喝的可乐。社会工作者表示:"阿姨,阿天走的时候,至少你能陪在他身边,也许阿天临走前张大嘴是想跟你告别,让你保重身体。如果你真的觉得愧疚的话,你可以在祭拜的时候,给他说说心里话。"

在社会工作者的持续跟进下,案主的母亲买了案主喜欢的食品去祭拜了案主,案主母亲的愧疚感和自责感得以减轻。此外,社会工作者亦鼓励其他家庭成员帮案主的母亲做些力所能及的家务,减轻其家务负担,强化家庭成员之间的相互支持。

第四节
家庭社会工作

家庭是建立在血缘与婚姻基础之上的,是社会的基本组成单位。推进家庭社会工作发展,帮助解决家庭问题,改善日常家庭生活,提升家庭自身解决问题的能力,促进家庭关系的和谐及家庭功能的正常发挥,是社会工作者的目标与追求。

一、家庭社会工作概述

(一)家庭社会工作的界定

家庭社会工作是指运用社会工作的专业价值、理论与方法,协助家庭成员个人及家庭整体,应对和解决家庭系统所遇到的人际关系问题与家庭功能障碍,并协助家庭适应社会变迁,达到家庭成员及家庭系统与社会环境之间的相互适应。家庭社会工作者在工作中,一方面协助家庭中的每一个个体,应对和解决在家庭当中遇到的困难以及社会变迁造成的困扰;另一方面,协助整个家庭面对和处理经济社会发展带来的冲击和影响,提升家庭成员适应社会的能力,挖掘家庭成员及家庭系统的潜能,提升家庭在社会中的基础性、功能性、发展性作用。

(二)家庭社会工作的理论基础

(1)家庭系统理论。家庭系统理论起源于20世纪40年代,六七十年代应用于心理学中,该理论将家庭看成一个完整的单位,看成一个系统,家庭成员是系统的组成部分。每个成员之间是交互作用的,如果脱离了家庭中的其他成员,就不可能对某个单独成员进行充分了解。默里·波文的家庭系统理论、海灵格的家庭系统排列理论、莫拉莱斯的生态系统理论是该理论的代表。

(2)家庭生命周期理论。家庭就像人的生命一样,从成立之初,经历各个发展阶段,最终也将走向消亡。这个理论通过对家庭发展过程中的各个阶段的时间、事件、问题、策略进行研究,来找寻家庭的特征、问题及发展规律。

(3)社会支持理论。在个体需要帮助的时候,社会支持就是一种集合,可以提供信息、指导、情感方面的支持。社会支持系统包括实施主体、接受主体和介体。在我国的支持体系中,实施主体有国家、社区、社团、企业、学校等方面,接受主体以普遍的个人与家庭为主,还包括社会中的弱势群体。

(4)女性主义理论。王思斌在《社会工作导论》中对女性主义是这样描述的:在家庭中,家庭劳动由女性承担却不被社会认可;经济领域,男女同工不同酬;政治领域,男女受到不平等对待;个人领域,女性被视为工具。社会中存在对女性角色不平等的界定。

二、家庭社会工作的主要内容

(一)家庭救助和帮扶

家庭的救助和帮扶是以整个家庭作为帮助对象,保障整个家庭的基本生活水平的服务,如为因生活变故或意外灾害引发特殊困难的家庭发放救济金等。就我国现阶段国情而言,家庭的救助和帮扶要聚焦脱贫攻坚、特殊群体(包括失独家庭、生活变故家庭、意外灾害家庭等)、群众关切,以最低生活保障、特困人员救助供养等基本生活救助为基础,以教育救助、医疗救助、住房救助、就业救助、法律援助、康复救助等专项救助为支撑,以受灾人员救助、临时救助等急难救助为辅助,以慈善组织等社会力量为补充。

(二)改善亲子关系的服务

改善亲子关系的服务是以父母亲和子女关系的改善为服务焦点,并且以增进亲子之间的沟通交流,增强家庭社会功能为目标而开展的各项社会工作专业服务活动。常见的改善亲子关系的服务有家庭行为学习、家庭照顾技巧训练以及家庭心理健康教育等。

(三)改善夫妻关系的服务

夫妻关系是指在一段婚姻契约关系中丈夫与妻子的关系。夫妻是一种特殊的关系,它不同于血缘之亲,两个陌生人如何维系感情,培养亲情,这是需要双方都付出努力的事情。夫妻关系的不协调,甚至家庭暴力的发生,不但对当事人的生活产生影响,对整个家庭关系的维持也会带来不良的影响。社会工作者改善夫妻关系服务的介入,包括婚姻辅导、家庭暴力的干预等。

三、家庭社会工作的一般方法

(一)个案工作方法

家庭个案工作方法将个案工作的一般原则和方法作用于家庭,将重点放在家庭的角色关系上,以家庭整体作为援助对象,帮助家庭成员进行角色的调适。

(二)小组工作方法

小组工作方法也称团体工作方法,它通过有目的的团体经验,协助个人增强社会功能。在家庭社会工作中,小组工作人员运用其专业技巧,帮助功能上有困扰的个人组成团体,利用团体之间的相互扶持帮助,缓解个人和家庭的紧张关系,促进家庭成员之间的相互扶持,使其共渡难关。

(三)社区工作方法

社区工作方法以整个社区居民为服务对象。家庭所在的社区功能的不完善和缺失与个人的困扰和家庭功能的缺失有直接联系。家庭社会工作方法在社区中的应用体现在,提供婚姻咨询和家庭教育活动,鼓励家庭参与社区组织的活动,实现社区与家庭资源的衔接,增强家庭的功能。

(四)家庭治疗方法

家庭治疗方法以整个家庭作为治疗单位,通过改变家庭不良的互动结构与家庭成员之间不良的互动方式,引导家庭向积极方向转变,从根本上解决个人和家庭的问题。家庭治疗是家庭功能发生障碍时的一种干预过程。

四、家庭社会工作的主要特征

(一)服务对象是作为整体的家庭

以家庭整体为取向,将家庭中每一个成员的问题都看成是整个家庭的问题,所有家庭成员都是社会工作的服务对象。家庭作为一个有机整体,其成员之间是相互联系、相互影响的。当个别成员出现困难或问题时,其原因可能不仅仅在个人,而可能与整个家庭有关。

(二)服务目标是协助家庭正常运转

每一个家庭都有和睦、轻松、愉快生活的期望,每一个家庭也蕴藏着丰富的能量与资源,具有解决问题的潜能。社会工作者可以通过适当的指导,协助家庭发掘自身及社会资源,增强家庭功能,改善家庭成员间的关系,引导家庭自动、自主地解决所面临的问题和困难,从而实现家庭正常运转的目标。

(三)强调多元方法的融合运用

在家庭社会工作中,社会工作者往往整合个案工作、小组工作和社区工作等方法来提供服务。如运用个案方法从有问题的家庭成员入手来发现和获取信息,然后运用小组工作方法对家庭成员进行治疗和服务,同时鼓励家庭参与社区活动,协助家庭加强与社区资源的连接,从而增强家庭功能。

第五节 矫治社会工作

矫治社会工作和其他类型的社会工作一样,是社会福利制度内的一种专业化的服务和社会福利的发送渠道。矫治社会工作可以改变处在违法犯罪情境中人员的心理结构、行为方式和生活方式,从而使之适应社会规范,回归正常社会生活。

一、矫治社会工作的主要内容

矫治社会工作是指把社会工作的专业伦理与技术实施到犯罪矫治体系中,为服刑、缓刑或假释、感化教育期间的罪犯或行为偏差者提供思想教育、心理治疗、行为纠正以及生活福利、亲属照顾等方面的服务,以使其重建符合社会规范的生活方式,回归社会,成为所在社会的一员。

(一)司法审判前的服务

矫治社会工作者在案件审理过程中的主要职责是通过与受助人(犯罪嫌疑人)及其家庭和周围社会的接触了解,写出一份有关犯罪嫌疑人背景的调查报告,提交法庭作参考。调查报告包括犯罪嫌疑人的社会背景(如家庭、经历等)和性格,以及犯罪行为的成因和性质等资料。社会工作者写调查报告的目的不是像律师一样为被告作无罪辩护,而是在承认犯罪事实的基础之上为法庭判决提出建议参考。在一些国家和地区,法庭对矫治社会工作者的调查报告是十分重视和尊重的,因为法庭调查一般注重犯罪事实本身,调查报告所提供的罪犯的社会背景和性格等资料,有助于法庭做出有利于罪犯改过自新的判决。

(二)社会处遇中提供的服务

社会处遇也称为社区处遇或设施外处遇,是指以社区为基础的矫正、治疗罪犯的措施,包括缓刑、假释及各种重返社会的制度。社会处遇是矫治社会工作最主要的工作领域。矫治社会工作者在社会处遇中主要提供缓刑和假释人员的观护、院舍训练的组织管理、社会服务计划的执行。

(三)为在监狱服刑人员提供的服务

监狱是司法审判后的罪犯的服刑场所,是司法矫治体系的重要组成部分。社会工作者为在监狱服刑人员提供的服务,主要是调动服刑人员自身的潜能以及社会资源,引导服刑人员向积极的方向转化,以达到改过自新、回归社会的目的。在监狱服刑人员中开展社会工作一般采用个案辅导的方式进行,主要内容包括面谈、诊断、辅导、报告。

(四)为刑释人员提供服务

刑满释放人员虽已经不再是罪犯,但也不同于社会中的正常人群。尤其是刚从监狱获释的人员,往往受到社会歧视、家庭拒绝、同伴疏远、就业困难、学习中断等多重压力和困扰,所以,这部分人员能否顺利度过释放后的最初阶段,对于其今后的生活及社会的安定关系重大。

矫治社会工作者为刑释人员提供的服务称为更生保护。这是一项起源于美国费城、面向刑满释放人员的社会福利措施,其方法主要有:提供住宿场所、提供就业和就学辅导、提供医疗保险服务和生活辅导、提供物质援助。

必须要指出的是,矫治社会工作对于青少年犯罪给予了特别的关注。青少年违法行为虽然不同于犯罪行为,却与犯罪行为有极密切的关联,矫治社会工作机构和人员主要通过社群活动训练、个案及小组辅导、社区服务参与等,使违法青少年改过自新。

二、矫治社会工作的方法

社会工作者帮助违法犯罪人员实施矫正的目的是让他们改过自新而不是惩罚他们。根据服务对象的不同,矫治社会工作具体介入的领域可以分为刑事审判领域、司法矫治领域和治安管理领域。而介入途径和方法也因介入的领域不同而有所区别。

(一)刑事审判领域的介入方法

开展调查研究,撰写调查报告。社会工作者提交的关于案主的调查报告是通过与案主及其家庭和周围社会等的接触了解后撰写而成的,内容包括案主的社会背景、个性特点、犯罪行为成因和性质等。社工写调查报告的目的不是像律师一样为被告作无罪辩护,而是在承认犯罪事实的基础上为法庭判决提出建议参考。报告有助于法庭做出有利于犯罪嫌疑人改过自新的判决。

(二)司法矫治领域的介入方法

(1)社会处遇中的介入方法。对正处于成长期的未成年人,更适宜采用社会处遇的方式,这有利于预防监禁矫治所造成的"交叉感染",同时有利于未成年人的再社会化。社会工作者的介入途径主要有三条:一是接受司法当局的聘用,具体担任对缓刑、假释罪犯的观护。二是为未成年犯人提供院舍训练机会。院舍训练在不同的国家和地区虽有不同的名称,如有的称中途家庭或中途宿舍,有的称教养院或感化院,但无一不是为使受助人获得顺利回归社会所需的知识和技能而设置的。三是协助社区矫正或社区劳役的执行。社区劳役是指让具有违法行为的青少年在社会福利机构从事规定时间的无偿劳动或服务,来以此赎罪悔过的刑罚形式。这种刑罚方式既可以最大限度地避免恶习交叉感染和监禁隔离引起的消极影响,又能通过组织公益劳动和服务,使未成年犯人学会生产、生活技能,养成劳动习惯,增强社会责任感。社会工作者介入社区矫正的执行,在其中主要起到督促和引导的作用,而这又是社区矫正服务成功的重要因素。

(2)监狱服刑中的介入方法。矫治社会工作者为服刑的未成年犯人提供的服务,主要是围绕未成年犯人早日回归社会而配合监狱机关进行的各种教育挽救工作。从内容上看,主要是身心指导与帮助,有时也有物质的帮助和救济;从介入方式上看,既有应监狱要求而介入,又有应未成年犯本人请求而介入,也有矫治社会工作者直接介入。从方法上看,主要是采用个别辅导的方式,有的也采用团体辅导的方式。就个别辅导来说,一般分面谈、诊断、辅导、报告四道程序。

(三)治安管理领域的介入方法

"标签理论"认为,一个实施犯罪行为的人被司法处理后就会被他人或机构贴上"坏人""罪犯"的标签。这一标签会像影子一样伴随此人的一生,并处处影响其今后的生活。刑释未成年人也不例外,他们在出狱后会面临工作、求学等方面的歧视,这些歧视会严重影响到刑释未成年人的心理,不利于他们的再社会化。此时,社会工作者应当积极介入到刑释未成年人的矫治工作当中,保护未成年人的合法权益,并为他们提供物质和精神上的帮助,避免他们重新犯罪。其方法主要有:

(1)提供住宿。为暂时不被家庭接纳或无家可归的刑释未成年人解决安身问题,同时在住宿中提供监管和辅导服务。

(2)提供物质援助。刑释未成年人往往物质较匮乏,为帮助其尽快建立起正常的生活工作秩序,社会工作者应发动和利用社会资源对其进行物质援助。

(3)提供就业、就学服务。寻找工作或继续求学是刑释未成年人回归社会的重要途径和手段,社会工作者在这方面的服务包括对刑释未成年人进行工作技能培训,帮助联系工作,帮助联系学校就读等,同时还要通过监管督促帮助其养成工作学习的意识和习惯。

(4)提供行为约束与指导。不论是经过服刑改造的未成年人,还是处于犯罪边缘的危险人员,他们都可能在特定环境的作用下重新犯罪或由犯罪边缘滑向犯罪深渊。因此,矫治社会工作者在设法为刑释未成年人、具有违法犯罪倾向的未成年人等营造良好环境的同时,还要为他们提供行为约束与指导。如各国对缓刑、假释、保外就医等尚具有罪犯身份的刑释人员的监督管理,主要是行为约束与指导。

三、矫治社会工作案例鉴析

(一)案例背景介绍

吴某,男,XX年XX月出生,身体状况良好,初中文化,未婚。由于父母常年外出打工,作为家里的独子,吴某主要由其祖父母带大。其祖父母从小就对他宠爱有加,尽可能满足他的各种要求。在学校里,吴某的学习成绩良好,但自从结交了社会上一些不良少年后,学习成绩一路下滑,经常逃课逃学,对于老师的教导置之不理,有时候还在一些娱乐场所寻衅滋事,成群结伙地在不良场所里玩。吴某最终辍学,偶尔打一些短工。吴某哥们儿义气浓厚,常常为朋友"拔刀相助",父母偶尔回家,看到儿子不争气,便是一顿暴打,祖父母也拿他没办法。XX年,吴某因抢劫罪被人民法院批捕,由于犯罪时未满16周岁,被人民法院从轻判处有期徒刑3年,缓刑1年,并处罚款人民币2000元。

(二)案例分析

吴某处于未成年阶段,其价值观尚未完全形成,极易受到不良信息的诱导。通过访谈和测试手段对吴某进行分析可知,本案中,对吴某的行为具有较大影响的主要有家庭因素、学校因素和社会因素三个方面。

(1)家庭因素。父母是第一任教师,家庭教育作为人的一生接触最早、影响力最大的教育形式,对青少年健康成长意义重大。吴某成长在一个貌似完整实则残缺的家庭,吴某感受不到家庭的温暖,常年缺乏父母的关爱。而祖父母对其的监管也基本上形同虚设。吴某幼时成绩良好,团结同学,但初中开始沉迷于网络游戏不能自拔,成绩下滑,在网吧中结识不良同伴,逐步蜕变。其间其祖父母对吴某的变化并未给予重视并加强管教,依旧竭尽所能满足其一切要求,而忽视了对吴某的教育引导。青少年价值观念尚未形成,好奇和攀比的心理容易产生扭曲的金钱观念。物质生活的满足恰恰衬托出情感的空虚,吴某只能以与同伴交往的方式来满足情感需求。

(2)学校因素。我国传统观念使得学生从小被灌输"不学习无出路"的观念,学习成绩似乎成为评价学生的唯一标准。过分注重文化学习使得学生思想品德的教育受到忽视,学生对法律常识知之甚少,法律意识淡薄。本案中,案犯皆为吴某同一所学校的同学,可见,该学校在思想品德教育方面的严重不足。吴某所在的学校的德育形式仍然停留在说教上,空话套话多,不切合青少年年龄阶段的行为特征,思想教育工作收效甚微。

（3）社会因素。社会高速发展使得制度更新跟不上时代的步伐，产生了文化市场相对混乱，法制建设亟待完善等一系列问题。青少年大多没有固定的职业，可支配时间多，便经常光顾网吧、游戏厅等娱乐场所，而有益于青少年身心发展的文化、科技、娱乐场所的建设则严重滞后。

通过对吴某的综合了解，矫治社会工作者对矫正对象进行评估，得出以下结论：吴某反应迅速、喜欢与人交流、专注力不强、缺乏毅力、相对浮躁；同时又直率、精力旺盛、易冲动、缺乏自控能力。性格倾向于外向型，但意志薄弱、侥幸心理强，期待不劳而获，社会责任感较弱。同时存在价值观扭曲和哥们儿义气等问题，对法律知识知之甚少，还有赌博等问题。

在调查中矫治社会工作者发现，吴某对自己的罪过已经有了一定的认识，但在长期与社会不良群体交往的过程中，吴某的心理和价值观受到了严重的影响，后续的影响不可能瞬间消除。

（三）介入策略

针对吴某的情况，矫治社会工作者决定采取个体矫治为主，团体治疗为辅的治疗方案，以及理论教育和亲身实践相结合的方式对吴某进行帮扶教育，并随着治疗的进行及时调整治疗方案。如听法院工作人员讲授法律课，了解法律常识；到福利院和敬老院参加义务劳动，增加对社会的责任感；到监狱和少管所等机关参观，使其更加珍惜现在的自由生活，逐渐形成正确的价值观念和劳动观念。

青少年性格比较冲动，容易躁动、不够稳定，这为矫正中的纪律性带来了一定的挑战。因此，在矫正一开始，矫治工作者就对吴某严格要求，强化其纪律观念，社区矫正过程中的各项管理制度均贯彻实施，注重增强其组织纪律性。

吴某受到社会上不当金钱观念的影响，价值观扭曲，鉴于此，矫治工作者积极联络社会资源，帮助吴某从事一些强度适当的体力劳动，并给予一定的劳动报酬，同时通过一些理论教育帮助吴某树立正确的金钱观念。吴某从小缺乏父母关爱，在矫正期间，矫治工作者注重与吴某的沟通交流，尊重其观点和看法，及时肯定吴某的进步。

（四）效果评价

通过矫治工作者近六个月的教育、管理、引导和心理辅导，吴某在思想上有了深刻的认识，心理上有了很大的进步，行为上有了巨大变化，能够对自己严格要求，积极上进，心悦诚服地服从矫治工作者的管理，定期进行思想汇报。在劳动中，态度积极认真，还主动帮助老人提重物，受到大家的一致好评，与父母的关系有所好转。

但吴某仍然存在一些问题，需进一步努力，如还没有完全适应现在这种与以往不同的生活，缺乏和朋友的交流，难以打发闲暇时光，感到孤独。同时，周围依然有人对他表示怀疑,这使他一直存在挫败感。吴某对未来生活感到迷茫和困惑,想要开店却觉得过于遥远。尽管如此,吴某仍然肯定自己的变化,相信只要继续努力,能吃苦、不放弃就能够解决困难,迎来光明。

小结

儿童与青少年社会工作、老年社会工作、残疾人社会工作、家庭社会工作、矫治社会工作是社会工作的重要领域,具有各自不同的特点。以各领域基础理论为支撑,根据各领域的特点开展社会工作服务,将丰富社会工作实践。通过各领域的"案例鉴析",将有效提升社会工作者的能力和水平,帮助其解决有关社会问题。

自测题

1.填空题

(1)社会工作领域的特征有( )、发展性,调节性。

(2)我国的社会工作领域包括( )、老年社会工作、残疾人社会工作、( )、矫治社会工作。

(3)儿童社会工作内容包括( )、儿童照顾和教育、儿童救助和保护。

(4)预防性青少年服务的社会工作包括改善青少年家庭生活环境,为青少年父母提供( )服务,以增强父母教导青少年的技巧。

(5)治疗性青少年服务包括提供在身体、( )、精神等方面功能失调的治疗性服务。

(6)儿童与青少年社会工作的方法包括( )、( )、( )。

(7)小组工作法指社会工作者把服务对象组织起来,运用小组方案和已有资源引导儿童或青少年在小组活动中互动,促进组员之间相互建立关系,以( )和能力为基础,获得促进自身成长与发展的经验。

(8)老年社会工作的主要内容有老年社会救助、( )、老年家庭关系处理、( )、老年社会参与和社会融合。

(9)老年个人与家庭工作方法包括( )、人生回顾疗法、验证疗法。

(10)老年机构照顾的缺点是比较容易使老年人产生( ),从而加速老年人的退化过程。

(11)残疾人社会工作的主要内容包括医学康复、( )、职业康复、

(   )。

（12）回归社会理论是针对将残疾人封闭起来进行(   )产生的弊病而提出来的。

（13）社会工作者要积极挖掘残疾人身上的优势,并通过自己的(   ),引导他们学会生存的(   )。

（14）创新残疾人工作模式,开展(   )工作,可通过选取部分积极乐观的残疾人,使其经过专业的训练和培训后开展社会工作。

（15）家庭的救助和帮扶是以(   )作为帮助对象,保障整个家庭的基本生活水平的服务。

（16）就我国现阶段国情而言,家庭的救助和帮扶要聚焦(   )、特殊群体、群众关切,以(   )、特困人员救助供养等基本生活救助为基础。

（17）社会工作者改善夫妻关系服务的介入,包括(   )、家庭暴力的干预等。

（18）(   )以整个家庭作为治疗单位。

（19）矫治社会工作为服刑、缓刑或假释、感化教育期间的(   )或行为偏差者提供(   )、心理治疗、行为纠正以及生活福利、亲属照顾等方面的服务。

（20）在监狱服刑人员中开展社会工作一般采用(   )的方式进行,主要内容包括面谈、(   )、辅导、报告。

2.判断题

（1）在我国现阶段,社会工作领域包括儿童与青少年社会工作、老年社会工作、残疾人社会工作、家庭社会工作、矫治社会工作等。(   )

（2）儿童照顾是指在家庭、托儿所、幼儿园、学校等环境中给予儿童在生活、学习、成长等各方面的呵护和关怀。(   )

（3）活动理论与社会撤离理论的观点基本相同。(   )

（4）为青年提供就业信息是社会服务的范围。(   )

（5）矫治社会工作主要通过犯罪矫治机构与社区实施。(   )

（6）社会处遇也称为社区处遇或设施外处遇,是指以社区为基础的矫治罪犯的措施,包括缓刑、假释及各种重返社会的制度。(   )

（7）老年人应该减少他们的活动水平,减少与人交往,关注内心的生命体验,才能过一种平静而令人满意的晚年生活。(   )

（8）老年社会工作的内容从古至今几乎没有变化。(   )

（9）验证疗法是针对痴呆症老年人的社会服务方法。(   )

（10）凡是协助老年人解决其生活困难或问题、满足其需要,并帮助其进一步发展的服务活动都可以纳入老年社会工作的范畴。(   )

(11)劳动有助于残疾人恢复部分身体机能。(　　　)

(12)恢复残疾人的健康主要是指恢复残疾人的身体健康。(　　　)

(13)家庭的救助和帮扶是以整个家庭作为帮助对象,保障整个家庭的基本生活水平的服务。(　　　)

(14)家庭治疗是家庭功能发生障碍时的一种干预过程。(　　　)

(15)矫治社会工作者在案件审理过程中撰写的调查报告用于被告作无罪辩护。(　　　)

3.思考题

(1)儿童保护有哪些方式?

_____

_____

(2)残疾人社会工作的方法措施有哪些?

_____

_____

(3)如何理解家庭社会工作强调多元方法的融合运用?

_____

_____

_____

参考文献

[1]姚尚满.我国残疾人社会工作的理论及方法探讨[J].山西高等学校社会科学学报,2006(09).

[2]陈明龙,张奎彪.残疾人社会工作的理论及其实务相关探究[J].现代交际,2019(3).

[3]王晓婷."家和万事兴":家庭社会工作发展研究——对近十年家庭社会工作发展的回顾与前瞻[D].北京:首都经济贸易大学,2015(03).

[4]张志学.家庭系统理论的发展与现状[J].心理学探新,1990(01).

[5]王思斌.社会工作导论[M].北京:高等教育出版社,2004.

[6]李庆.未成年人犯罪矫治社会工作的介入途径与方法[J].社会工作下半月(理论),2008.

了解社会工作发展特征,掌握社会工作专业和社会工作职业发展的趋势和措施,理解互联网、大数据、人工智能、新媒体等新技术应用于社会工作的机遇和挑战并熟悉它们在社会工作中的应用,熟知新时代社会工作创新与发展的基本要求。

通过本章学习能够结合互联网、大数据、人工智能、新媒体等新技术对社会工作三大传统方法进行创新与应用。

第八章

社会工作实务发展展望

◆◆◆◆◆◆

社会工作作为现代社会的基础性社会制度和科学理论指导下的专业性、职业性活动,在满足人的多元化需求、完善社会服务体系、预防和解决社会问题、提升社会治理能力等方面具有重要意义。新时代的社会工作已经站在人民对美好生活向往奋斗目标的航向之上。因此,展望未来社会工作实务的发展趋势应从社会工作的专业发展、职业发展、新技术运用等方面展开探讨。下一步,在专业建设上,社会工作需要建立适应学生教育的社会工作课程体系,提升社会工作专业人才培养质量,促进专业化发展;职业发展上,需要加快社会工作从业队伍建设,提升社会工作队伍职业技能,强化社会的职业认同。社会工作需要融合互联网、大数据、人工智能、新媒体等新技术,不断改进工作方法,优化工作路径,适应新时代创新与发展的基本要求,进而彰显自身的价值理念,增进人民福祉。

第一节
社会工作发展的基本特征

　　社会工作经过近一百年的发展,现已经成为一门相对成熟的专业,并在全世界范围内得到了广泛的认同与支持。社会工作的发展展现出了四个方面的特征:

　　一是社会工作的理论与实务体系日趋完善,而且其相互之间的紧密程度日益加深。长期以来社会工作面临的一个致命问题就是理论与实务的分割运行。许多人认为社会工作不在理论,而在实务层面上的操作。因此,社会工作在其理论与实务操作层面上的发展比例严重失调,理论研究在一定程度上也明显滞后于实务操作,这不仅是因为社会工作理论与实务体系自身不够完善,也是因为其彼此之间存在着明显的分割。这一局面将随着社会工作自身的纵深发展和当代学科间不断融合的趋势而逐步发生改变,未来的社会工作无论在理论建构还是在实务操作层面上都将越来越注重不同知识体系间的融合和吸收,社会工作将获得更为广阔的发挥空间和实践舞台。

　　二是社会工作的服务领域在前所未有地拓展。从起源及其发展历史来看,社会工作的重要使命就是应对工业化所带来的各种社会问题。因此,其服务对象长期以来都是以困难群体(个体)或边缘群体(个体)为主,采取的手段和方法也多是问题诊断式或疾病治疗式的。随着社会经济的飞速发展,尤其是信息技术发展带来的巨大变革,世界各国人民的生活水平和生活质量较以前有了很大的提高,人们的各种高层次的发展性需求也前所未有地得以提高。这在一定程度上促使人们对以往社会工作服务领域与方法的反思。社会工作在为各种困难和边缘群体做好服务的同时,也势必服务于更广泛的对象和实践环境。

　　三是社会工作的专业模式愈来愈趋向于一种综合的模式。社会工作专业模式的发展是与特定时代的历史、社会文化环境密切相关的。从个人社会工作模式到临床社会工作模式,再到生态系统取向和新技术应用的整合社会工作模式,社会工作的发展回应了人类社会不断发展的需要,社会工作专业模式越来越表现出一种整合性发展的趋势。原来传统的彼此之间界限分明的个案工作、小组工作和社区工作将会被全部整合进案主的服务系统,并与案主的社会系统与资源系统结合起来,以更好地为案主提供多层面的服务。

　　四是社会工作者将越来越重视宏观环境和社会结构层面上的问题。以往的社会工作者对微观个体层面上的问题的重视程度要远远超过宏观社会层面上的问题。因为在许多社会工作者看来,个体的力量毕竟是有限的,而作为社会工作者个人能够做到的就是尽自己最大能力去解决好案主的具体问题。但随着社会结构性影响的加大,当代社会工作者的角色开始发生变化了:一方面他们不再局限于治疗性的临床工作,而更加注意理解形成问题的环境因素,并且积极支持和促进人类与环境的互动;另一方面,促进社会与经济正义的目标已发展成为社会工作者的一个新的历史使命。社会工作者在某种程度上越来越重视宏观环境和社会结构、制度层面上的问题。

全球化背景下,展望未来社会工作实务的发展趋势,可从社会工作的专业发展、职业发展、新技术运用和新时代的社会工作创新与发展等方面展开探讨。

第二节
社会工作专业化发展趋势

随着社会工作的发展,社会工作专业日益引起人们的关注,教育界对此的研究也日益加深,并对社会工作专业的规范化建设做出了积极探索。

一、建立适应学生教育的社会工作课程体系

建立适应学生教育的社会工作课程体系,应注意以下几个方面:

1.立足社会转型的现实脉络

随着工业化、市场化、城市化的快速发展,社会建设、社会体制改革、社会治理概念也日趋明确。与此同时,一个以"速度"为中心的时间感知、以"流动"为中心的空间观念和以"个体取向"为中心的关联思维的社会现象正在形成,人们脱嵌于以往的共同体,而投身于陌生人社会和基于互联网的流动空间。

社会转型进入新的阶段,社会治理面临新的形势。因此,社会工作课程体系的建设需要立足社会转型的现实脉络,对社会现实有反思性认识和理解,这样才能帮助学生更好地将社会工作这一专业与社会现实进行关联,而不是简单地用理论裁剪现实或挪用知识。

2.适应社会工作发展的阶段性特征

社会工作教育在前一阶段引领了社会工作实践的发展,即"教育先行"。但我们需要认识到,社会工作实践的快速发展、新的服务领域的出现、新的技术应用都

倒逼社会工作教育的发展。比如,2020年抗击新型冠状病毒疫情中,很多社会工作者使用了线上与线下相结合的干预策略,超出了我们传统的课程设计。再比如,目前社会工作机构的项目主要来自政府购买服务,这就要求课程内容包含政社关系、招投标政策与程序、监督评估,甚至评估报告撰写等内容。

社会工作课程还需要帮助学生理解当前社会工作面临的挑战:一方面是全球社会工作普遍面临的挑战,比如新管理主义等问题;另一方面是中国独有的挑战,比如更复杂的政社关系等,而不是简单地以"专业性"和"独立性"这样的概念来对社会工作进行判断。

3.将丰富的社会工作实践转化为知识和案例进入教材和课堂

社会工作知识随着实践的展开而不断丰富和拓展,基于实践的知识生产是更新教材和教学内容的重要途径。这就要求加强科学研究和理论建设,全面深入研究社会工作的丰富实践经验,充分挖掘本土思想资源,为社会工作的发展提供知识支持,为社会工作实践提供理论框架,为建构一个本土性和世界性兼有的社会工作理论奠定基础。

在此需要特别强调教材建设。在新阶段,当务之急是要对教材进行改版,改版的教材既要立足于国际社会工作发展前沿,也要立足于本国社会工作实践前沿。

4.突显实务能力

要把提高实务能力作为社会工作课程设置最重要的部分。一门以实务为取向的专业,如果在课程设置过程中忽视锻炼学生的实务能力,那将无法让社会工作专业的学生在就业竞争中拥有自己的优势。

所谓实务能力主要指的是职业能力,即完成一定职业任务所需的专业态度、知识及技能。社会工作专业课程体系的设置必须确保各项能力目标都有相应的课程或课程模块支撑,把侧重点放在能力结构的组成上,让理论知识结构为职业应用能力结构服务,突出课程体系的应用性,增加实践教学时数,保证学生有充分的实习、实践、实训的机会。

5.建立规范化的实习教育体系

要建立规范化的实习教育体系,当务之急就是加强实训室和实习基地建设。

首先,校内实训室建设要眼光长远,而不是应付当前的行政性检查、评估。实训室建设不能简单模仿,而应结合院校实际能力,听取专任教师的意见诉求,有针对性地建设,要有严格的仿真环境,详细的指导说明,并且要保障其对初步提升学生的实务能力有效果。

其次,寻找专业对口的校外实训基地,通过订立合同以及与基地管理人员的良性沟通,尽可能地让学生真正体会"学以致用"。有条件的院校应当鼓励和支持专业教师开办校内社会工作服务机构,这样一来既解决了学生日常实践教育的平台问题,又能为专任教师的科研、项目跟进提供现实依据。

再次,针对实践教育过程中缺乏督导的问题,在现实环境下,可以发挥"同辈督导"的作用。学生通过小组分享自己在实践中遇到的困惑,通过集体的智慧寻找问题的答案,简单的问题直接在小组讨论中就可以解决,棘手的难题可以收集整理后咨询指导老师,这样就可以大大提升督导效果,提高实习质量。

二、提升社会工作专业人才培养质量

社会工作专业人才培养越来越受到各方关注。截至2018年底,我国共有17个社会工作方向博士点、150个社会工作硕士点、348所高校开办社会工作本科教育、82所高职院校开设社会工作专科教育,每年培养社会工作专业毕业生近4万人。但与专业迅猛发展形成鲜明对比的是,社会工作毕业生就业对口率不足10%,培养的大量学生并没有充实到社会工作一线。这与社会工作专业毕业生自身的专业技能不高有着很大关系。因此提高人才培养质量,提升学生专业技能是社会工作专业的重要课题。

1.明确社会工作专业人才培养的目标定位

要通过多种方式(包括市场调研、行业参与、专家咨询等)分析论证社会工作专业对应的职业岗位群,实现与"专业一线"无缝对接。社会工作职业岗位群基本可以分为社会工作管理岗位和社会工作服务岗位两大类。管理岗位以民政、劳动等部门和NGO为代表;服务岗位以福利机构、救助机构、学校、社区、企业等为代表。只有依据上述岗位的不同特点,明确各自所需的不同专业知识、工作技能的要求,才能使学生进一步构建行业发展所需的岗位能力、关键能力。

将社会工作专业人才培养目标定位于围绕隶属民政、劳动等的职能部门、福利机构、救助机构、学校、社区、企业及其他NGO组织,培养技能型社会工作管理和服务高素质专门人才,这样人才培养目标和"专业一线"的需求才能无缝对接。

2.加快社会工作专业"双师型"教师建设

培养高素质社会工作人才,就必须建设一支"双师型"的专业教师队伍。"双师型"教师主要从两方面要求教师的素质与能力:

一是从教师队伍整体而言,应该既有专注于理论教学的,也有深谙实务技能的。学校要大力引进社会机构的骨干力量,可以以兼职的形式,但绝不能一味地追求教学形式简单化,过分依赖于课本讲授,必须加大实务技能教师的比重,这样才能让人才培养目标和课程设置体系得到全面、立体的智力支持。

二是从教师个体而言,应该"理论和实践统一",既有扎实的理论功底,又具备较丰富的实务能力。一方面建立长效机制,有计划地安排青年教师到社会工作机构挂职锻炼或兼职工作,强化专业教师的社会工作经历和实践能力;另一方面鼓励专任教师"持证上岗"。我国已推出了社会工作者职业资格认证制度,社会工作专业教师应该取得这一资格证书,具备从事社会工作的职业素质,让社会工作专业教师真正成为"双师型"教师。

比如,我国广东地区具备独一无二的区位优势,可以加强与港澳两地教师的交流和学习。如有计划地选派专业教师到香港学习与实习;定期邀请香港社会工作机构或其他高校的资深社会工作者来校讲学、提供培训或进行实习督导;院校还可通过与港澳社会工作界合作,共同进行相关课题研究,以此锻炼提升教师的实务能力。

3.根据学生特性采用灵活多样的教学方法

在特色专业学习中,学生应具有较强的实践(包括写作、解决实际问题、批判及干预等方面)能力,如此才能够应对社会发展的需要。为实现这一目标,教师在专业教学过程中要根据学生特性采用灵活多样的教学方法,使学生成为专业学习的主体,而非专业知识的被动接受者。

因此,在教学过程中尤其要注意学生的特性和价值。在以往的研究和教学经验的总结中,研究者和教师提出了问题为本的案例教学法(PBL)以及参与式学习、项目化教学、任务驱动教学、小组学习、合作学习、慕课、翻转课堂等教学方法,这些方法的使用会提高课堂效率,提升学生的参与程度,可供专业教师在专业教学中使用。

但因学生的独特性,同一专业不同届别的学生在对教学方法的反应和反馈上也不尽相同,有些方法适用于这一届学生,有些方法适用于下一届学生,也就是说,教师在教学中也需要注意这些教学方法的"适用"和"不适用"。这就要求教师在课程设置时,结合知识点进行不同方法的准备,结合同一届教师间的教学谈论和经验交流,明确哪种教学方法对学生比较有效果,进而调整教学方案,而非在同样课程同样知识点上使用整齐划一的教学方法。教师应根据学生特性,在课程知识点上准备灵活多样的教学方法和方案,实现专业教学中的"因材施教"。这样的特色专业建设才能够实现教学目的,满足社会发展需求。

第三节
社会工作职业化发展趋势

职业化指的是某种劳动岗位变为社会所承认的职业并形成体系的过程。当前社会发展现状对社会工作的职业化提出了更高的要求。

一、加快推进社会工作从业队伍建设

1.坚定从业队伍职业信念教育

职业信念是指个体对所从事职业的一种高度坚信,坚定不移地朝着同一目标前进并且不会轻易改变,因此只有在认可某一职业的性质和行业价值的背景下,将行业价值观内化为个人价值观,才能对职业产生高度的信念,才能始终保持高度的热情投入到工作中。社会工作的专业价值观是社会工作专业的重要组成部分,社会工作者要坚定职业信念,发挥主观能动性,在工作过程中发掘自身与专业价值,将社会工作理论与技巧运用在自己身上,进行自我调节,避免负面情绪影响自己。社会工作者要认可社会工作的价值观,只有在认可社会工作价值观的基础上,才能做好社会工作。社会工作者需要在社会工作实践过程中内化专业价值守则,使之成为自身的行为准则和价值理念,在实践中践行社会工作的专业价值,增强专业价值认同。

2.严格社会工作者职业准入制度

建设专业化的社会工作者队伍要统一考试与资格认证制度,进一步完善职工考试制度与等级制度。一名合格的社会工作者要具备专业的社会工作知识和工作经验。对入职的社会工作者定期进行专业培训,进一步完善社会工作职业考试制度,以此来提高社会工作者的准入门槛,做到持证上岗。完善的职业准入制度,在保障社会工作人才队伍整体素质的同时,也为社会工作职业创造竞争力。

3.严格执行人才准入退出机制

社会工作的职业化发展,对社会工作者个人素质提出了更高的要求,社会工作者的职业化,从某种意义上看,就是社会工作者将社会工作事业视为其毕生的事业追求,而社会工作人才队伍结构失衡,以及人才队伍的不稳定性给职业化建设带来了较大冲击。因此,要建立社会工作人才退出机制。对于取得社会工作职业资格证书,但在规定时间内未继续从事社会工作职业的人员,应采取注销执业资格证书的处理方式,净化社会工作人才队伍,维护社会工作人才队伍的稳定。

二、提升社会工作队伍职业技能

社会工作队伍的职业技能状况,将直接影响和决定社会工作的质量和水平,因此,提升社会工作者的职业技能,就显得十分重要。

1.制定全方位、多层次的社会工作者培训体系

这套体系包括职前培训和专业技能培训。在社会工作者入职之前,机构要提前规划一套职前培训课程,授课老师可以包括机构领导、资深实务工作者、机构行政管理人员等,授课内容包括机构介绍、机构项目介绍、所要从事的工作内容介绍等,从而帮助新入职的社会工作者尽快投入到工作中。专业技能培训是针对机构

在职员工制定的,专业技能培训可以分为机构内部培训和外部培训。内部培训可以由机构督导或经验丰富的社会工作者主持,督导可以为社会工作者答疑解惑,提供专业技巧的培训;经验丰富的社会工作者可以与机构员工开展座谈会,分享经验,促进员工相互学习。外部培训是机构借助外部的力量为本机构服务,社会工作机构可以与当地高校或其他机构合作,邀请相关专家、学者开展讲座或培训,在资金有限的情况下,还可以与其他机构共同组织培训活动,促进双方效益最大化。除此之外,机构还可以定期组织员工前往社会工作发展较发达的地区交流学习,为员工提供增长见识的机会。

2.注重社会工作者培训的质量和效果

首先,要安排专门的工作人员负责培训管理,负责从培训内容的确定、培训活动的审核到培训的开展、培训效果评估这一系列流程。其次,明确机构及社会工作者的需求,按需制定培训的内容,合理安排培训活动,把控培训的质量,注重实用性,避免培训内容的重复。最后,关注培训的效果,机构要做好过程评估和结果评估,制定满意度调查表评估社会工作者对培训的满意程度,根据社会工作者提出的改进意见优化培训内容和形式。

3.搭建社会工作队伍技能提升的平台

构建社会工作队伍技能提升平台,就是要为社会工作者的技能提升创造良好的环境和条件。可采取完善社会工作者职业化制度,为社会工作者成长铺平道路;通过"政府主导,行业自主管理""政府购买服务""建立信息一体化网络""培育民间机构"等措施,为社会工作者提供更多的就业岗位;建立客观的人才评价机制,健全激励机制,使薪酬与工作业绩、从业时间挂钩,建立合理的薪酬结构制度;利用行业协会对整个行业进行引导与规范,使行业协会具有对社会工作从业人员和业内机构的注册权、监管权、考核权,促进社会工作行业的规范化建设。

三、强化社会对社会工作的认同

社会认可度也是影响社会工作发展的较大因素。社会工作的发展离不开社会的关注和公众的支持,但是目前对社会大众来说社会工作仍然是一个新兴职业,大部分公众对社会工作并不了解,更不会主动去寻求社会工作者的帮助。社会认知度不高会影响社会工作者的职业认同和专业价值观。社会工作者专注于提升服务的质量,对服务内容和服务效果的宣传是其最基本的宣传方式,但是仅靠这种宣传来提升公众对社会工作者认知度,收效甚微。因此,加大对社会工作的宣传力度,引导公众关注社会工作,强化社会工作者的职业认同是促进社会工作发展的有效措施。具体可以这样做:

1.拓宽宣传渠道,扩大社会工作影响力

除了使用传统的政策、文件以及主流媒体的报道等宣传方式之外,可以借助电视平台以投放公益广告的形式宣传社会工作的工作职责和功能,还应该充分利用新媒体等互联网技术,借助互联网平台宣传社会工作的功能、成效,树立社会工作的正面形象,扩大社会工作影响力。同时,要发挥基层组织与群众联系紧密的优势,传播社会工作的价值观、特点、工作内容等,提高群众对社会工作的认知度,改变他们对社会工作的刻板印象,扩大社会工作的影响力,使社会工作能够发挥在参与社会治理等社会事务上的作用,为社会工作者提供一个更加和谐、宽松的工作环境。

2.规范社会工作服务,提高公众对社会工作的认可度

社会工作作为一个具有专业性、科学性的职业,应该配备一套完整的、系统的、专业的且规范的服务体系,才能保证服务的规范性和专业性,进而提升社会工作的服务质量,提高公众对社会工作的认可度。因此,政府作为推动行业发展的主导力量,要从制度和政策层面为社会工作发展提供支持,完善社会工作服务制度体系建设,规范社会工作机构的运营,对社会工作机构的建立、机构项目承接、机构管理等方面进行严格的规定,促进机构的规范化运作,保障社会工作者的权益,为社会工作者的工作开展创造有利的政策环境。

3.建设专业督导队伍,提升社会工作服务质量

社会工作督导是社会工作的一种间接工作方法,督导是一种训练过程,它是由机构的资深社会工作者针对新入职的社会工作者、服务年限较短或经验不足的社会工作者、实习生和志愿者,通过定期、持续的督导,传授社会工作的方法和技巧,提高他们工作能力进而提升服务质量的活动。社会工作督导不仅在促进社会工作者专业能力提升上发挥作用,也能为社会工作者心理情绪问题提供支持,帮助社会工作者解决工作问题的同时缓解他们的消极情绪,能够有效预防和缓解职业倦怠,预防人才流失,在社会工作人才队伍的培养方面发挥着重要的作用。

第四节
社会工作中新技术的运用

技术与社会的关系问题向来是人类社会演进中的一个根本问题。人类社会的形成、发展、演进与技术进步有根本关联。在此意义上,正是技术变革推动着人

类社会的发展,影响着人类社会的方方面面。

一、互联网与社会工作实务

互联网是第三次工业革命的产物,为世界的发展提供了重要帮助,为服务业的蓬勃发展提供了契机。随着互联网技术的发展,网络深入到生活的方方面面。网络是人们沟通的工具,也是一种活动空间。社会工作需要适应网络社会的发展,开拓工作的空间和领域。

(一)互联网应用于社会工作实务的优势

互联网具有非常强的开放性,每个人均能够通过互联网来完成许多操作,如工作、娱乐等,互联网的应用早已深入人心,互联网技术被应用于社会工作的各行各业,提高了工作效率及质量,促进了经济的发展。

第一,互联网在信息传达方面的快速和精准特点,从技术的角度颠覆了社会工作行业内信息传递的方式。

第二,在信息的交互中,伴随政府、基金会、社会团体、社会工作机构等对社会工作文化的普及,居民对社会工作的认知度大大提高。

第三,在社会工作与居民之间的互动方面,互联网也做出了很大的贡献,通过更加便捷的即时信息传递软件、UGC相关平台等,使得社会工作者与社区居民之间的互动更加频繁,也更加亲密,增进了彼此的联系。

第四,互联网金融工具的开发,对基金会、社会工作机构等筹资方式有着很大的帮助。

第五,在互联网的融入下,社会工作相关组织的运营成本也相应降低。

(二)互联网应用于社会工作实务的挑战

第一,网络犯罪问题。网络诈骗是伴随着科技的进步与互联网的发展而逐渐发展起来的欺诈方式,它基于互联网和信息技术实施,给网民的生活带来了很大的威胁。

第二,网络成瘾问题。网络成瘾是指由于过度使用网络而对网络着迷,并且出现周期性对网络不可抗拒的行为。网络成瘾使人决策功能受损,表现出"即时收益"最高的策略倾向,其冲动性水平更高。网络成瘾同样是当前社会尤其是青少年教育方面需要关注的焦点问题。

第三,垃圾信息的传播,尤其是网络色情的发展。当前互联网信息无孔不入,垃圾信息传播平台屡禁不止,且任何网络用户都可能受到垃圾信息的侵蚀。垃圾信息的传播对于人们的生理也产生了一定的影响。

互联网是一场大的变革,影响深远。在社会变革过程中,人与环境之间的适应并不是一帆风顺的。出现环境适应问题时也需要社会工作者介入和解决。这些对于社会工作者的工作内容、工作形式等都是考验。

(三)互联网在社会工作实务中的应用

1.互联网的普及引发社会工作内容与形式的革新

互联网在出现的同时所滋生的社会问题,是社会工作者需要持续关注的重点。戒除网瘾、引导青少年更好地使用互联网,也是青少年社会工作需要关注的地方。如何通过相应的工作方法增进老年人对于互联网的认识,引导老年人正确看待互联网,并在需要的基础上使用互联网,这也是老年社会工作的重点。在互联网更加方便沟通交流的同时,社会工作者应该适应形势,在互联网中寻求提高效率、提升服务质量的可能性。目前市场上所出现的社会工作 ERP 管理系统、社会工作 App、社会工作公众号等,即是社会工作机构在应用互联网方面做出的努力。

2.互联网思维引发社会工作机构管理思维变革

互联网思维是指在互联网日渐融入人们生活并对人们的生活和工作影响越来越大的背景下,人们对于企业用户、管理、营销等方面的全面的重新审视。互联网思维在社会工作中体现为:

(1)用户体验思维。互联网讲究用户体验,并且认可用户价值。社会工作需要重视案主的体验。社会工作者要树立服务意识,提高案主的服务体验,为社会带来更大的价值。

(2)团队协作思维。分布式工作方法和去中心化的工作方法就是把一项巨大的任务分解成许多小任务,每个人都在紧张地执行,从而实现高效协作。目前的社会工作机构大多采用职能式的管理层级,这种管理方式不能很好地发挥社会工作者的工作积极性,导致机构内部低效、气氛不够活跃。当然,有些机构也采用了与团队管理方式相结合的形式,这是一种很好的尝试。在社会工作机构中尝试团队协作,培养团队文化,对于提升服务质量、提高服务效率等,将会有很好的效果。

(3)自我激励思维。互联网公司注重的是使每个人发现自己的价值,然后努力为实现自己的价值而工作。社会工作机构在自己的管理中尝试使用互联网思维,在尽量降低运营成本的情况下来激发社会工作者的积极性,是一种非常好的改革思路。用群众的评价与认可等作为一种激励方式,通过提升社会工作者的职业荣誉感来增强其服务群众的动力。

3.建立基于互联网的社会工作教育模式

(1)要推进社会工作教育智慧化建设。互联网技术的发展,移动终端技术的普及,极大地便利了交流,通过互联网技术深化教学模式改革,有利于任课教师和同学们的互动、反馈,改变老师对学生的指导模式。远程教学、共享课程将是教育发展的基本趋势,社会工作界要开发更多的线上课程,这样可以在一定程度上弥补部分学校师资不足的问题,实现社会工作教育的均衡规范发展。在社会工作专业实习方面,探索建立"互联网+"的"智社"专业实习与督导平台,突破物理空间的限制,为社会工作实习提供及时的指导和督导,从而提高实习的效率。

（2）要提升学生应用互联网和新兴媒体的能力以及计算和编程能力。虽然目前已有的各种终端、程序便于社会工作的开展,但是与社会工作所要求的专业性还有一定的差距,亟须培养学生的互联网应用技术和能力,充分借用互联网技术解决社会工作中遇到的问题,促进互联网技术在社会工作中的应用。随着社会工作的数据化趋势的加强,学生需要有互联网思维,具备计算和编程能力,社会工作教育要与计算社会科学相结合。

（3）要积极探索网络社会工作教育。所谓网络社会工作,就是以网络为媒介而开展的社会工作。社会工作者运用社会工作专业方法,遵循网络社会工作的特殊原则,协助虚拟社会或者网络社会中的案主解决问题。这是一种以网络社会中的个人、家庭、有共同问题的网络社区或小组等为服务对象的社会工作。网络社会工作是传统社会工作的延伸和补充,具有服务对象群体更加广泛、服务过程更有私密性、服务场所不受时间和空间的限制等特点。社会工作教育需要加强网络社会工作的探索和研究,开拓社会工作的新领域。

二、大数据与社会工作实务

大数据的发展将带来社会科学范式的转换,对更加复杂的人类行为模式和社会运行机制进行深入且精细的跨学科的定量研究,极大地促进以证据为本的社会工作实践的发展,为宏观知识体系的建构提供数据支撑。社会工作不能只是固守已有的知识和技巧,不能错失"大数据"提供的发展机会。

（一）大数据应用于社会工作实务的优势

在信息化时代,大数据的出现、运用与发展给社会工作的发展带来了多方面的影响。总的说来,大数据可以扩大服务对象的范围,创新实务工作模式,促进社会工作行业的发展。

（1）社会工作需要精准定位服务对象的需求,扩大服务对象的范围,大数据为这一目标的实现提供了重要的技术和信息支持。

大数据可以广泛收集社会成员在社会生活中留下的各类信息,并将杂乱无序的数据信息进行归纳整理和分类汇总,进而得出相应的规律和结论,为社会工作提供重要的信息资源,有利于社会工作服务对象的有效挖掘,并深入了解服务对象的需求。在此基础上,社会工作机构可以充分发挥自身的主动性,联系服务对象,扩大服务群体的范围,并根据数据信息提供更为精准的专业化服务,从而扩大社会工作在医务、学校、家庭、企业等各个领域的影响力,为有需要的群体提供必要的专业服务。

社会大众也是大数据时代重要的受益者,他们可以根据自身需求,通过数据平台掌握社会工作专业服务的信息,精准寻求所需要的服务,以改善和提高自身的抗压能力、人际关系协调能力、家庭建设能力、资源获取能力等。大数据有效促进了社会工作与服务对象以及其他资源间的多向互动,将极大地推动社会工作专业服务范围的扩大和服务成效的提升。

(2)有利于改进社会工作方法,创新实务模式。个案、小组和社区工作是专业社会工作的三大传统方法。但服务对象是生活在具体生活环境中的,是具有复杂性的,传统的工作方式在收集整理信息、分析服务对象需求的时候,难以有效掌握较为全面的信息和充分了解服务对象的情况。

在信息时代,充分利用大数据和相关资源,可以改进传统工作方法,促使专业服务在个案、群体性事件以及社会服务等领域得到更好的应用,进而形成大数据+个案、大数据+小组、大数据+社区等实务模式。助人服务的通用过程主要包括接案、预估、计划、介入、评估、结案等,在通用过程的各个方面充分利用大数据平台,发展数字化助人服务模式,可以更好地实现助人服务的目标。将大数据运用到助人服务过程当中,主要包括以下几个方面:

一是社会工作接案使用数字化运营方式,将传统的线下面对面接案的方式转变成使用大数据平台进行线上接案,这既可增强对接的便捷性与有效性,也可有效保护服务对象的隐私。

二是介入过程中进行数字化分析,运用大数据技术将杂乱无序的信息分析整理成工作所需要的信息。

三是对介入过程进行预测,将介入过程中搜集的信息进行数字化处理,预测可能的结果及发展趋势。

四是记录服务过程及相关经验,数字化的记录有利于工作人员的进步、机构间的交流以及社会工作行业的发展等。

将信息技术广泛运用到传统的工作方法当中,有利于发掘服务对象资源、分析服务对象需求、掌握事件发展趋势,及时、迅速地提供紧急事件的应对方案,也可以帮助社会工作者在服务过程中最大限度地避免主观性偏差,使得社会工作形成准确性、速度快、应用前景广泛等特点。

(3)有利于加强社会工作机构之间的交流,促进行业发展。目前,机构之间的竞争较大;各个机构有其特色的服务领域,机构之间缺乏相应的交流机制。大数据时代将为社会工作机构之间的交流与沟通提供契机。

(二)大数据应用于社会工作实务的挑战

大数据为社会工作研究带来新机遇的同时,我们不能忽视在应用过程中可能出现的挑战,如数据安全和使用伦理、数据处理技术等。

数据安全和使用伦理是一个中心问题,特别在涉及人类服务、教育和健康记录方面的时候。随着信息通信技术、相关电子设备及应用程序在人们日常生活中的普及,个人信息也在不断地产生并在网络中留下"痕迹"。在帮助研究者去有效识别和描绘特定个体和群体的同时,使用者的隐私却完全暴露。在实践中,如何保护用户隐私,如何建立一套数据使用伦理的标准体系是关键问题。

如何对量大、繁杂、碎片化的数据进行快速清洗和处理,并保证在过滤过程中没有信息丢失,是一个核心课题。大数据通常包含来自特定源的所有数据,其中绝大部分是无意义的,也常常包含一些不完整的信息和错误的数据,必须在数据分析阶段得到有效的处理。数据是复杂且高度可变的,如果不经过细致的审查和策划,容易出现误解和错误。此外,大数据还以非结构化文本、图像和录音等形式广泛存在,因此对数据进行分类管理、处理、存储和分析的常规方法往往不足以从大数据中获取全部信息。

大数据是有偏差的数据,如何"去伪存真",避免大数据产生有意或无意的统计偏差,最大限度地保留有效信息,也是一个需要解决的难题。大数据也存在单一性,有时仅包含有限变量,如家庭和企业的用水、用电记录,手机消费记录等,需要对其进行匹配,如通过手机消费记录、网上购物记录和快递公司的送货记录,可以分析手机用户的网络消费情况,也可以进一步与其人际交往情况匹配,但其匹配又存在产权和伦理问题。

(三)大数据在社会工作实务中的应用

大数据提供了丰富、详细、实时的信息,有助于社会科学家更加全面、大尺度、精细化地开展各类社会科学问题研究。经过深度信息提取的数据可用于解决社会工作之中贫困、危机干预、医疗康复、儿童保护等较困难的实践议题。实际上,大数据在社会工作领域有着极为广阔的应用前景。

(1)大数据在人类行为数据获取上的应用。随着互联网发展,网络平台已成为当今人们意见表达和利益诉求最重要的渠道之一,网络舆论也已成为公众舆论的主要形式,大数据支持实时地获取、更新真实的人类行为数据,从而避免了数据收集过程中对被试主观报告的依赖,可有效解释或揭示群体心理特征的连续变化趋势,从而把握社会的脉动。这一定程度上解决了传统大范围问卷测评周期长、成本高、无法及时更新、生态效应低、纵向追踪实施困难等障碍。

(2)大数据作为一种高效、准确的技术手段在风险人群的评估和危机干预上的应用。比如,通过社交媒体大数据可有效感知用户情绪变化、心理健康,并进行自杀预防。可综合采用多种机器学习的方法,利用微博数据预测群体事件风险,实现对群体社会态度临界状态的预警,发现并识别社会不稳定因素,为及时化解可能的群体性事件提供数据支持,助力社会管理。

(3)大数据精确、直观的特征在社会工作者、基本社会工作服务设施的时空分布上的体现。通过大数据估算社会工作服务人群的分布情况,评估社会工作服务机构的数量和质量,进而提出更为合理和高效的服务策略,从而提升社会工作服务的范围,优化社会服务的空间布局。

三、人工智能与社会工作实务

近年来,人工智能作为一种高新技术迅速发展、不断革新。人工智能的发展,为社会工作提供了全新的视野,如何利用人工智能帮助弱势群体,如何利用人工智能实现行为预测,如何利用人工智能辨识风险群体和社会网络节点,都是值得探索的领域。

人工智能是研究、开发用于模拟、延伸和扩展人的智能的理论、方法、技术及应有系统的一门新的技术科学。它借助计算机研究人类智能活动的规律,并将其用于模拟、延伸和扩展人类智能。人工智能将对未来的人类社会产生根本性变革,对人类的生产、生活方式,以及政治、军事、法律、医疗、就业等产生前所未有的影响。

(一)人工智能应用于社会工作实务的优势

未来人工智能应用到社会工作领域将是一个不可避免的趋势。

人工智能的应用有助于降低社会工作者在调研、服务、数据文字处理等方面的负担,促使社会工作者将更多精力用于服务实践。专业的'社会工作机器人'在社区矫正、治疗戒毒和网瘾、老人的日间照料、家政服务、医务社会工作等方面扮演着与传统社会工作者同样甚至更加高效的角色。对数据信息的收集处理、对档案的管理、对资源链接的时效性与广泛性等,可以很好地使得人工智能充当管理者、资源筹措者以及通过更加科学便捷的资源分析,对政策产生影响,即充当政策倡导者等角色。

总之,人工智能可对医务社会工作、照料社会工作、社会工作研究等起到重要的技术辅助作用,实现社会工作实务的智能化。如人工智能中的智能轮椅、智能外骨骼、智能定位手表等皆可对老年人或残疾人的护理起到助益,对未来的社会工作实践起到帮助。

(二)人工智能应用于社会工作实务的挑战

大体而言,人工智能对社会工作的挑战主要包括更严峻的社会问题、普泛性的心理问题,以及如何利用人工智能等问题。

未来社会,人工智能可能产生的一种主要影响是阶层间贫富差距的扩大。如何避免人工智能时代"贫""富"过于悬殊,如何解决绝大多数贫困者的福利问题,这些都将是未来社会工作需要面对的挑战。

技术与经济的加速变动会对社会结构及社会运行产生重要变革。在此变革过程中,人工智能所致的社会环境变化最终必引起人们心理意识的变化,不可避免地会导致部分人适应障碍或适应乏力,导致出现新的心理疾病。

人工智能进入社会工作的实践场域,既可成为社会工作实务的技术辅助,同时亦可成为"社会工作研究"的必要工具。但是尚处于发展期的人工智能可能并不会像技术创造者所设想的那么完善,对其照料者可能产生意外伤害。

(三)人工智能在社会工作实务中的应用

人工智能有助于减轻社会工作者信息录入、信息查询、资料分析与收集等基础性工作的负担,促使社会工作者有更多的时间与精力投入到个案辅导等专业性需求较高的工作中去。

一是个案工作智能化。在个案工作过程中引入人工智能,首先可以帮助个案工作者记录及跟踪案主的问题,以便社会工作者对问题进行全面、客观的分析,进而更有效地帮助案主解决问题、走出困境;其次,部分服务对象不愿意向个案工作者直接谈论自己的私密问题,他们可能更相信机器的保密性,因而更愿意向机器人坦露心声,并且人工智能也可以帮助服务对象进行心理放松,如引领服务对象进行冥想及合理宣泄情绪等。与此同时,人工智能可以记录服务对象的表情,并对服务对象所处的情境及所表达的情感进行分析,以促进个案辅导更优质地开展。

二是小组工作智能化。在小组工作中,人工智能一方面可以协助小组工作人员对小组活动进行宣传,并引导组员参与小组活动,以促进小组活动的顺利开展。另一方面,人工智能可以在小组工作人员与组员进行互动的过程中,观察并记录组员的表现,为小组活动提供必要的资料记录以便于进行小组活动的成效评估。另外,在小组活动中,人工智能还可以向组员讲述活动规则或提供必要的引领。

三是社区工作智能化。将人工智能引入社区工作中,首先其可以做一些基础的工具性工作,如为社区提供卫生服务、咨询服务、引导服务和宣传服务等。智能机器人的信息资源更为丰富、系统、全面,它可以为社区有问题的居民提供专业的知识解答;当社区需要开展活动时,人工智能可以在社区进行循环宣传,确保社区居民了解活动的基本信息,如活动时间、活动地点和活动主题等。

四、新媒体与社会工作实务

在互联网时代背景下,随着数字化信息技术的发展,新媒体的出现给社会工作的开展提供了一种全新的方式,使得社会工作上升到了一个新的台阶。

(一)新媒体应用于社会工作实务的优势

新媒体技术的迅猛发展和新媒体应用的进一步普及是当今社会发展的必然趋势。新媒体技术为社会工作创新发展注入了全新动力。

（1）从应用性价值的角度看，社会工作可以把新媒体作为多功能的工具，在结案、评估、介入等助人的全过程中改良工作方法，升级服务技巧，创新社会工作服务模式，进一步提高工作效率和服务成效。

（2）从时空性价值的角度看，社会工作可以将助人自助的领域从"线下"拓展到"线上"，积极参与到新媒体的"线上"世界中，准确掌握"线上"世界的运作逻辑，广泛链接"线上"的服务资源，促进"线上"与"线下"的互动，重视服务对象的"线上"心理和行为特征，充分尊重服务对象的"线上"人格，将虚拟与现实紧密结合，形成新的社会工作服务模式，切实满足新媒体时代下的社会工作服务需求。

（二）新媒体应用于社会工作实务的不足

目前，在创新社会治理的背景下，社会工作正以前所未有的速度发展，但在对新媒体元素的吸收融合上表现欠佳。社会工作在具体实务中对新媒体的使用呈现出三个明显的不足：

（1）对新媒体的重视不足。在新媒体时代下，大多数的社会工作者在开展服务时对新媒体使用较少，对其不够重视。

（2）对新媒体功能的使用不足。在少量使用了新媒体的社会工作中，对新媒体的使用也主要集中在招募、宣传和延续关系上，比较常见的做法是，在QQ、微信等社交平台发布招募公告或者在社交平台发布宣传报道，但对新媒体其他功能的应用探索较少。

（3）对新媒体"场景"的开发不足。新媒体的普及改变了原来的社会环境，拓宽了人展示的"场景"，因而新媒体的"线上"世界对人的观念和行为的影响不容小觑，但目前社会工作对新媒体"场景"的开发不足，没有对人在虚拟世界中的状态给予足够的关注。

（三）新媒体在社会工作实务中的应用

新媒体的出现给社会工作的发展带来了新的机遇，无论是在信息传输的便捷性还是在影响力方面，传统的媒体都无法取代新媒体的地位。

新媒体在社会工作中有着重要的应用。在社会工作宣传上，与传统的新闻网站相比，微信和微博等社交媒体无论是在信息传输的速度方面还是在传输的便捷程度方面都占有绝对优势，且影响力巨大。

不同于传统媒体的单向传播，新媒体信息传播可以使社会工作者通过微信、微博实现与用户之间的双向传播，用户在接收信息的同时，可以随时随地通过微博、微信与社会工作者进行深入的沟通交流与讨论，帮助他们更好地解决问题。

//

小结

社会工作是遵循专业伦理规范,坚持"助人自助"宗旨,在社会服务、社会管理领域综合运用专业知识、技能和方法,帮助有需要的个人、家庭、群体、组织和社区,整合社会资源,协调社会关系,预防和解决社会问题,恢复和发展社会功能,促进社会和谐的职业活动。本章着眼于未来社会工作发展趋势,从社会工作专业发展、职业发展、新技术应用等方面进行了重点分析。在社会工作专业发展方面,首先要建立适应学生教育的社会工作课程体系,提升社会工作专业人才培养质量,促进社会工作的专业化发展;在社会工作职业发展方面,需要加快从业队伍建设,提升社会工作队伍职业技能,强化社会工作者的职业认同。在新技术应用上,重点从互联网、大数据、人工智能、新媒体等方面分析了各自的优势与面临的挑战,并提出了指导建议;最后从新时代社会工作创新与发展角度提出改进社会工作方法,优化社会工作路径的基本要求。

自测题

1.填空题

(1)社会工作的专业模式愈来愈趋向于一种(   )的模式。

(2)社会工作者将越来越重视(   )和(   )层面上的问题。

(3)社会工作课程体系的建设需要立足(   )的现实脉络,对社会现实有反思性认识和理解。

(4)在建设社会工作课程体系时,需要重视将丰富的社会工作实践转化为(   )和(   )进入教材和课堂。

(5)所谓实务能力主要指的是职业能力,即完成一定职业任务所需的专业(   )、(   )及(   )。

(6)社会工作职业岗位群基本可以分为社会工作(   )和社会工作(   )两大类。

(7)社会工作专业需要加快(   )教师建设。

(8)建设专业化的社会工作者队伍要统一考试与资格认证制度,进一步完善职工(   )制度与(   )制度。

(9)社会工作者培训体系包括(   )培训和(   )培训。

(10)社会工作机构要做好社会工作者培训的(   )评估和(   )评估。

(11)社会工作应该配备一套(   )、(   )、专业的且规范的服务体系,才能保证服务的(　　　)和专业性。

(12)社会工作实务需要适应网络社会的发展,开拓社会工作的(　　　)和(　　　)。

(13)互联网的普及引发社会工作(　　　)与(　　　)的革新。

(14)(　　　)是传统社会工作的延伸和补充,具有服务对象群体更加广泛、服务过程更有私密性、服务场所不受时间和空间的限制等特点。

(15)(　　)、(　　)和(　　　)工作是专业社会工作的三大传统方法。

(16)新媒体信息传播可以使社会工作者通过微信、微博实现与用户之间的(　　　)传播。

2.判断题

(1)未来的社会工作无论在理论建构还是在实务操作层面上都将越来越分离,出现明显的分割。(　　　)

(2)要把提高实务能力作为社会工作课程设置最重要的部分。(　　　)

(3)社会工作课程体系不需要建立规范化的实习教育体系。(　　　)

(4)在社会工作教学过程中可以不注重学生的特性和价值。(　　　)

(5)社会工作人才队伍结构失衡,以及人才队伍的不稳定性对职业化建设没有影响。(　　　)

(6)岗前培训是针对机构在职员工制定的。(　　　)

(7)社会认知度不影响社会工作者的职业认同和专业价值观。(　　　)

(8)社会工作督导是社会工作的一种直接工作方法。(　　　)

(9)网络成瘾是指由于过度使用网络而对网络着迷,并且出现周期性对网络不可抗拒的行为。(　　　)

(10)社会工作专业不需要提升学生应用互联网和新兴媒体的能力以及计算和编程能力。(　　　)

(11)社会工作接案使用大数据平台进行线上接案,可增强对接的便捷性与有效性,也可有效保护服务对象的隐私。(　　　)

(12)大数据产生的社会工作数据全是完整真实的。(　　　)

(13)未来人工智能应用到社会工作场域将是一个不可避免的趋势。(　　　)

(14)技术与经济的加速变动对社会结构及社会运行没有影响。(　　　)

(15)从新媒体运用的时空性价值的角度看,社会工作不能将助人自助的领域从"线下"拓展到"线上"。(　　　)

(16)在信息技术不断创新的环境下,社会工作要紧跟时代步伐,确保社会工作者与案主之间的交流畅通,案主的问题得到社会工作者及时有效的解决。
(　　　)

(17)社会工作者不需要开展与互联网相关的工作研究,不必提高网络信息化

专业素养和职业素养。(　　　)

（18）人工智能进入社会工作的实践场域,可以成为社会工作实践服务的技术辅助,但不是"社会工作研究"的必要工具。(　　　)

3.思考题

（1）社会工作专业的规范化应从哪些方面开展?

_____

_____

_____

（2）如何加快社会工作职业化发展?

_____

_____

_____

（3）互联网应用于社会工作实务的优势与挑战是什么?请联系实际谈谈如何实现互联网在社会工作实务中的应用。

_____

_____

_____

（4）大数据应用于社会工作实务的优势与挑战是什么?请联系实际谈谈如何实现大数据在社会工作实务中的应用。

_____

_____

_____

（5）人工智能应用于社会工作实务的优势与挑战是什么?请联系实际谈谈如何实现人工智能在社会工作实务中的应用。

_____

_____

_____

（6）新媒体应用于社会工作实务的优势与不足是什么?请联系实际谈谈如何实现新媒体在社会工作实务中的应用。

_____

_____

_____

参考文献

[1]赵芳.团体社会工作——理论·实务[M].北京:知识产权出版社,中国水利水电出版社,2005.

[2]朱眉华,文军.社会工作实务手册[M].北京:社会科学文献出版社,2017.

[3]Hepworth,D.H.,Roonep R.H.& Larsen ,J.A.社会工作直接服务:理论与技巧[M].台北:洪叶文化事业有限公司,1999.

[4]肖莉娜,何雪松.社会想象的嬗变:理解中国社会转型的认知社会学视角[J].浙江学刊,2019(1).

[5]何雪松.重构社会工作的知识框架:本土思想资源的可能贡献[J].社会科学,2009(7).

[6]何雪松,刘仕清.社会工作教育高质量创新发展的挑战与应对[J].西北师大学报(社会科学版),2020(3).

[7]金碧华.职业化导向下社区工作专业人才培养模式探究——以《社区工作》课程教学改革为例[J].社会工作,2015(4).

[8]徐健,姜微,张红等.2018年度中国社会工作发展报告发布[N].公益时报,2019-03-26(007).

[9]谈华丽.粤港澳大湾区高职教育专业建设规范化探究——以社会工作专业为例[J].广东轻工职业技术学院学报,2018(3).

[10]窦影.循证实践视角下特色专业建设的探索研究——以社会工作专业为例[J].黑龙江教育(高教研究与评估),2019(6).

[11]王思斌.社会工作本土化之路[M].北京:北京大学出版社,2010.

[12]沙莲香.社会心理学(第三版)[M].北京:中国人民大学出版社,2011.

[13]Stanley W, Michael R. The Social Work Profession and the Ideology of Professionalization [J].Journal of Sociology and Social Welfare,1983(4).

[14]陈方辉.试析高职院校辅导员的职业信念[J].学校党建与思想教育,2017(8).

[15]尹萌萌.社会工作者职业倦怠研究[D].安徽大学硕士学位论文,2020(5).

[16]齐华栋,沈文伟.社会工作机构督导培养路径选择[J].社会工作,2012(8).

[17]徐四华.网络成瘾者的行为冲动性——来自爱荷华赌博任务的证

据[J].心理学报,2011(2).

[18]郑乐.互联网与社会工作发展:基于结构功能主义的分析视角[D].广东工业大学硕士学位论文,2016(11).

[19]陈劲松.网络社会工作的特性及基本原则探讨[J].中国人民大学学报,2014(5).

[20]陈婉珍,何雪松.大数据驱动的社会工作:前景与挑战[J].社会科学,2017(7).

[21]徐华,章雪.大数据背景下社会工作的机遇与挑战[J].常熟理工学院学报(哲学社会科学),2019(7).

[22]徐华,周伟.人工智能在社会工作中的应用探讨[J].常熟理工学院学报(哲学社会科学),2017(5).

[23]奚彦辉,苏妮.人工智能背景下社会工作发展的机遇与挑战[J].理论月刊,2019(2).

[24]彭振,曲笑笑.人工智能与社会工作的融合探究[J].中国社会工作,2020(1).

[25]黄逸弘.新媒体时代下小组社会工作的创新——以"玩转微信·你我同行"大学新生成长小组为例[D].井冈山大学硕士学位论文,2017(6).

[26]王玉.新时代社会工作必须坚持六大思维方法[EB/OL].中华社会工作网,http://www.chinasocialwork.cn/content/6180,2018-7-18.

附录：自测题答案

第一章

1.填空题

（1）助人自助、学科。（2）社会学。（3）交流、继承发展。（4）社会问题、理念、实践基础。（5）《济贫法》。（6）专业化。（7）50、社会工作。（8）2000、社会工作。（9）上海市、资格。（10）尊严、核心价值。（11）语言形式、概念。（12）社会公正、合法性。（13）价值理念。（14）弱势群体、困难。（15）社会上、互相关爱。（16）社会工作者。（17）直接服务、间接服务、合并服务。（18）训练、实践。（19）社会。（20）保证同感。（21）四、四级、三级、二级、一级。

2.判断题

（1）正确。（2）错误。汉堡制和爱尔伯福制都遵循着助人自助，不使贫民养成依赖心理等原则，并都有相应的组织管理架构和程序。（3）正确。（4）错误。社会工作运用多种技能、方法，开展多样活动来实现它全面关注人类与环境的宗旨。（5）正确。（6）错误。社会工作者进行角色的划分只是为了便于了解社会工作者的社会作用，各种角色之间不是截然对立的，相互之间的界限也并不明显。（7）正确。（8）正确。（9）错误。职业制度体系建设是推进社会工作职业化的核心内容，是提高职业认同、降低离职倾向的根本举措。

第二章

1.填空题

（1）解释、预测。（2）救济。（3）《社会诊断》。（4）借用理论、实践理论。（5）为社会工作的理论、社会工作的理论。（6）宏观、中层、实践。（7）弗洛伊德。（8）本我、自我、超我。（9）正常、非正常。（10）初级越轨、次级越轨。（11）正常人。（12）选择性感知。（13）能动者。（14）自然科学、人文。（15）真诚、包容。（16）服务。（17）1952、1979。（18）典籍、思想。（19）本土性、土生性。（20）职业评价、继续教育。

2.判断题

（1）错误。精神分析学派认为人的行为受到儿童时期经历的强烈影响，因此社会工作者的任务就是要去探寻工作对象的早年经历，进而进行心理治疗。（2）正确。（3）错误。"为社会工作的理论"为"社会工作的理论"提供了理论基础和逻辑前提。（4）正确。（5）错误。社会工作需要理论也需要实践经验。（6）错误。超我是社会我或者理想我，是道德化了的自我，是将社会理想的价值观念内化形成人格的一部分。（7）错误。认知理论认为人的行为会受到一些非理性因素的影响，这错误地引导了我们对世界的认识。（8）正确。（9）错误。社会工作和社会学虽然属于两个不同的学科，但两者存在着既有紧密联系又相互区别的关系。（10）正确。（11）错误。1952年的"院系调整"取消了社会学系和社会福利行政系,结果使专业化的社会工作一直未能得到发展;我国社会事业的发展逐渐变为缺乏学科指导的艰难摸索,我国的社会工作也变为缺乏专业化规范的以政治性、政策性和伦理道义性为取向的工作。(12)错误。职业制度体系建设是推进社会工作职业化的核心内容,是提高职业认同、降低离职倾向的根本举措。(13)错误。分析学习西方社会工作本土化路径和研究成果对我国社会工作实务的本土化发展具有借鉴意义。(14)正确。(15)错误。社会工作的理论家们认为社会工作理论的发展也是经过了这样一种范式转移的历史发展过程。

第三章

1.填空题

(1)接案、评估。(2)个人、基本程序。(3)互动、实务。(4)生物学、观点。(5)非疾病、整合性。(6)另一个人。(7)解决问题、现状。(8)收集资料、认定问题。(9)服务对象、行为。(10)工作契约、讨论协商。(11)社会工作者、社会功能。(12)直接介入。(13)持续性、知识指引。(14)基线测量、介入影响。(15)服务对象、社会工作者。

2.判断题

(1)错误。社会工作实务过程是对助人活动的一般性概括,可以运用于各种服务对象。(2)正确。(3)错误。预估的目的在于为制订有效的介入计划打下科学的基础,是一个有清晰的工作方向和步骤的工作过程。(4)正确。(5)错误。介入也称社会工作的实施、干预、行动、执行和改变,是社会工作助人过程中的一个重要阶段。(6)错误。社会工作者在介入过程中,不能单单以服务对象本身作为工作开展的对象。(7)错误。从"社会生态视角"出发,人们的社会功能与其环境有密切关系。(8)正确。

第四章

1.填空题

(1)直接服务。(2)中山大学,个案。(3)心理社会,危机介入,以人为中心。(4)服务对象、个案工作者、环境和机构。(5)共同需求,互动性。(6)人伦,规则。(7)民主,个别化。(8)组员,场域。(9)社会工作,专业。(10)伦理守则,社区工作者。(11)民政部,行业标准。(12)社区居民,权利持有者。(13)社会工作,行政。(14)国家,基本方针。(15)社会工作,间接性。(16)连续,社会政策。(17)专业教育,资源。(18)知识经验,综合性。(19)助人,社会工作。

2.判断题

(1)错误。社会工作实务的直接服务方法有个案工作、小组(团体)工作、社区工作三种。(2)正确。(3)错误。小组工作的动力源自于小组内外各种要素及其之间相互作用而形成的一种作用力。(4)错误。社区工作者对自己在社会中所处的地位和应有的职责具有清楚的认识。(5)正确。(6)错误。个别督导是社会工作督导训练中较常用的一种方式,也是最早使用的一种督导训练方式。(7)正确。

第五章

1.填空题

(1)实务、普遍性。(2)实务、实践。(3)专业化、工作模式。(4)1930、美国。(5)案主、增强。(6)行为、心理学。(7)治疗、想象。(8)短平快、深层。(9)治疗者、无意识。(10)心理学、表达性。(11)心理治疗、自我成长、学习。(12)澳大利亚、新西兰。(13)小组成员、外在性。(14)50年代、院舍照顾。(15)社区居民、硬件设施。(16)社会工作、需求。

2.判断题

(1)错误。人的行为是受到了生理、心理和社会多重因素的共同影响。(2)正确。(3)错误。在间接治疗活动中,社会工作者本人所担当的任务和扮演的角色与常规情形有所不同。(4)错误。行为治疗模式也是应用非常广泛的一种社会工作实务模式,它的优点和缺点一样突出。(5)正确。(6)错误。小组社会工作到目前为止国际上已经出现了许多模式,而我国的小组模式还比较单一。(7)错误。经纪人则主要聚焦于为居民链接各种资源,帮助他们构建社会支持系统。

第六章

1.填空题

(1)现实我(真正的我)、理想我(希望中的我)、客观我(别人眼中的我)。(2)支持性技巧、引领性技巧、影响性技巧。(3)总目标、具体目标。(4)自我肯定。(5)接纳。(6)自我评价、自我价值。(7)服务目标、具体任务、活动方案。(8)同理心、情绪同理、角色同理。(9)引领性技巧。

2.判断题

(1)错误。社会工作者与案主双方的地位是平等的,沟通是对案主自身处理其问题,及表达个人见解与想法的认可与尊重。(2)正确。(3)正确。(4)正确。(5)正确。(6)错误。社会工作者做完摘要后,还应向案主查证摘要是否准确,容许案主否定、接纳或更正社会工作者的摘要。(7)正确。(8)正确。(9)错误。社会工作者主要是通过专家权和模范权来获取领导地位。(10)正确。(11)错误。具体目标是为实现总目标服务的,是具体明确、切实可行、可测量的目标。(12)正确。

第七章

1.填空题

(1)服务性。(2)儿童与青少年社会工作、家庭社会工作。(3)儿童养育和保健。(4)亲子教育。(5)情绪。(6)个案工作法、团体工作法、社区工作法。(7)个人需求。(8)老年社会救助、老年心理辅导。(9)缅怀往事疗法。(10)依赖性。(11)教育康复、社会康复。(12)供养和照顾。(13)专业手段、基本技能。(14)"以残助残"。(15)整个家庭。(16)脱贫攻坚、最低生活保障。(17)婚姻辅导。(18)家庭治疗方法。(19)罪犯、思想教育。(20)个案辅导、诊断。

2.判断题

(1)正确。(2)正确。(3)错误。活动理论与社会撤离理论的基本观点正好相反,认为活动水平高的老年人比活动水平低的老年人更容易感到生活满意和更能适应社会。(4)正确。(5)正确。(6)正确。(7)错误。社会不仅在态度上应鼓励老年人积极参与他们力所能及的一切社会活动,而且应努力为老年人参与社会提供条件。(8)错误。老年社会工作的内容应随老年对生活质量要求的日益提高而不断拓展。(9)正确。(10)正确。(11)正确。(12)错误。恢复残疾人的健康包括恢复身体健康和心理健康。(13)正确。(14)正确。(15)错误。矫治社会工作者在案件审理过程中撰写的调查报告目的不是为被告作无罪辩护,而是在承认犯罪事实的基础上为法庭判决提出建议参考。

第八章

1.填空题

(1)综合。(2)宏观环境、社会结构。(3)社会转型。(4)知识、案例。(5)态度、知识、技能。(6)管理岗位、服务岗位。(7)双师型。(8)考试、等级。(9)职前、专业技能。(10)过程、结果。(11)完整的、系统的、规范性。(12)空间、领域。(13)内容、形式。(14)网络社会工作。(15)个案、小组、社区。(16)双向。

2.判断题

(1)错误。未来的社会工作无论在理论建构还是在实务操作层面上都将越来越注重不同知识体系间的融合和吸收。(2)正确。(3)错误。社会工作课程体系需要建立规范化的实习教育体系。(4)错误。在社会工作教学过程中尤其要注意学生的特性和价值。(5)错误。社会工作人才队伍素质结构失衡,以及人才队伍的不稳定性给职业化建设带来了较大冲击。(6)错误。专业技能培训是针对机构在职员工制定的。(7)错误。社会认知度不高会影响社会工作者的职业认同度和专业价值观。(8)错误。社会工作督导是社会工作的一种间接工作方法。(9)正确。(10)错误。社会工作专业要提升学生应用互联网和新兴媒体的能力以及计算和编程能力。(11)正确。(12)错误。大数据产生的社会工作数据是有偏差的数据,如何"去伪存真",避免大数据产生的有意或无意的统计偏差,最大限度地保留有效信息,这也是一个需要解决的难题。(13)正确。(14)错误。技术与经济的加速变动会对社会结构及社会运行产生重要变革。(15)错误。从新媒体运用的时空性价值的角度看,社会工作可以将助人自助的领域从"线下"拓展到"线上"。(16)正确。(17)错误。社会工作者要不断加强与互联网相关的工作开展研究,提高网络信息化专业素养和职业素养。(18)错误。人工智能进入社会工作的实践场域,既可成为社会工作实践服务的技术辅助,同时亦可成为"社会工作研究"的必要工具。

后　记

　　在成书的过程中,正值重庆开放大学九龙坡分校申报建立社会管理学院获得批准,社会工作专业正式纳入重庆开放大学特色专业建设计划。本教材的使用,无疑将使进入社会管理学院的学习者,获得更多新颖的知识和技巧,将为他们提升社会服务能力提供有益的帮助。

　　重庆开放大学副校长胡继明教授,重庆开放大学远程教育中心主任卢跃生,九龙坡区教育委员会主任王家仕对本教材的问世,给予了多方面的关心和指导。重庆开放大学余善云教授,对本教材的编写与出版,给予了精心指导和大力帮助。重庆合信汽车科技有限公司对本教材的开发建设,给予了大力支持。在此一并表示感谢!

编者
2020 年 10 月